STUDIES ON VOLTAIRE AND
THE EIGHTEENTH CENTURY

271

NOUCHINE BEHBAHANI

Paysages rêvés, paysages vécus dans *La Nouvelle Héloïse* de J. J. Rousseau

THE VOLTAIRE FOUNDATION

AT THE TAYLOR INSTITUTION, OXFORD

1989

© 1989 University of Oxford

ISSN 0435-2866

ISBN 0 7294 0393 9

The publications of the
Voltaire Foundation are printed
on durable acid-free paper

British Library cataloguing in publication data

Behbahani, Nouchine

Paysages rêvés, paysages vécus dans
La Nouvelle Héloïse de J. J. Rousseau.
— (Studies on Voltaire and the eighteenth century,
ISSN 0435-2866; 271)
I. Title II. Voltaire Foundation III. Series
843'.5

ISBN 0-7294-0393-9

Printed in England at The Alden Press, Oxford

Table des matières

Introduction générale

Le concept de paysage pris dans son acception géographique, écologique et spatiale détermine l'orientation de cette étude. Un tel choix se justifie par la personnalité même de Rousseau qui apparaissait au dix-huitième siècle et aux yeux de ses contemporains comme le 'sauvage'. Cette qualification vient surtout du fait de son opposition farouche, radicale à la ville, à l'espace urbain où les industries naissantes et la civilisation dévastatrice portent atteinte à la nature.

Dès le *Discours sur les sciences et les arts* et celui sur *L'Origine de l'inégalité parmi les hommes*, Rousseau expose en termes sociologiques, anthropologiques et philosophiques les problèmes de la réintégration de l'homme dans la nature. Son refus de l'espace urbain traduit l'ardente manifestation d'un esprit épris de la nature champêtre, d'un paysage non altéré par le progrès. *La Nouvelle Héloïse* est en effet révélatrice de cette préférence.

Rousseau affirme à travers son roman, la nécessité d'une existence qui s'oppose à la civilisation urbaine. A ceux qui aspirent à la paix, à la sérénité et au bonheur, l'auteur conseille l'indispensable retour à la vie champêtre qui modifie par ses bienfaits le caractère de l'homme.

Le paysage rousseauiste de par ses multiples dimensions d'ordre philosophique, éthique, esthétique, social et pédagogique exprime surtout une certaine vision de la vie et des êtres, du monde et des choses. Il témoigne d'une prédilection pour un environnement écologique, d'une organisation spatiale non falsifiée par l'homme.

Les lieux et les paysages qui organisent *La Nouvelle Héloïse* ne sauraient être appréhendés sans la prise en considération de l'environnement spatial vécu de l'auteur. Cette nécessité fondamentale nous a conduit à rechercher dans la vie de l'écrivain les paysages pouvant offrir un certain lien avec ceux dépeints dans le roman. C'est dire que nous avons interrogé les écrits autobiographiques et la correspondance de Rousseau: ils nous fournissent en effet des renseignements non seulement sur la personnalité de l'auteur, mais également sur le choix des sites romanesques.

Toutefois, la création du moi dans les textes autobiographiques transcende la totalité des expériences vécues, car le rêve en informe sensiblement le contenu. En d'autres termes, si la création romanesque se fait à partir de données réelles de l'expérience vécue de l'écrivain, il faut convenir également des écrits autobiographiques que le vécu exprimé y procède déjà d'une certaine idéalisation et transfiguration du passé. Tout en ne perdant donc pas de vue qu'on doit les considérer à la fois comme 'document' et 'découverte' ou 'création du moi', nous les avons utilisés pour éclairer la signification réelle du choix des sites romanesques dans *La Nouvelle Héloïse*. Ils nous permettent de discerner un goût réel pour la solitude, les forêts, les bois, les champs, les montagnes, le lac dont le roman reste profondément imprégné. Et par là-même se trouve défini un environnement qui influe sur les comportements, les sentiments et même sur un mode de vie que Rousseau tentera de réaliser dans *La Nouvelle Héloïse*. Il semble que le monde imaginé dans *La Nouvelle Héloïse* apparaisse comme une anticipation sur l'idéal de paysage qui sera exprimé dans les *Confessions*.

L'examen attentif du roman et de la vie nous a conduit à discerner des analogies entre les paysages romanesques et certains cadres vécus. Ces analogies tendent à révéler que Rousseau a souvent utilisé dans *La Nouvelle Héloïse* ses propres souvenirs.

L'influence prépondérante de la Suisse, de la Savoie et de l'Ermitage se manifeste dans la fiction romanesque. La présence de ces lieux correspond à certains moments privilégiés de la vie de l'auteur. Généralement, ils peuvent se répartir en trois périodes importantes: celle de l'enfance dans la banlieue genevoise, celle de la jeunesse savoyarde passée auprès de Mme de Warens ainsi que dans divers vagabondages, enfin celle de la maturité à l'Ermitage conduisant à l'éclosion de l'œuvre romanesque. La caractéristique commune à ces étapes fondamentales demeure la présence de l'environnement pastoral exprimé dans le roman.

La seconde partie de cette étude sera consacrée à l'analyse des éléments et des aspects qui organisent le cadre romanesque et dont certains semblent retenir particulièrement l'attention, par exemple parce que leur choix semble justifié par l'experience personnelle de l'auteur. Nous essayerons par conséquent d'analyser ces éléments dans leurs multiples aspects, afin de mieux saisir leurs significations biographiques, psychologiques ou éthiques.

La montagne, l'eau et le jardin constituent très probablement des éléments essentiels du paysage romanesque, qui s'organisent dans le roman de manière à offrir un caractère à la fois 'sauvage' et 'rustique'. On découvrira aussi qu'au-delà de leurs simples aspects physiques, ces éléments tendent à établir des rapports profonds avec les états d'âme, les souvenirs et les angoisses de l'auteur. C'est pourquoi il serait important de déceler certains modes selon lesquels s'opèrent la mutation ou la transformation des paysages dans le roman.

Parce qu'il n'est pas toujours aisé de distinguer chez un écrivain comme Rousseau la part du réel et celle de l'imaginaire, c'est à dire du vécu et du rêvé, il importe de rechercher les méthodes d'approches les mieux appropriées: la méthode historique, l'analytique, la psycho-critique, la sémiotique textuelle ont été tour à tour utilisées. Cependant, pour un écrivain aussi complexe que Rousseau, il nous a semblé intéressant de recourir à une symbiose de méthodes pour étudier successivement les rapports entre fiction et réalité au niveau des paysages (d'où la première partie: 'Paysages hélvétiques et savoyards'), puis 'les principaux éléments et aspects du paysage rousseauiste' (deuxième partie) et enfin les rapports qui unissent le paysage extérieur au paysage intérieur (troisième partie).

Une telle organisation conduit à une meilleure compréhension de ce qu'il y a dans l'auteur de *La Nouvelle Héloïse* à la fois de plus nostalgique et de plus prophétique. Si avec Rousseau on voit un monde s'achever (dix-huitième siècle), avec le même Rousseau un monde commence. C'est dans son œuvre que viendront plus tard puiser les Romantiques et les écologistes.

I
Paysages helvétiques et paysages savoyards: fiction ou réalité

1. Paysages helvétiques

TOUTE *La Nouvelle Héloïse* est située dans un cadre helvétique. C'est pourquoi nous examinerons d'abord quels sont les lieux qui encadrent le roman, quand et dans quelles circonstances Rousseau les a visités et dans quelle mesure leur présence dans le roman répond à une réalité objective ou subjective. De ce point de vue, les *Confessions* et la correspondance de l'auteur nous aideront à identifier les multiples motivations qui ont présidé au choix des lieux. Ensuite, nous étudierons dans le roman la présence de ces lieux pour déterminer leur valeur réelle ou fictive.

Le roman est suisse par le cadre, le sujet et les principaux personnages. Mais pourquoi l'hôte de l'Ermitage a-t-il choisi la Suisse? La prédilection de Rousseau en faveur de la Suisse se traduit plus par des attitudes de cœur et d'âme que par des goûts esthétiques. L'amour de l'Helvétie est lié chez lui aux souvenirs les plus chers, les plus heureux: ceux de l'enfance, de l'adolescence et des premiers émois amoureux.

En choisissant la 'Suisse Romande' et plus particulièrement le Valais et les rives vaudoises du lac Léman pour cadre de *La Nouvelle Héloïse*, Rousseau a voulu révéler au monde son amour et son admiration pour sa patrie liés non seulement à ses origines helvétiques, mais aussi à des raisons affectives. C'est pourquoi, dans *La Nouvelle Héloïse*, le retour de Saint-Preux en Suisse, son amour pour ce pays, rappellent l'un des retours de Rousseau vers sa patrie. L'exaltation helvétique de l'auteur se manifeste par la déclaration de Saint-Preux, de retour en Suisse après un voyage de quatre ans et faisant part de ses impressions tumultueuses:

Plus j'approchais de la Suisse, plus je me sentais ému. L'instant où, des hauteurs du Jura je découvris le lac de Genève fut un instant d'extase et de ravissement. La vue de mon pays, de ce pays si chéri où des torrens de plaisirs avaient inondé mon cœur; l'air des Alpes si salutaire et si pur; le doux air de la patrie, plus suave que les parfums de l'Orient; cette terre riche et fertile, ce paysage unique, le plus beau dont l'œil humain fut jamais frapé; ce séjour charmant auquel je n'avais rien trouvé d'égal dans le tour du monde; l'aspect d'un peuple heureux et libre; la douceur de la saison, la sérénité du Climat; mille souvenirs délicieux qui réveillaient tous les sentimens que j'avais goûtés; tout cela me jettait dans des transports que je ne puis décrire, et semblait me rendre à la fois la jouïssance de ma vie entière.[1]

1. *Nouvelle Héloïse*, IV, lettre VI, ii.419. Les textes de Rousseau sont cités d'après la collection de la Pléiade, 4 volumes parus aux Editions Gallimard: i. Les *Confessions. Autres textes autobiographiques*; ii. *La Nouvelle Héloïse. Théâtre, Poésies, Essais littéraires*; iii. *Du Contrat social. Ecrits politiques*; iv. *Emile, Education, morale, botanique*, Pour la *Correspondance complète*, nous nous référons à l'édition critique établie et annotée par R. A. Leigh [ci-après Leigh].

Le même enchantement, le même transport perce dans la lettre au maréchal de Luxembourg, dans laquelle Rousseau évoque la configuration géographique de son pays (Leigh 2440):

La Suisse entiére est comme une grande ville divisée en treize quartiers, dont les uns Sont Sur les vallées, d'autres Sur les coteaux, d'autres Sur les montagnes. Genève, St-Gal, Neufchatel Sont comme les fauxbourgs: il y a des quartiers plus ou moins peuplés, mais tous le sont assez pour marquer qu'on est toujours dans la Ville: seulement les maisons, au lieu d'être alignées, Sont dispersées Sans Simétrie et Sans ordre, comme on dit qu'étoient celles de l'ancienne Rome [...] Ce mélange bizarre a je ne Sais quoi d'animé de vivant qui respire la liberté le bien être, et qui fera toujours du pays où il Se trouve un Spectacle unique en Son genre, mais fait Seulement pour des yeux qui Sachent voir.

Néanmoins, bien que le roman soit suisse, la totalité de l'Helvétie n'y est pas représentée. Loin d'être choisis dans l'abstraction, les lieux font partie de l'itinéraire biographique de l'auteur. Ainsi, Genève occupe une place privilégiée dans l'âme de Rousseau. C'est son pays natal, qui constituait une république indépendante à son époque et ne fut rattaché à l'ensemble du Corps Helvétique qu'en 1815.[2] C'est aussi le pays de son enfance, de son adolescence qu'il quitte à l'âge de seize ans et qu'il visite à plusieurs reprises au cours de sa vie. A ce titre, le témoignage des *Confessions* est révélateur de la nostalgie de l'auteur pour la cité natale (*Confessions*, IV, i.144):

En passant à Genève je n'allai voir personne; mais je fus prêt à me trouver mal sur les ponts. Jamais je n'ai vu les murs de cette heureuse ville, jamais je n'y suis entré sans sentir une certaine défaillance de cœur qui venait d'un excès d'attendrissement.

Bien que cette cité soit représentée dans le roman sa place y reste cependant fort discrète. En effet, une seule lettre consacrée à l'évocation de Genève et de ses habitants, témoigne de la sensibilité genevoise de Rousseau. Il s'agit de la lettre de Claire d'Orbe adressée à Julie et faisant l'éloge de la ville de Genève en ces termes (*Nouvelle Héloïse*, VI, lettre V, ii.657):

J'ai bien des griefs, Cousine, à la charge de ce séjour. Le plus grave est qu'il me donne envie d'y rester. La ville est charmante, les habitans sont hospitaliers, les mœurs sont honnêtes, et la liberté, que j'aime sur toutes choses, semble s'y être réfugiée. Plus je contemple ce petit Etat, plus je trouve qu'il est beau d'avoir une patrie, et Dieu garde de mal tous ceux qui pensent en avoir une, et n'ont pourtant qu'un pays! Pour moi, je sens que si j'étais née dans celui-ci, j'aurais l'ame toute Romaine.

Le sentiment patriotique de Rousseau, dont la source remonte à ses lectures de l'histoire romaine, se manifeste à travers ce passage. L'influence de Genève, de ses institutions politiques et morales, est grande dans la pensée du philosophe.

---

2. *Dictionnaire historique et biographique de la Suisse*, iii (Neuchâtel 1926), p.349.

Mais dans ces conditions comment expliquer la place modeste réservée à Genève dans *La Nouvelle Héloïse*, et quelle importance accorder au tableau idyllique que l'auteur brosse de sa ville natale? Michel Launay dans son étude a bien établi que, tout au long du dix-huitième siècle, des luttes fratricides opposaient l'aristocratie au pouvoir à la bourgeoisie, laquelle revendiquait l'exercice de ses droits politiques au sein de la cité. Malgré certaines périodes de troubles civils les aristocrates restaient maîtres de la situation, refusant de partager la vie politique de la cité avec les milieux populaires.[3] Il semble donc qu'à l'époque où Rousseau composait son roman, la République de Génève ne fût plus un modèle idéal de démocratie. Or pour Rousseau, la 'patrie' ne saurait exister sans la 'liberté' et sans les 'citoyens' qui représentent les membres souverains. L'article 'Economie politique' de l'*Encyclopédie* met en évidence ce principe fondamental de la pensée politique de Rousseau. Par conséquent, si Genève incarne la patrie idéale, l'exemple parfait de la démocratie où réside la liberté, comme le laissent penser les propos élogieux de Claire d'Orbe, il faut toute de même avouer que la vision de Rousseau dans *La Nouvelle Héloïse* apparaît partielle et partiale. Les souvenirs de son enfance genevoise, auxquels il convient d'ajouter son séjour de 1754 à Genève, l'accueil chaleureux de ses compatriotes, sa réintégration dans la Cité au titre de 'citoyen' (*Confessions*, VIII, i.393) peuvent en partie expliquer cette vision idéaliste. Par ailleurs, écrivant un roman du bonheur, dont le récit se déroulait à quelques pas de Genève, il semble qu'il n'ait pas voulu garder un silence complet sur sa cité natale. En brossant un portrait irréel de Genève dans *La Nouvelle Héloïse*, l'auteur offre plutôt une image de sa patrie telle qu'il l'aurait voulue ou souhaitée. Jean Terrasse l'avait déjà remarqué: 'Ecrivant sur Genève, Rousseau est hanté par l'idée de sa décadence. Son tableau idyllique de la ville et de ses habitants n'est pas un tableau fidèle, et Rousseau le sait.'[4]

Mais, au-delà du territoire de Genève, nous savons par le récit des *Confessions* qu'au cours de sa jeunesse et de ses nombreux voyages, Rousseau avait fait d'autres séjours en Suisse. Si bien qu'au moment de la conception du roman, la mémoire de l'auteur puise dans les souvenirs des lieux réels et retient ceux qui en constitueront le cadre: son choix se fixe sur le Pays de Vaud composé entre autres de Vevey et de Clarens sur les rives du lac de Genève.

i. Le Pays de Vaud

Ce qu'on appelle le canton de Vaud et qui aujourd'hui fait partie intégrante de la Confédération Hélvétique, ne l'était guère au dix-huitième siècle. Le Pays

3. Michel Launay, *J.J. Rousseau écrivain politique* (Grenoble 1971), p.37-41.
4. Jean Terrasse, *J.J. Rousseau et la quête de l'âge d'or* (Bruxelles 1970), p.138.

de Vaud était passé sous la domination bernoise à partir de 1536, date de la conquête de Vaud par la République de Berne, qui mettait fin ainsi à l'influence et à la domination des princes de Savoie sur le Pays de Vaud.[5] Les raisons qui ont déterminé Rousseau à établir le séjour des héros de son roman au Pays de Vaud demeurent multiples parce qu'inspirées par une mémoire à la fois locale et affective. D'après les *Confessions*, Rousseau a visité cette région à plusieurs reprises. Jean-Louis Courtois fixe en 1730 le premier séjour qu'il y fit,[6] lorsque chargé de conduire la femme de chambre de Mme de Warens à Fribourg, il passa par Genève et visita son père à Nyon, petite ville vaudoise au bord du lac Léman. Cette ville occupe dans la vie de Rousseau une place modeste, mais réelle. Son père s'y était établi en 1722.

Il se rend ensuite à Lausanne, où sous un pseudonyme il joue et enseigne la musique. Arrivé dans cette ville dans la seconde moitié de l'année 1730, il y demeure jusqu'en novembre (*Confessions*, IV, i.153). De Lausanne, Rousseau effectue une excursion de quelques jours à Vevey, petite ville vaudoise sur le rivage du lac Léman où Mme de Warens est née et dont l'aspect et le charme lui laissent des impressions profondes (*Confessions*, IV, i.151):

Comme mes écoliers ne m'occupaient pas beaucoup, et que sa ville natale n'était qu'à quatre lieues de Lausanne, j'y fis une promenade de deux ou trois jours, durant lesquels la plus douce émotion ne me quitta point.

En effet, la raison affective et impulsive qui l'attire et le pousse à Vevey demeure liée à l'image de Mme de Warens, la femme qui représentait tout pour lui. Ce pèlerinage sentimental ne pouvait qu'augmenter l'intensité de sa présence dans son cœur.

Un quart de siècle sépare le premier séjour de Rousseau au Pays de Vaud et la composition de *La Nouvelle Héloïse*. Mais l'écoulement de toutes ces années n'a pas suffi à effacer de sa mémoire ce court séjour au pays de Mme de Warens dans des circonstances et des lieux propices semble-t-il à l'éclosion de son état d'âme. A Vevey, tout lui rappelait Mme de Warens, tout concourait à ranimer son souvenir, comme l'auteur le donne à penser (*Confessions*, IV, i.151):

En attendant c'était une douceur pour moi d'habiter son pays, de passer dans les rues où elle avait passé, devant les maisons où elle avait demeuré, et le tout par conjecture; car une de mes ineptes bizarreries était de n'oser m'informer d'elle, ni prononcer son nom sans la plus absolue nécessité.

On aimerait savoir si ce séjour constitue l'unique contact de Rousseau avec la rive vaudoise du lac Léman, ou si d'autres ne l'ont pas plutôt suivi. Si c'est le

---

5. *Dictionnaire historique et biographique de la Suisse*, vii (Neuchâtel 1933), p.60.
6. Jean-Louis Courtois, 'Chronologie critique de la vie et des œuvres de J. J. Rousseau', *Annales de la société J. J. Rousseau* 15 (1923), [ci-après Courtois], p.16.

cas, quand et dans quelle mesure ont-ils renforcé sa première vision? D'après les *Confessions*, Rousseau effectue un autre voyage, que Jean-Louis Courtois situe en 1733 (Courtois, p.21) et qui, le conduisant d'Annecy à Besançon, l'amène à passer par Genève et à s'arrêter à Nyon pour voir son père. Sur la date précise les critiques divergent: 1733 selon les uns, 1734 selon les autres. Quoi qu'il en soit, retenons surtout ce que Rousseau lui-même affirme de ce voyage (*Confessions*, v, i.208):

Avec cette recommandation je vais à Besançon passant par Genève où je fus voir mes parens, et par Nion où je fus voir mon pere, qui me reçut comme à son ordinaire, et se chargea de me faire parvenir ma malle qui ne venoit qu'après moi, parce que j'étois à cheval.

Sur cette seconde traversée du Pays de Vaud et son séjour à Nyon, Rousseau ne nous donne guère de précisions. Nous ignorons si au cours de ce voyage il a revu Vevey, ou si d'autres localités vaudoises l'ont émerveillé. La pénurie de documents et d'études nous empêche d'en savoir davantage sur ce séjour. Un autre passage de Rousseau remonte à 1744, lorsqu'à la suite d'un démêlé avec l'ambassadeur de France à Venise, il quitte ses fonctions de secrétaire et rentre à Paris en traversant Nyon (*Confessions*, VII, i.324):

J'avois traversé Nion sans voir mon pere; non qu'il ne m'en coûtât extrémement; mais je n'avois pu me résoudre à me montrer à ma belle-mere après mon desastre, certain qu'elle me jugeroit sans vouloir m'écouter.

Une fois de plus, nous avons la certitude de la présence de Rousseau au Pays de Vaud par ce bref témoignage. Mais, il ne nous renseigne pas davantage sur les conditions de ce passage.

Dix ans plus tard, Rousseau revient sur ces rivages passionnément aimés. Pendant son séjour de 1754 à Genève, il entreprend une promenade en bateau autour du lac en compagnie de la famille Deluc et de Thérèse Levasseur. Cette promenade ravive ses souvenirs, lui offrant l'occasion de revoir les côtes vaudoises. Voici ce que racontent les *Confessions*, sur cette tournée d'une semaine en septembre 1754 (VIII, i.393):

De tous ces amusemens celui qui me plut davantage fut une promenade autour du Lac que je fis en bateau avec Deluc père, sa bru, ses deux fils, et ma Therese. Nous mimes sept jours à cette tournée par le plus beau tems du monde. J'en gardai le vif souvenir des sites qui m'avoient frappé à l'autre extrémité du lac, et dont je fis la description [...] dans *la Nouvelle Héloïse*.

A ce témoignage de Rousseau, il faut ajouter deux documents qui confirment en les développant les renseignements donnés sur cette promenade. Le premier est le témoignage de Guillaume-Antoine Deluc qui apporte d'intéressantes précisions sur cette excursion (Leigh 249):

1. *Paysages helvétiques et paysages savoyards*

Le 22 Septembre 1754, nous partîmes pour le tour du lac, mon père, mon frère, son épouse et moi, avec Mlle. le Vasseur, native d'Orléans, et notre concitoyen M. Jean-Jaques Rousseau [...] Nous avons joui pendant notre navigation [...] qui a été de six jours, d'un tems parfait; à l'exception du souper, nous prenions ordinairement nos autres repas sur le rivage; les soirs nous couchâmes dans un des Bourgs ou villages qui sont si agréablement situés le long des rives de ce beau bassin.

Il est clair que cette déclaration concorde parfaitement avec l'affirmation de Rousseau. Le second document qui complète le premier consiste en un carnet de notes de la main de Rousseau précisant l'itinéraire de la navigation. D'après ces notes, rapportées par Théophile Dufour, les voyageurs se sont arrêtés dans plusieurs bourgs et villages situés le long du rivage:

> Le lundi diné sur l'herbe auprès de Ripailles
> Couché à Meillerie
> Le mardi, diné à Villeneuve
> Couché à Vevai
> Le mercredi, dîné à Cuilli
> Couché à Lauzanne
> Le jeudi dîné et couché à Morges
> Le vendredi dîné à Nion et couché aux Eaux-Vives.[7]

Il est certain que ces deux documents établissent le passage de Rousseau au Pays de Vaud, puisque les voyageurs de Villeneuve remontent la rive vaudoise du lac jusqu'à Lausanne, passant inévitablement par Vevey et Clarens. Ainsi, aux souvenirs déjà anciens, vient s'ajouter l'excursion de 1754, provoquant la résurrection du passé par la présence de lieux et de paysages privilégiés.

Lorsqu'en 1756, Rousseau compose *La Nouvelle Héloïse*, loin de laisser son imagination construire des paysages fictifs, il laisse sa nostalgie lui remémorer des paysages réels. Ainsi, la vue et la pensée des lieux et des paysages familiers, chers à son cœur, l'emportent sur son imagination fatiguée de son élan créateur. La fiction cherche un lieu réel, un point d'appui dans le passé. Les paysages qui l'ont enchanté autrefois resurgissent dans sa mémoire, sans toutefois s'imposer immédiatement (*Confessions*, IX, i.430-31):

Pour placer mes personnages dans un séjour qui leur convint, je passai successivement en revue les plus beaux lieux que j'eusse vus dans mes voyages [...] mais mon imagination fatiguée à inventer vouloit quelque lieu réel qui put lui servir de point d'appui, et me faire illusion sur la réalité des habitans que j'y voulois mettre.

D'ailleurs, Rousseau lui-même avoue son hésitation et son embarras quant aux choix des lieux. Ainsi au livre IX des *Confessions*, il dit avoir d'abord songé aux 'îles Borromée' (i.431), sans que cette idée dût le retenir longtemps. Cependant,

---

7. Théophile Dufour, 'Pages inédites de J. J. Rousseau', *Annales de la société J. J. Rousseau* 2 (1906), p.156.

les rives vaudoises prennent peu à peu un caractère idyllique dans son imagination. L'image de Vevey exerce dans sa mémoire la séduction des lieux éloignés dans le temps et l'espace. Le lieu natal de Mme de Warens, 'attrait de prédilection', obtiendra sa préférence et le détermine à fixer le cadre de son roman à Vevey et à Clarens. Cette prédilection pour Vevey, Rousseau l'explique en ces termes (*Confessions*, IV, i.152):

J'allai à Vevai loger à la Clef, et pendant deux jours que j'y restai sans voir personne je pris pour cette Ville un amour qui m'a suivi dans tous mes voyages, et qui m'y a fait établir enfin les Heros de mon roman. Je dirois volontiers à ceux qui ont du gout et qui sont sensibles: allez à Vevai, visittez le pays, examinez les sites, promenez-vous sur le lac, et dites si la nature n'a pas fait ce beau pays pour une Julie, pour une Claire et pour un St. Preux; mais ne les y cherchez pas.

Les lieux et les paysages l'ont sans doute séduit, mais cet attendrissement trouve sa véritable source dans les souvenirs les plus doux, ceux de l'enfance, de l'adolescence, de son père, de Mme de Warens, des multiples voyages au Pays de Vaud (*Confessions*, IV, i.152), auxquels s'ajoute l'excursion de 1754 avec la famille Deluc. Lieux avec lesquels il entretenait des liens intimes, prenant dans sa mémoire la beauté symbolique d'un paradis perdu.

Ainsi, des êtres chimériques et idéaux vont habiter un lieu précis de la terre: les bords du lac Léman, ou plus précisément Vevey et Clarens au sein de la campagne vaudoise. Dans la préface de *La Nouvelle Héloïse*, Rousseau reconnaît lui-même avoir séjourné dans le pays de Julie (ii.5):

Quant à la vérité des faits, je déclare qu'ayant été plusieurs fois dans le pays des deux amans, je n'y ai jamais ouï parler du Baron d'Etange ni de sa fille, ni de M. d'Orbe, ni de Milord Edouard Bomston, ni de M. de Wolmar.

En effet, c'est dès le début du roman, dans la lettre XIV de la première partie, que l'auteur situe le bosquet de Clarens, proche de Vevey, et nous révèle le cadre romanesque. C'est dans un billet adressé à St-Preux par Julie que le nom de Clarens fait sa première apparition dans le roman (*Nouvelle Héloïse*, I, lettre XIV, ii.64), tandis que plus tard Julie mariée à M. de Wolmar y habitera. Voici ce qu'affirme l'amant de Julie lorsqu'il s'achemine de Vevey à Clarens pour la retrouver: 'J'eus peine à me faire entendre en demandant M. de Wolmar; car je n'osai jamais nommer sa femme. On me dit qu'il demeurait à Clarens' (*Nouvelle Héloïse*, IV, lettre VI, ii.420). Clarens représente un monde clos où vit une communauté heureuse: des châtelains occupés sur leurs terres à des travaux agricoles, et entourés de serviteurs fidèles. Un univers où règnent le bonheur et la prospérité dans une simplicité patriarcale qui rappelle les temps primitifs, 'l'âge d'or'. Un microcosme rustique et champêtre où réside une parfaite harmonie. Une terre riche et fertile d'où la misère est totalement absente.

Clarens représente une sorte de 'paradis terrestre', où la perfection du cadre s'allie à celle des créatures qui y vivent. Pour Rousseau, Clarens est 'le plus beau pays de la terre'.[8] Cette vision du Pays de Vaud nous est offerte dans la lettre où St-Preux, au cours d'une promenade sur le lac de Genève, montre à Julie en l'éloignant de Clarens, les rives vaudoises du lac (*Nouvelle Héloïse*, IV, lettre XVII, ii.515):

En l'écartant de nos côtes j'aimois à lui faire admirer les riches et charmantes rives du pays de Vaud, où la quantité des villes, l'innombrable foule du peuple, les côteaux verdoyans et parés de toutes parts forment un tableau ravissant; où la terre par tout cultivée et par tout féconde offre au laboureur, au pâtre, au vigneron le fruit assuré de leurs peines, que ne dévore point l'avide publicain.

Les souvenirs de Rousseau sont-ils fidèles quant à l'image qu'il nous donne du pays de Vaud? Cette richesse et cette prospérité correspondent-elles à une vérité historique?

Lorsqu'on se penche sur l'histoire du Pays de Vaud au dix-huitième siècle,[9] on est moins sûr et l'on s'aperçoit qu'il y avait bien des ombres au tableau brossé par Rousseau. Le pays avait perdu sa souveraineté. On avait l'impression de vivre sur une terre de liberté, alors que l'autorité de Berne se faisait de plus en plus sentir. On peut alors se demander si Rousseau était conscient de l'état de sujétion du Pays de Vaud. La réponse est affirmative, puisque dans une note de *La Nouvelle Héloïse* l'auteur remarque: 'Le pays de Vaud n'a jamais fait partie de la Suisse. C'est une conquête des bernois, et ses habitans ne sont ni citoyens ni libres, mais sujets' (*Nouvelle Héloïse*, I, lettre LXII, ii.170).

On voit donc que l'auteur de *La Nouvelle Héloïse* était loin d'ignorer la réalité vaudoise de son époque. Etant sujet de Berne, le Pays de Vaud ne pouvait donc pas constituer à ses yeux une entité politique; Rousseau l'envisageait plutôt comme une entité territoriale. Cette situation n'était pas sans impact sur sa structure sociale, puisqu'au dix-huitième siècle le fossé entre le noble et le roturier n'était pas aussi large au Pays de Vaud qu'en France, car la noblesse était très affaiblie du fait de la sujétion du Vaud par Berne.[10] Néanmoins, on jouissait d'une certaine aisance qui pouvait passer pour de la prospérité. L'existence de familles comme celle du Baron d'Etange appartenant à la noblesse vaudoise et jouissant d'une certaine fortune pouvait donc constituer une réalité assez courante à l'époque. Comme le remarque J. S. Spink à propos de la famille Roguin, amie de Rousseau et membre de la noblesse vaudoise: 'Une situation matérielle comme celle du Baron d'Etange était assez commune

8. Lettre de juin 1764 à Mme de Verdelin.

9. *Dictionnaire historique et biographique de la Suisse*, vii.60.

10. Voir J. S. Spink, 'L'arrière-plan social et topographique de St-Preux et d'Etange', *French studies* 30 (avril 1976), [ci-après Spink], p.163.

dans l'aristocratie du Pays de Vaud' (p.162). Il est possible qu'il y ait eu quelques familles privilégiées qui ont pu mener une vie à l'image de celle des Wolmar, mais ce n'était pas le cas de tout le pays. D'ailleurs, Rousseau les avait-il rencontrées? Nous n'en savons rien. L'agriculture n'était pas aussi prospère au Pays de Vaud qu'il le dit et il y avait bien de la misère chez les paysans.

Or, si Rousseau a choisi de situer ses personnages dans la noblesse vaudoise, parmi les gens qu'il a pu rencontrer au cours de ses brefs séjours au Pays de Vaud, il reste que ces rencontres personnelles ne sauraient suffire à expliquer sa connaissance des milieux vaudois et lui permettre de décrire avec exactitude des pratiques et des usages dont la connaissance supposait déjà une longue habitude des gens et du pays, notamment en 1756, quand il écrivait son roman.

Les sites, le pays et ses habitants l'ont sans doute inspiré, mais entre l'observation présente des paysages d'une part, et l'opération créatrice des souvenirs d'autre part, un troisième facteur intervient quelquefois chez Rousseau: c'est l'érudition et même un certain souci d'actualité. La présence d'un certain nombre d'indices historiques dans le récit romanesque offre à cet égard un intérêt majeur. Ces indices se rencontrent dans la lettre XXXIV adressée par St-Preux à Julie dans la première partie du roman (*Nouvelle Héloïse*, I, ii.108):

J'oubliois de te dire que M. Roguin m'a offert une compagnie dans le Régiment qu'il lève pour le roi de Sardaigne. J'ai été sensiblement touché de l'estime de ce brave officier; je lui ai dit en le remerciant, que j'avois la vue trop courte pour le service et que ma passion pour l'étude s'accordoit mal avec une vie aussi active. En cela, je n'ai point fait un sacrifice à l'amour. Je pense que chacun doit sa vie et son sang à la patrie, qu'il n'est pas permis de s'aliéner à des Princes auxquels on ne doit rien, moins encore de se vendre et de faire du plus noble métier du monde celui d'un vil mercenaire. Ces maximes étoient celles de mon père que je serois bien heureux d'imiter dans son amour pour ses devoirs et pour son pays. Il ne voulut jamais entrer au service d'aucun Prince étranger: Mais dans la guerre de 1712 il porta les armes avec honneur pour la patrie; il se trouva dans plusieurs combats, à l'un desquels il fut blessé; et à la bataille de Wilmerghen, il eut le bonheur d'enlever un Drapeau ennemi sous les yeux du Général de Sacconex.

Dans cette lettre, St-Preux mentionne la 'bataille de Wilmerghen'. Selon le *Dictionnaire historique et biographique de la Suisse* (vii.138) cette bataille a réellement eu lieu en 1712. Bien que Villmergen ne soit pas situé au Pays de Vaud, les troupes vaudoises commandées par Jean de Sacconex ont joué un rôle déterminant dans la bataille, durant laquelle plusieurs officiers se sont distingués et parmi eux un certain Albert-Louis Roguin. Celui-ci a levé pour le roi de Sardaigne un régiment suisse en 1732 (v.531), c'est à dire peu de temps après le départ de Rousseau du Pays de Vaud.[11]

11. Rousseau quitte le Pays de Vaud en 1731.

En se référant à la bataille de Villmergen ainsi qu'aux noms de Roguin et de Sacconex, Rousseau établit un lien précis entre le héros de son roman et les événements de 1732, puisque le père de St-Preux a combattu à la bataille de Villmergen en 1712 comme Roguin et s'y est distingué lui aussi.

En introduisant une réalité du monde contemporain dans son roman, Rousseau nous offre l'image d'un écrivain qui ne se contente pas de voir le passé ou d'en rêver. Les indications historiques apparaissant dans *La Nouvelle Héloïse* supposent une réelle connaissance du Pays de Vaud qui provient sans doute de lectures et de recherches contemporaines de l'élaboration du roman. D'ailleurs, c'est ce que J. S. Spink souligne avec justesse: 'S'il est difficile d'établir avec certitude à quelle source Rousseau a pris cette information sur la bataille de Wilmerghen, il reste clair qu'il a disposé d'une source suffisamment détaillée pour qu'il fût fait mention de la prise des drapeaux puisque le père de St-Preux en capture un' (Spink, p.157).

En conciliant le réel et l'imaginaire, Rousseau a sans doute voulu offrir à ses contemporains l'image de ce que représente pour lui le pays idéal en lui attribuant une valeur empirique. C'est dans les campagnes vaudoises qu'il a cru bon de chercher le cadre pastoral qui convînt le mieux à ses goûts et penchants bucoliques. En situant *La Nouvelle Héloïse* dans un cadre réel, terrestre, il voulait non seulement donner de la vraisemblance à son roman, mais surtout offrir aux lecteurs parisiens le tableau d'une vie campagnarde, réalisable et opposée à l'ennui et à la détresse de la vie parisienne.

On voit donc que la présence de lieux réels préserve la dualité de la fiction et de la réalité empirique. Mais comme il écrit un roman du bonheur, il estompe sensiblement les éléments qui pourraient y porter atteinte. D'ailleurs, dans *La Nouvelle Héloïse*, il avoue lui-même le caractère fictif de l'univers de Clarens. St-Preux affirme de Julie qu'"il lui faloit pour être heureuse vivre parmi les gens heureux' (*Nouvelle Héloïse*, v, lettre II, ii.532).

En effet par le choix du cadre vaudois, Rousseau nous entraîne du réel à l'idéal, du vécu au rêvé. S'il puise le réel dans les souvenirs enchanteurs des contrées vaudoises et qu'ensuite sa puissante imagination le transfigure et l'accommode à ses rêves, il faut convenir aussi qu'il demeure un écrivain soucieux de réalisme et d'exactitude.

Ainsi la fiction vient remédier aux insuffisances du réel, sans que celui-ci cesse d'être une source ni ne perde la profondeur que lui confèrent les expériences anciennes dont il procède.

Toutefois, le Pays de Vaud ne forme pas l'unique décor helvétique du roman. Rousseau célèbre une autre partie de la Suisse à travers la lettre sur le Valais.

ii. Le Valais

Les pages qui forment la vingt et unième et la vingt-deuxième lettres de la première partie de *La Nouvelle Héloïse*, sont entièrement consacrées au Valais. On sait que St-Preux, à la demande de Julie, s'exile et fait un bref séjour dans le Valais. Ce voyage lui fait remonter la vallée du Rhône par la rive vaudoise du lac pour arriver à Sion, capitale du Valais. Dès son arrivée, il communique à Julie ses premières impressions sur la nature du pays et sur ses habitants (*Nouvelle Héloïse*, I, lettre XXI, ii.74):

> Je me tais donc, et jusqu'à ce qu'il vous plaise de terminer mon exil je vais tâcher d'en tempérer l'ennui en parcourant les montagnes du Valais, tandis qu'elles sont encore praticables. Je m'apperçois que ce pays ignoré mérite les regards des hommes, et qu'il ne lui manque pour être admiré que des Spectateurs qui le sachent voir. Je tâcherai d'en tirer quelques observations dignes de vous plaire. Pour amuser une jolie femme, il faudroit peindre un peuple aimable et galant. Mais toi, ma Julie, ah, je le sais bien; le tableau d'un peuple heureux et simple est celui qu'il faut à ton cœur.

En effet, ce séjour dans le Valais, comme la prédilection de l'auteur pour la région valaisanne que parcourt St-Preux, prouvent une fois de plus l'attachement de Rousseau pour la Suisse Romande et plus particulièrement pour cet autre canton helvétique: le Valais, qu'il immortalise en quelques pages de *La Nouvelle Héloïse*.

Mais ce Valais dont Rousseau parle en connaisseur, l'a-t-il réellement visité? Si oui, quand et dans quelles circonstances l'a-t-il vu et jusqu'à quel point son récit demeure-t-il véridique? Quels souvenirs furent réellement vécus et quelle a été la part de la fiction dans son œuvre?

En réalité, Rousseau tenait à exprimer, à travers la digression sur le Valais qui n'a qu'une vague attache avec l'idylle romanesque, certaines idées philosophiques et sociales. C'est surtout dans les pages sur le Valais, qu'il mêle les joies et les souffrances de ses personnages à la beauté et la sérénité des choses. Mais quelles sont les preuves du passage de Rousseau en Valais? En vérité, elles se réduisent à fort peu de chose. Sur cette traversée, voici ce que disent brièvement *Les Confessions*: 'je pris ma route par Bergame, Come et Dom d'ossola; je traversai le St. Plomb. A Sion M. de Chaignon chargé des affaires de France me fit mille amitiés' (*Confessions*, VII, i.324). Tout ce que l'auteur des *Confessions* évoque de son passage dans le Valais se réduit à ces quelques mots et nous ignorons tout de son séjour. En revanche, quelques éléments surgissent qui étayent les preuves de ce passage et dissipent tout mystère. Nous savons par les *Confessions* et la *Correspondance* qu'à la suite d'une discorde avec l'ambassadeur de France à Venise, pour qui il a travaillé en qualité de secrétaire, il quitte Venise le 22 août 1744 (Courtois, p.24) Durant ce voyage pédestre qui le conduit de Venise à Paris, il passe par le Simplon, s'arrête à Sion et fait la connaissance de l'abbé Chaignon, chargé des affaires de France auprès de la République du Valais, qui constituait à l'époque un Etat indépendant et découvre en promeneur solitaire et sensible les beautés de la nature alpestre.

Dans son ouvrage, *Rousseau et le Valais*,[12] Lucien Lathion a reconstitué le voyage. Le critique a daté avec beaucoup de vraisemblance le séjour de Rousseau à Sion du 20 septembre au 2 octobre et supposé que le philosophe etait descendu au Lion d'Or, seule auberge de la ville. Treize ans plus tard, Bernard Gagnebin[13] a toutefois apporté de nouveaux éléments qui permettent de mieux cerner le problème de la chronologie de ce séjour. Contrairement aux affirmations de L. Lathion, B. Gagnebin, s'appuyant sur la correspondance du comte de Montaigu, ambassadeur de France, et sur celle de l'abbé Chaignon, fixe l'arrivée de Rousseau à Sion fin août début septembre. En outre, dans une lettre du 12 septembre 1744 adressée à l'abbé Chaignon par le comte de Montaigu, celui-ci affirme (Leigh 123):

Le Sr Rousseau, qui vous a dit être mon p^{er} Secrétaire, ne vous a pas dit que je l'avais chassé de chez moi et fait sortir [...] des Etats de la Rép^e et cela pour raison. Je vous prie de me mander si vous savez le chemin qu'il a pris de Sion.

Cette lettre datée de Venise atteste bel et bien que le 12 septembre Rousseau avait déjà quitté le Valais. D'autre part, nous savons grâce aux *Confessions*, que Rousseau après avoir quitté Sion, s'est rendu à Genève et y a revu son ami Gauffecourt (Gagnebin, p.172):

A Sion M. de Chaignon chargé des affaires de France me fit mille amitiés: à Genève M. de Closure m'en fit autant. J'y renouvellai connaissance avec M. de Gauffecourt dont j'avais quelque argent à recevoir.

Bernard Gagnebin rapporte à ce propos une lettre de Gauffecourt, datée du 12 septembre 1744 de Genève et adressée à l'abbé Chaignon, dans laquelle il mentionne la présence de Rousseau à Genève le 10 septembre (p.172). Ces correspondances rendent plus plausible l'hypothèse selon laquelle le genevois se trouvait à Sion vers la fin août, début septembre. Rousseau ayant donc quitté Venise le 22 août et atteint Genève vers le 10 septembre, nous sommes enclins à fixer la durée du voyage à une vingtaine de jours, et celle de son séjour en Valais à pas plus d'une semaine. Mais si bien établie que soit la réalité de ce bref voyage de Rousseau en Valais, nous nous demandons comment il a pu peindre un tableau si complet des mœurs et des habitudes du pays (*Nouvelle Héloise*, I, lettre XXIII, ii.79-80):

12. Lucien Lathion, *Rousseau et le Valais* (Lausanne 1953), p.70.
13. Bernard Gagnebin, 'Rousseau et le Valais', *Vallésia*, Bulletin annuel de la Bibliothèque du Valais 21 (1966), p.171.

1. *Paysages helvétiques*

J'aurois passé tout le tems de mon voyage dans le seul enchantement du paysage, si je n'en eusse éprouvé un plus doux encore dans le commerce des habitans. Vous trouverez dans ma description un léger crayon de leurs mœurs, de leur simplicité, de leur égalité d'ame, et de cette paisible tranquillité qui les rend heureux par l'exemption des peines plutôt que par le goût des plaisirs: Mais ce que je n'ai pu vous peindre et qu'on ne peut guère imaginer, c'est leur humanité desintéressée, et leur zele hospitalier pour tous les étrangers que le hazard ou la curiosité conduisent chez eux. [...] En effet à quoi dépenser de l'argent dans un pays où les maîtres ne reçoivent point le prix de leurs fraix, ni les domestiques celui de leurs soins, et où l'on ne trouve aucun mendiant?

S'il est certain que c'est du souvenir des paysages du Valais admirés au cours du voyage de 1744 que naissent douze ans plus tard en 1756, les pages consacrées au Valais, en revanche, la fidélité de la description paraît plus douteuse. Il faut reconnaître que Rousseau invente un Valais idyllique, en faisant l'apologie de la vie simple et rustique, comparée au luxe factice des grandes villes, ce qui correspondait surtout à ses préoccupations morales et philosophiques de l'époque. D'autre part, ayant pris connaissance d'un article de l'*Encyclopédie* injuste à ses yeux pour les Valaisans (art. 'Crétin', t.iv, 1754), il ne reste pas indifférent et répond indirectement par le biais d'une digression sur le Valais. C'est également à l'occasion de ses relations avec l'abbé Chaignon qu'il apprend à mieux connaître le pays, ses mœurs et son régime.

Ce qu'on peut affirmer, c'est que lorsque Rousseau compose en 1756 *La Nouvelle Héloïse*, il se rappelle les paysages valaisans admirés lors de son voyage en Valais, mais à cause de la brièveté de son séjour, il connaît très peu les valaisans avec lesquels il n'a pu avoir de relation prolongée. Il a peut-être quelque peu confondu l'hospitalité du résident de France avec celle des valaisans. C'est pourquoi ce qu'il raconte sur le Valais est mi-factice, mi-sincère.

Nourrie des souvenirs vécus de 1744, cette lettre revêt un caractère autobiographique certain mais a été embellie et idéalisée pour les besoins de la cause. L'aspect biographique et historique du cadre helvétique paraît donc indéniable dans *La Nouvelle Héloïse*, sans qu'il faille méconnaître non plus l'influence considérable de la Savoie dans l'œuvre de l'écrivain.

2. Paysages savoyards

Après avoir vécu son enfance en Suisse, Rousseau est arrivé en Savoie à l'âge de seize ans pour y passer toute sa jeunesse jusqu'à la trentaine, moment de son départ pour Paris. C'est en Savoie qu'il forme son esprit et son caractère et apprend surtout à chérir la nature à travers la campagne savoyarde.

La Nouvelle Héloïse demeurant une idylle principalement helvétique et vaudoise, quelle est la place qui revient à la Savoie?

La présence de la Suisse dans le roman doit-elle conduire pour autant à mésestimer l'influence de la Savoie et son impact sur les paysages romanesques? La conception même du roman ne témoigne-t-elle pas déjà d'un passé savoyard de l'auteur et d'une certaine idéalisation de ce passé? Quels sont les éléments réalistes, vécus, et dans quelle mesure s'insèrent-ils dans le roman? Autrement dit, est-il possible de retrouver dans *La Nouvelle Héloïse* des paysages analogues à ceux dans lesquels l'auteur a vécu en Savoie?

Les séjours de Rousseau en Savoie se répartissent en divers lieux selon les circonstances et ses relations avec Mme de Warens: le premier se fait à Annecy, le deuxième à Chambéry, et le troisième et dernier dont on sait l'importance a lieu aux Charmettes. En raison de sa durée et de son influence réduites le séjour à Annecy sera examiné d'abord; celui de Chambéry et celui des Charmettes le seront ensemble, à cause de leur importance psychique et temporelle. Après quoi et en dépit de la distance chronologique qui le sépare des Charmettes, viendra sur le village de Meillerie un développement que justifie seulement la situation géographique de cette localité, savoyarde elle aussi et constituant l'un des sites célèbres de *La Nouvelle Héloïse*.

i. Annecy

Le séjour de Rousseau à Annecy n'est pas sans importance malgré sa brièveté, car il marque la première étape d'une période d'adolescence et de jeunesse heureuse aux côtés de Mme de Warens. C'est à ce moment que Rousseau apprend à mieux connaître et à aimer la nature, à goûter les plaisirs de la campagne, qui ne cesseront de se développer en lui pour se projeter plus tard dans son œuvre romanesque.

Rousseau fixe dans les *Confessions*, la date de sa première arrivée dans la ville d'Annecy: 'C'était le jour des Rameaux de l'année 1728' (*Confessions*, II, i.48). Mais la chronologie ne revêtait à ses yeux qu'une médiocre importance, alors qu'il évoquait des souvenirs vieux de trente ans. Cela ne l'empêche pas d'avertir honnêtement ses lecteurs qu'il a rédigé la première partie de ses *Confessions* sans les documents lui permettant d'être exact quant aux 'temps' et aux 'dates' (*Confessions*, VII, i.277). Les historiens et les biographes de Rousseau, qui se sont penchés sur les problèmes chronologiques posés par certaines dates s'accordent sur celle-ci. En effet, le jour des Rameaux tombait le 21 mars en 1728 (Courtois, p.10). D'autre part, vers la fin de sa vie, rendant un dernier hommage à Mme de Warens, Rousseau revient sur cette date si importante à ses yeux pour marquer sa première rencontre avec elle: 'Aujourdui jour de paques fleuries il y a precisement cinquante ans de ma prémiére connoissance avec Mad^e de Warens.'[1]

A peine arrivé à Annecy, Rousseau repart quelques jours plus tard pour Turin, et ne reviendra que l'année suivante, en 1729. Théophile Dufour[2] estime qu'il faut placer le retour de Rousseau à Annecy au printemps 1729, mais Courtois (p.12-13) repousse la date jusqu'en juin. Quoi qu'il en soit, dès son retour de Turin, Rousseau s'installe chez Mme de Warens pour quelques temps, avant d'entrer au séminaire des lazaristes d'Annecy où il passe deux mois, puis devient pensionnaire à la maîtrise de la cathédrale d'Annecy jusqu'en avril 1730, date de son départ pour Lyon. De retour à Annecy, ne trouvant plus Mme de Warens qui était partie pour Paris, il demeure dans la ville jusqu'en juillet 1730, la quitte alors pour Fribourg et ne revient qu'en septembre 1731, non plus à Annecy mais à Chambery puisque Mme de Warens y habite désormais.

Dans l'ensemble, Rousseau séjourne relativement peu à Annecy et surtout très peu chez Mme de Warens: 'Je vivois à Annecy depuis près d'un an' (*Confessions*, III, i.123), precise-t-il avant de rapporter les conditions de son départ. D'autre part, il reconnaît que ce séjour n'est qu'une sorte de prélude à un bonheur ultérieur: 'Me voila donc enfin établi chez elle. Cet établissement ne fut pourtant pas encore celui dont je date les jours heureux de ma vie, mais il servit à le préparer' (i.104). Après ce bref rappel biographique, venons-en à ce qui est ici notre véritable objet: dans quel milieu Rousseau vivait-il à Annecy et quelles similitudes présente la maison qu'y habitait Mme de Warens avec celle de Julie dans *La Nouvelle Héloïse*?

L'emplacement de la maison de Mme de Warens à Annecy a fait l'objet d'un certain nombre de travaux, d'études et de recherches d'érudits qui ont tenté de déterminer sa situation exacte à partir des affirmations de Rousseau: 'C'étoit un passage derrière sa maison, entre un ruisseau à main droite qui la separoit

---

1. *Les Rêveries du promeneur solitaire*, dixième promenade, i.1098.
2. Théophile Dufour, 'Rousseau et Mme de Warens', *Revue savoisienne* 19 (1878), p.65.

du jardin, et le mur de la cour à gauche, conduisant par une fausse porte à l'Eglise des Cordeliers' (*Confessions*, II, i.49).

Dans son intéressante étude, J. Serand[3] après de minutieuses recherches aux archives départementales de la Savoie, compare la carte de 1730 avec le plan actuel de la ville d'Annecy et en arrive à déterminer l'emplacement de la maison de Mme de Warens, en se fondant d'abord sur les indications données par l'auteur sur cette habitation et surtout sur les précisions qu'il apporte à l'occasion de l'incendie du Four des Cordeliers survenu en septembre 1729: 'Un dimanche que j'étois chez Maman, le feu prit à un bâtiment des Cordeliers attenant à la maison qu'elle occupoit' (*Confessions*, III, i.120). Le critique constate que l'immeuble où habitait Mme de Warens était contigu au Four des Cordeliers et que la rue Royale n'existant pas à l'époque, la vue pouvait s'étendre des appartements sur la plaine des Fins et les coteaux voisins. Mais ce qui nous importe, c'est le témoignage de l'auteur dans les *Confessions*, qui confirme l'hypothèse de cette vue dont l'adolescent pouvait jouir de sa chambre et à laquelle son âme n'était pas insensible (*Confessions*, III, i.105):

Elle habitoit une vieille maison, mais assez grande pour avoir une belle piéce de reserve dont elle fit sa chambre de parade et qui fut celle où l'on me logea. Cette chambre étoit sur le passage dont j'ai parlé où se fit nôtre prémiére entrevue, et au delà du ruisseau et des jardins on découvroit la campagne. Cet aspect n'étoit pas pour le jeune habitant une chose indifférente. C'étoit depuis Bossey la prémiére fois que j'avois du verd devant mes fenêtres.

Or cette description est à rapprocher de celle que fait St-Preux de la maison de Julie à Clarens; il y suggère que chaque chambre a vue sur la campagne: 'Il n'y a pas une chambre où l'on ne se reconnoisse à la campagne, et où l'on ne retrouve toutes les comodités de la ville' (*Nouvelle Héloïse*, IV, lettre X, ii.441). La même similitude apparaît dans l'organisation interne des deux maisons. Voici d'abord le témoignage des *Confessions* sur celle de Mme de Warens: 'On ne trouvoit pas chez Mad^e de Warens la magnificence que j'avois vue à Turin, mais on y trouvoit la propreté, la décence et une abondance patriarcale avec laquelle le faste ne s'allie jamais' (*Confessions*, III, i.105). Or ce sont les mêmes particularités, les mêmes caractéristiques qu'on retrouve dans la demeure de Julie: 'Je ne vous décrirai point la maison de Clarens [...] Tout y est agréable et riant; tout y respire l'abondance et la propreté, rien n'y sent la richesse et le luxe' (*Nouvelle Héloïse*, IV, lettre X, ii.441). Ces rapprochements montrent que sans être identiques, les deux maisons présentent beaucoup d'analogies. Ce qui nous conduit à penser qu'ici aussi Rousseau s'inspire de l'expérience vécue. Le souvenir de son séjour à Annecy se reflète partiellement dans le roman sans

3. J. Scrand, *L'habitation de Mme de Warens* (Annecy 1900), p.6-15.

être explicitement évoqué. Une fois de plus, la mémoire affective nourrit la fiction, avec cette différence que le modèle a cette fois été choisi à Annecy.

Cependant, le séjour de Rousseau à Annecy s'interrompt par le voyage qu'il effectue à Lyon et à Fribourg, pour ne retourner en Savoie qu'en septembre 1731. On se souvient qu'il s'établit cette fois à Chambéry où Mme de Warens a choisi sa nouvelle résidence.

ii. Chambéry et les Charmettes

Le séjour de Rousseau à Chambéry et aux Charmettes est très complexe. Il pose, comme nous allons le voir, des problèmes délicats quant aux lieux et aux dates. Rousseau nous fournit dans les *Confessions* d'amples renseignements sur ce séjour auquel les livres v et vi sont entièrement consacrés. C'est pourquoi certaines inexactitudes chronologiques relatives à ce séjour et dues probablement à des défaillances de mémoire ont fait l'objet d'études approfondies de la part des historiens afin de relever les erreurs et de rétablir les dates correctes. Sur cette période de son existence, Rousseau porte le jugement d'ensemble suivant dans les *Confessions* (v, i.178-79):

Ici commence depuis mon arrivée à Chamberi jusqu'à mon départ pour Paris en 1741 un intervalle de 8 ou 9 ans, durant lequel j'aurai peu d'événemens à dire, parce que ma vie a été aussi simple que douce, et cette uniformité étoit précisément ce dont j'avois le plus grand besoin pour achever de former mon caractére, que des troubles continuels empêchoient de se fixer.

Il faut noter que dans ce passage Rousseau englobe d'un seul regard le temps qui sépare son arrivée à Chambéry de son départ pour Paris. Mais nous savons que son séjour à Chambéry s'est accompli en deux endroits bien distincts: l'un dans la ville de Chambéry et l'autre à la campagne. Ce n'est pourtant pas dans la ville de Chambéry, mais dans une modeste campagne des environs que Rousseau passe les années les plus heureuses de sa vie et rend célèbre la maison qu'il y habite alors, 'les Charmettes'.

Rousseau lui-même présume dans les *Confessions* sans vraiment l'affirmer que l'année 1732 fut celle de son arrivée à Chambéry: 'Ce fut, ce me semble en 1732 que j'arrivai à Chambéri' (v, i.176). Or, cette date est contestée par certains historiens dont François Mugnier[4] et Jean-Louis Courtois (p.20), qui proposent l'année 1731 et pensent que la mémoire de l'auteur est infidèle sur ce point. Au reste, cette date a été depuis confirmée par la découverte aux archives de la Savoie de la date d'entrée de Rousseau (1er octobre 1731) aux

4. François Mugnier, *Mme de Warens et J. J. Rousseau* (Paris 1891) [ci-après Mugnier].

services du cadastre de cette région, dans lesquels il exerce un emploi de secrétaire jusqu'en juin 1732.[5]

A son arrivée dans la ville de Chambéry, Rousseau se loge chez Mme de Warens qui le recueille. Il se partage entre ses fonctions de secrétaire au cadastre, de concerts et de leçons de musique. Néanmoins, malgré le bonheur qu'il ressent auprès de Mme de Warens, il supporte mal l'absence de la nature et l'éloignement de la campagne qui l'avait tant comblé de joie et de plaisir à Annecy. C'est pourquoi (*Confessions*, v, i.223):

> Proffitant maintenant du dégout que je lui trouvai pour la ville, je lui proposai de l'abandonner tout-à-fait, et de nous établir dans une solitude agréable, dans quelque petite maison assez éloignée pour dérouter les importuns.

Mme de Warens trouvant la suggestion agréable, choisit les Charmettes comme lieu de la future idylle rustique. L'appellation de 'Charmettes' s'applique non pas à une seule maison, mais au vallon tout entier qui s'ouvre au sud-est de Chambéry. Voici ce que relatent les *Confessions* sur cet endroit (v, i.224):

> Après avoir un peu cherché, nous nous fixames aux Charmettes, une terre de M. de Conzié à la porte de Chambéri, mais retirée et solitaire comme si l'on étoit à cent lieues. Entre deux coteaux assez élevés est un petit vallon nord et sud au fond duquel coule une rigolle entre des cailloux et des arbres. Le long de ce vallon à mi-côte sont quelques maisons éparses fort agréables pour quiconque aime un azile un peu sauvage et retiré.

Le livre VI des *Confessions* est entièrement consacré au séjour des Charmettes. Mais la date et la durée exacte de l'installation de Rousseau restent une des questions les plus controversées de la chronologie de l'écrivain. Sans en être absolument certain, Rousseau croit pouvoir en situer le début à la fin de l'été 1736: 'Autant que je puis me rappeller les tems et les dates, nous en primes possession vers la fin de l'été de 1736' (v, i.224).

La découverte, puis la publication par Mugnier (p.174), du bail passé entre Mme de Warens et le propriétaire d'un grand domaine aux Charmettes ont suscité beaucoup de polémiques, dressant adversaires et défenseurs de la version de Rousseau les uns contre les autres. Ce bail date de juillet 1738, ce qui contredit la date de 1736 proposée dans les *Confessions*. Notons au passage que le bail de 1738 n'est pas un bail de location, mais un contrat d'acensement comportant maison, grange, prés, terres et vignes, le tout appartenant à un certain bourgeois au nom de Noëray.

Certains critiques comme Mugnier et Fusil[6] récusent l'idée d'un premier séjour de Rousseau aux Charmettes avant le bail de 1738, et rejettent ainsi

---

5. Georges Daumas, 'L'idylle des Charmettes est-elle un mythe?', *Annales de la société J. J. Rousseau* 34 (1956-1958), [ci-après Daumas], p.86

6. C. A. Fusil, 'L'idylle des Charmettes', *Le Correspondant* (août 1928), p.381.

comme falsifiées par l'auteur les affirmations du livre VI des *Confessions*. D'autres au contraire, parmi lesquels figurent Georges Daumas (p.104) et Albert Schinz,[7] défendent la véracité des *Confessions* et estiment que Rousseau et Mme de Warens ont habité aux Charmettes avant de 1738. Par conséquent l'idylle des Charmettes a bien pu avoir lieu en 1736. A leurs yeux, il n'y a pas lieu de se fonder seulement sur le bail de 1738 pour déterminer la date du premier séjour de Rousseau et de Mme de Warens aux Charmettes. Ils estiment que 'Maman' et 'Petit' avaient pu habiter la maison de Noëray en 1736 avec loyer mais sans bail, ce qui était habituel à l'époque. D'après eux, il faut distinguer dans le domaine de Noëray des Charmettes, entre les terres exploitées par des fermiers ayant un bail et la maison d'habitation louée par Mme de Warens au terme d'un accord seulement verbal. Mais ce qui demeure pour nous du plus grand intérêt, c'est le témoignage de l'auteur qui place l'idylle des Charmettes non seulement en 1736, mais également dans la maison de Noëray: 'Après avoir essayé deux ou trois de ces maisons, nous choisimes enfin la plus jolie, appartenant à un Gentilhomme qui étoit au service, appellé M. Noiret' (*Confessions*, V, i.224). Il faut remarquer que les *Confessions* parlent aussi d'une véritable exploitation agricole et des travaux rustiques que Mme de Warens tenait en main et qu'il convient de placer après le contrat d'acensement de 1738: 'Enfin portant son humeur entreprenante sur des objets d'agriculture, au lieu de rester oisive dans sa maison, elle prenait le train de devenir bientôt une grosse fermière' (VI, i.245). Vraisemblablement, Rousseau confond quelque peu les faits et rapporte à son second séjour aux Charmettes (1738), certains événements qui datent du premier (1736).

Mais au-delà de ces débats chronologiques, notre objet propre demeure la mise en lumière d'analogies entre les paysages des Charmettes et le cadre de *La Nouvelle Héloïse*. L'influence des Charmettes dans l'œuvre de l'auteur est immense. C'est ici que Rousseau vécut les moments heureux de sa vie auprès de Mme de Warens et connut dans leur plénitude les charmes de la vie rustique et champêtre, dont son roman devait être profondément imprégné. En effet, tout au long de sa vie, Rousseau a espéré pouvoir retouver ses 'chères Charmettes' qui représentaient son véritable paradis perdu.

Le désir profond de la création d'un monde idéal où tout est harmonie, bonheur, recueillement trouve sa source aux Charmettes et se concrétise dans l'épisode de Clarens dans *La Nouvelle Héloïse*. Cette affirmation trouve sa justification dans l'étrange similitude de l'environnement rustique des Charmettes et de celui du cadre romanesque. Sans qu'ils offrent une analogie totale, la

7. Albert Schinz, 'L'idylle des Charmettes', *La Revue de France*, 14e année (15 novembre 1934), p.247.

tentation est grande d'assimiler à certains égards le paradis romanesque de Clarens au bonheur qu'a connu l'auteur aux Charmettes. La présence de certains éléments dans la biographie et dans le roman confirme cette analogie. Songeons ici au témoignage de l'auteur sur la nature de ses occupations aux Charmettes; il établit aussi le caractère rural du cadre dans lequel il vivait (*Confessions*, VI, i.231):

En lui faisant aimer son jardin, sa basse-cour, ses pigeons, ses vaches, je m'affectionnois moi-même à tout cela, et ces petites occupations qui remplissoient ma journée sans troubler ma tranquillité me valurent mieux que le lait et tous les remedes pour conserver ma pauvre machine, et la rétablir même, autant que cela se pouvoit.

Nous constatons que les mêmes éléments agrestes, les mêmes loisirs champêtres se retrouvent dans le domaine des Wolmar à Clarens. C'est St-Preux qui nous en fournit la preuve en décrivant la rusticité de cet univers (*Nouvelle Héloïse*, IV, lettre X, ii.442):

Quant à moi, du moins, je trouve que le bruit de la bassecour, le chant des coqs, le mugissement du bétail, l'attelage des chariots, les repas des champs, le retour des ouvriers, et tout l'appareil de l'économie rustique donne à cette maison un air plus champêtre, plus vivant, plus animé, plus gai, je ne sais quoi qui sent la joye et le bien-être, qu'elle n'avoit pas dans sa morne dignité.

Il paraît évident que l'existence que menait Rousseau aux Charmettes, la présence du milieu rustique et campagnard, l'entourage de métayers dont il partageait la vie, ont nourri ses paysages romanesques. En outre, l'examen historique de la Savoie au dix-huitième siècle permet une meilleure compréhension du pays et de son influence dans le choix du cadre de *La Nouvelle Héloïse*. Cela s'explique surtout par la longue durée du séjour de l'auteur en Savoie, puisqu'elle couvre sa période de jeunesse.

Société essentiellement agricole, la terre représentait la seule richesse dans la Savoie du dix-huitième siècle. A propos de la répartition sociale des terres entre les différentes classes de la société à cette époque, Jean Nicolas a remarqué qu'à côté de la grande propriété nobiliaire, existait un nombre très important de propriétés bourgeoises et roturières. La noblesse provinciale et rurale d'origines très diverses détenait avec la bourgeoisie, plus d'un tiers des terres en Savoie.[8] A cela, il faut ajouter l'existence du cadastre de Savoie, dont l'objet était de fournir des renseignements sur la propriété des terres pour la contribution foncière.[9] Or on se rappelle la présence de Rousseau au cadastre où il exerçait un emploi de secrétaire. Par conséquent, l'auteur devait avoir connaissance de l'état du pays, de la manière dont vivaient les nobles et les bourgeois sur leurs

8. Jean Nicolas, *La Savoie au 18ème siècle* (Paris 1978), i.168-69.
9. Gabriel Pérouse, *La Vieille Savoie* (Chambéry 1936), p.111.

terres et dont ils les exploitaient à cette époque. La noblesse savoyarde et sa condition ont inspiré à Rousseau ces réflexions (*Confessions*, v, i.188):

C'est dommage que les Savoyards ne soient pas riches [...] S'il est une petite Ville au monde où l'on goûte la douceur de la vie dans un commerce agréable et sur, c'est Chambéri. La noblesse de la province qui s'y rassemble n'a que ce qu'il faut de bien pour vivre, elle n'en a pas assez pour parvenir [...].

Cette absence de richesse et de prospérité dans les classes privilégiées de la Savoie se révèle historiquement exacte. Dans son étude,[10] François Vermale fait état d'une grande pauvreté dans les classes rurales de la Savoie à cette époque. L'historien explique cette situation par la lourdeur des impôts, la nature du pays, une agriculture précaire, constamment ravagée par les mauvaises conditions climatiques qui provoquaient une grande misère, surtout chez les paysans. Rousseau lui-même était conscient de cet état du pays. Le parallèle qu'il établit dans *La Nouvelle Héloïse* entre les deux rives du lac de Genève est révélateur, et met bien en lumière l'aspect déplorable de la côte savoyarde (*Nouvelle Héloïse*, IV, lettre XVII, ii.515):

Puis lui montrant le Chablais sur la côte opposée, pays non moins favorisé de la nature, et qui n'offre pourtant qu'un spectacle de misere, je lui faisois sensiblement distinguer les différens effets des deux gouvernemens, pour la richesse, le nombre et le bonheur des hommes.

L'auteur trouve donc l'autre élément de son parallèle dans le Pays de Vaud qui représentait dans son imagination le modèle parfait. Son choix n'était peut-être pas sans fondement: la proximité de la Suisse, pays également agricole, des conditions climatiques et géographiques semblables à celles de la Savoie convenaient mieux à l'impression de réalisme qu'il voulait que laisse son roman. En réalité, idéalisant les Charmettes, il transpose au pays de Vaud la vie rurale qu'il dit avoir menée aux Charmettes. D'ailleurs, Il nous avertit de son procédé dans la préface de *La Nouvelle Héloïse* (seconde préface, ii.29):

J'ai été à Clarens: je n'ai rien vu de semblable à la maison décrite dans ces Lettres [...] Enfin, autant que je puis me rappeler la situation du pays, j'ai remarqué dans ces Lettres, des transpositions de lieux et des erreurs de Topographie; soit que l'Auteur n'en sût pas d'avantage; soit qu'il voulût dépayser ses Lecteurs.

La *Nouvelle Héloïse* est aussi une satire de la société mondaine. Sa portée morale et philosophique découle essentiellement des principes d'un auteur hostile aux grandes villes, en particulier à la société parisienne. Ce qui explique

10. François Vermale, *Les Classes rurales en Savoie au 18ème siècle* (Paris 1911) [ci-après Vermale], p.515.

le choix des paysages rustiques et pastoraux de l'œuvre. Le roman est bourgeois par son décor. Julie et M. de Wolmar vivent sur leurs terres à Clarens, entourés de paysans et de serviteurs. La lettre x de la quatrième partie de *La Nouvelle Héloïse* est entièrement consacrée à l'économie domestique du domaine de Clarens. Dans cette longue lettre, qui constitue un vaste tableau du bonheur provincial et campagnard, Rousseau donne une série de conseils sur l'organisation interne de la maison, le choix des domestiques et la manière de se comporter avec eux. L'exemple des Wolmar lui sert à énoncer sur la gestion des terres des directives propres à améliorer la culture et à éviter les dépenses inutiles. De la même manière, par l'archétype de M. de Wolmar, l'auteur établit que le maître doit s'efforcer d'adoucir l'existence des paysans et concourir au bonheur de leur condition.

La figure idéale du gentilhomme campagnard que nous propose l'auteur dans le personnage de M. de Wolmar, avait-elle des modèles en Savoie, et Rousseau en avait-il rencontré? Existait-il des familles semblables aux Wolmar en Savoie?

Il est possible que Rousseau s'inspire dans *La Nouvelle Héloïse* de la vie de la noblesse et de la bourgeoisie savoyardes. Rien en tout cas ne nous permet d'en décider avec certitude. François Vermale dans son ouvrage (p.249), cite l'exemple du marquis de Costa, qui avait alors, comme M. de Wolmar, décidé de vivre simplement, et entrepris d'améliorer la culture de ses terres.

En revanche, nous savons que, tout comme les Wolmar qui seront entourés d'ouvriers et de paysans, Mme de Warens déjà après avoir obtenu le domaine de Noëray aux Charmettes, employait les ouvriers indispensables à l'accomplissement des travaux rustiques et agricoles. Confirmation nous en est donnée par les *Confessions*: 'Dans cette idée je désirois ardemment de recouvrer autant de force et de santé qu'il m'en falloit pour veiller à ses affaires, pour être piqueur de ses ouvriers ou son prémier ouvrier' (VI, i.246). Dans *La Nouvelle Héloïse*, la nécessité de recourir à des ouvriers ou des paysans pour exploiter le domaine de Clarens est évoquée par St-Preux en ces termes: 'Ayant donc beaucoup de terres et les cultivant toutes avec beaucoup de soin, il leur faut, outre les domestiques de la bassecour, un grand nombre d'ouvriers à la journée; ce qui leur procure le plaisir de faire subsister beaucoup de gens sans s'incomoder' (*Nouvelle Héloïse*, IV, lettre X, ii.443). Au reste Rousseau n'ignorait certainement pas que le recours à des ouvriers et des paysans était un procédé courant dans la Savoie de cette époque, puisque nobles et bourgeois donnaient habituellement leurs terres en métayage et en acensement (Vermale, p.145).

D'autre part, la scène des vendanges à Clarens trouve elle aussi sa source et son origine aux Charmettes. C'est là-bas encore que Rousseau connut les joies et les plaisirs des vendanges, comme en témoignent les *Confessions*: 'Les vendanges, la récolte des fruits nous amusérent le reste de cette année, et nous attachérent de plus en plus à la vie rustique au milieu des bonnes gens dont nous étions entourés' (VI, i.231). Autre exemple: dans *La Nouvelle Héloïse*, l'occupation des habitants de Clarens après les vendanges trouve également son origine et son modèle dans les pratiques vécues aux Charmettes. Cette fois encore c'est le texte même des *Confessions* qui permet le mieux de l'établir: 'Des dinés faits sur l'herbe à Montagnole, des soupés sous le berceau, la récolte des fruits, les vendanges, les veillées à teiller avec nos gens, tout cela faisoit pour nous autant de fêtes auxquelles Maman prenoit le meme plaisir que moi' (VI, i.244). Or de la même façon à Clarens, au soir d'une journée de vendanges, 'Après le souper on veille encore une heure ou deux en teillant du chanvre' (*Nouvelle Héloïse*, V, lettre VII, ii.609).

Même si Rousseau ne s'y réfère pas explicitement, le souvenir de l'expérience des Charmettes a donc exercé une influence de plus en plus perceptible dans la conception du cadre de *La Nouvelle Héloïse*, sans que pour autant celui-ci s'identifie à celui-là. Mais les Charmettes ont bien laissé des traces précises dans l'œuvre, puisque nous retrouvons dans le cadre que nous propose le roman les mêmes types de paysages et les mêmes plaisirs champêtres que Rousseau avait contemplés et connus aux Charmettes. Ainsi la fiction se nourrit pour une bonne part des images de l'expérience savoyarde. La vie rustique que menaient Rousseau et Mme de Warens aux Charmettes, se reflète partiellement dans celle de Julie et de M. de Wolmar à Clarens. Les paysages fictifs sont partiellement créés à partir des données vécues de cette période. En peignant dans Clarens une figure idéalisée des Charmettes, Rousseau déplace certes le lieu romanesque, mais son modèle reste profondément savoyard. Qu'il ait été transfiguré et idéalisé par la mémoire créatrice de l'auteur ne doit pas conduire à mesestimer sa réelle influence dans le roman.

De tous les paysages savoyards, Meillerie est le seul à être explicitement désigné dans *La Nouvelle Héloïse*.

iii. Meillerie

Ce Meillerie que le *Larousse encyclopédique* donne pour une 'Commune de la Haute-Savoie, à 20 km de Thonon sur le lac de Genève' n'est nommé nulle part dans les *Confessions*. Nous avons pourtant la certitude que Rousseau a visité une fois dans sa vie ce lieu situé sur la rive savoyarde du lac Léman, face à Vevey et Clarens sur la rive vaudoise.

La présence de Rousseau à Meillerie est attestée par quelques documents précieux, qui seuls la révèlent et confèrent ainsi à ce lieu le statut de réalité vécue par l'auteur. Le premier, d'une importance capitale, consiste en quelques lignes tirées d'un carnet de route écrit par Rousseau lui-même, dans lequel il indique l'itinéraire de son voyage autour du lac de Genève en 1754. Ce fragment, publié par Théophile Dufour, mentionne pour la première fois le nom de Meillerie: 'Le dimanche 22 dîné sur l'herbe auprès d'Hermance. Couché au château de Coudrée. Le lundi 23, dîné sur l'herbe auprès de Ripaille. Couché à Meillerie.'[11] Le second témoignage provient de Guillaume-Antoine Deluc qui narre ainsi l'excursion:

Le 22 Septembre 1754, nous partîmes pour le tour du lac, mon père, mon frère, son épouse et moi, avec Mlle. le Vasseur, native d'Orléans, et notre concitoyen M. Jean-Jaques Rousseau [...] Nous avons joui pendant notre navigation [...] qui a été de six jours, d'un tems parfait; à l'exception du souper, nous prenions ordinairement nos autres repas sur le rivage; les soirs nous couchâmes dans un des Bourgs ou villages qui sont si agréablement situés le long des rives de ce beau bassin. Nous sondâmes sa profondeur à une portée de fusil de Milleria [Meillerie], nous trouvâmes 150 brasses, c'est à dire 750 pieds au moins.[12]

Ce document concorde parfaitement avec le récit des *Confessions*, qui évoquent elles aussi cette randonnée en bateau autour du lac de Genève accomplie en 1754, Rousseau précisant de son côté les noms de ceux qui l'accompagnaient (VIII, i.393): 'Deluc père, sa bru, ses deux fils, et ma Therese'.

Ces deux documents qui se complètent, montrent bien que c'est au cours de cette excursion que Rousseau a exploré les rochers de Meillerie et découvert le célèbre 'réduit' où il installe St-Preux lors de son exil: 'Parmi les rochers de cette côte, j'ai trouvé dans un abri solitaire une petite esplanade d'où l'on découvre à plein la ville heureuse où vous habitez' (*Nouvelle Héloïse*, I, lettre XXVI, ii.90). Selon Alexis François,[13] il s'agit du lieu dit 'Le Plantet', à l'entrée d'un ravin sauvage, auquel montait un sentier partant de l'ancien chemin de Meillerie à Saint-Gingolph. Dans son étude, le critique souligne l'influence sur Rousseau des deux savants naturalistes qu'étaient les fils Deluc dans le développement de sa perception de la nature alpestre. Il souligne l'importance du rôle joué par Jean-André et Guillaume-Antoine Deluc, dont les observations scientifiques ont nourri plus tard le langage mi-scientifique, mi-littéraire utilisé par Rousseau dans *La Nouvelle Héloïse*; car, affirme-t-il, le but du voyage n'était pas uniquement de jouir de la belle nature, mais de faire des observations savantes en vue de la carrière de physicien à laquelle ils se préparaient. En outre, l'excursion de Meillerie, Rousseau ne l'a pas effectuée seul, mais

11. Théophile Dufour, 'Pages inédites de J. J. Rousseau', *Annales de la société J. J. Rousseau* 2 (1906), p.158.

12. Guillaume-Antoine Deluc, 'Note de Guillaume-Antoine Deluc', *Le Courier du Léman* (7 octobre 1826), cité dans la *Correspondance complète*, iii.38.

13. Alexis François, 'J. J. Rousseau et la science genevoise au dix-huitième siècle', *Revue d'histoire littéraire de la France* 31 (1924), p.213.

accompagné de Jean-André Deluc qui l'attesta bien des années plus tard: 'Les rochers de Meillerie, si fameux depuis que le grand peintre des mouvements de l'âme en a fait le théâtre d'une scène d'amour et de désespoir, sont dans cette chaîne. Le jour même qu'ils inspirèrent Rousseau, nous les avions fouillés ensemble.'[14] Les discussions scientifiques de Rousseau en 1754 à Meillerie avec les frères Deluc ont certainement eu une grande résonance dans la mémoire de l'auteur; dont le choix qu'il a fait de ce lieu n'est pas étranger aux conversations des deux naturalistes genevois. Ainsi tous ces témoignages et documents concourent à l'établissement de la certitude de la présence de Rousseau à Meillerie. Quelles que soient les raisons de ce choix, le classement de Meillerie parmi les lieux réels qu'a connus l'auteur de *La Nouvelle Héloïse* paraît s'imposer.

On sait que c'est à Meillerie que se déroule l'une des grandes scènes du roman: St-Preux exilé sur ordre de Julie y évoque avec des accents émouvants, qui annoncent le Romantisme, les bouleversements de son cœur, tour à tour puisés et réverbérés dans la beauté des choses. Au retour du Valais, St-Preux, on s'en souvient, s'établit sur la montagne qui domine Meillerie. De là, il installe une sorte d'observatoire d'où il peut contempler de loin Vevey et Clarens en face. Il précise le lieu de son asile dans un billet adressé à Julie, en justifiant en ces termes son choix: 'j'ai choisi mon azile à Meillerie sur la rive opposée; afin de joüir au moins de la vüe du lieu dont je n'ose approcher' (*Nouvelle Héloïse*, I, billet, ii.89).

Meillerie réapparaît sur la scène romanesque au cours d'une promenade sur le lac dont le célèbre récit constitue un des moments décisifs de l'histoire. En l'absence de M. de Wolmar, Julie et son ancien amant entreprennent une promenade en barque au cours de laquelle une brusque tempête les oblige à prendre terre au village de Meillerie, là où St-Preux s'était exilé sur ordre de sa maîtresse. Il montre à Julie les lieux où il soupirait naguère, le rocher d'où il contemplait sa demeure, et lui fait éprouver le danger pour eux omniprésent d'une résurrection du passé. Aussi est-il admis aujourd'hui que c'est Rousseau qui a immortalisé Meillerie, qui fût restée ignorée et inconnue sans la publication de *La Nouvelle Héloïse*. Après avoir reconnu la présence de la Suisse et de ses paysages contemplés dans l'enfance, puis celle de la Savoie envoûtant le jeune compagnon de Mme de Warens, il reste à étudier l'ultime séjour campagnard de Rousseau avant la composition de *La Nouvelle Héloïse*, celui-là même qui a permis la création de l'œuvre.

14. Jean-André Deluc, *Lettres physiques et morales sur les montagnes et sur l'histoire de la terre et de l'homme* (La Haye 1778), ii.230.

3. L'Ermitage

Il convient de voir dans quelle mesure ce nouveau cadre a suggéré le roman, dans quelle mesure il a contribué à engendrer l'univers imaginaire de *La Nouvelle Héloïse*. Il faudra donc déterminer l'influence de l'Ermitage sur les paysages fictifs, afin de mieux appréhender sa présence dans le roman. L'analogie du cadre où vivait alors Rousseau avec ceux de son passé a donné à l'auteur une occasion nouvelle de se délasser de la ville. Elle lui a surtout permis de recréer les moments heureux d'une jeunesse révolue, dont la perte ne pouvait être compensée que par la création d'un monde chimérique et idéal.

En effet, douze ans séparent le voyage de Rousseau en Valais et vingt et un ans son séjour en Savoie, de son arrivée à l'Ermitage. Après quinze années de résidence à Paris, fuyant la ville et la civilisation pour jamais et sans intention de retour, Rousseau se fixe à la campagne au printemps 1756, afin d'y mener une 'vie selon son cœur'. En vérité, c'était un sauvage qui abandonnait la capitale et le monde, persuadé de n'y retourner jamais. Sa décision était irrévocable. C'est dans cet esprit que Rousseau quitte Paris et s'installe à l'Ermitage, dans une propriété de Mme d'Epinay à Montmorency. Il précise d'ailleurs la date de son arrivée dans les *Confessions*: 'Ce fut le 9 Avril 1756 que je quittai la Ville pour n'y plus habiter' (IX, i.403).

Propriétaire du château de la Chevrette, dans la vallée de Montmorency, Mme d'Epinay possédait également une modeste maison inoccupée dans le parc de son château, qu'elle arrangea à l'intention de Rousseau et lui offrit en ces termes: 'mon Ours, voilà vôtre azyle; c'est vous qui l'avez choisi; c'est l'amitié qui vous l'offre' (*Confessions*, VIII, i.396).

Cette retraite, à l'orée de la forêt de Montmorency, semblait délicieuse à celui qui dégoûté de la société urbaine, habitait depuis quelques années Paris et ne rêvait que de retrouver la campagne si chère à son cœur. C'était aussi l'occasion pour Rousseau de redécouvrir ce qui convenait le mieux à sa simplicité primitive: la solitude, la paix, la vie champêtre et pastorale. Si bien qu'arrivé à l'Ermitage, il dit (*Confessions*, IX, i.403):

Mon premier soin fut de me livrer à l'impression des objets champêtres dont j'étois entouré. Au lieu de commencer à m'arranger dans mon logement je commençai par m'arranger pour mes promenades, et il n'y eut pas un sentier, pas un taillis, pas un bosquet, pas un réduit autour de ma demeure que je n'eusse parcouru dès le lendemain.

Cet asile champêtre le plongeait dans un état d'allégresse intérieure. A travers l'Ermitage, il retrouvait les paysages qui l'avaient enchanté dans le passé. Ces lieux ressuscitaient en lui sa chère campagne suisse et savoyarde. Les paysages qui l'avaient ravi autrefois resurgissaient dans sa mémoire au contact des prés, des bois, des champs, des sentiers fleuris et lui rappelaient sans cesse ceux de son enfance et de sa jeunesse. Le cadre de l'Ermitage, éveillant en lui les émotions vécues de la jeunesse, le tranportait aux Charmettes, parce que prenait valeur de modèle et de référence cet îlot de bonheur dont il exprime ainsi la nostalgie: 'Bref; au milieu des biens que j'avois le plus convoités, ne trouvant point de pure jouïssance, je revenois par élans aux jours serains de ma jeunesse, et je m'écrivis quelquefois en soupirant: Ah ce ne sont pas encore ici les Charmettes' (*Confessions*, IX, i.425).

Et pourtant dans sa *Lettre à Malesherbes* du 26 janvier 1762, Rousseau affirme qu'il n'a 'commencé de vivre que le 9 Avril 1756', et cite l'Ermitage comme le véritable modèle du bonheur. Comment expliquer ce changement et dire lequel des deux séjours l'emporte finalement sur l'autre? Il est difficile de trancher, puisque l'un n'exclut pas l'autre, que même tous les deux se rejoignent. Si en parlant des plaisirs de sa jeunesse, Rousseau fait remarquer à Malesherbes qu''ils furent trop rares, trop mêlés d'amertumes',[1] dans les *Confessions* le cadre de l'Ermitage apparaît comme le générateur du souvenir des Charmettes. D'ailleurs, peu avant son départ pour l'Ermitage, ce souvenir avait été réveillé en partie par la rencontre à Paris de son ami Venture, laquelle provoqua de 'tendres réminiscences' de sa jeunesse révolue (*Confessions*, VIII, i.399). L'environnement champêtre de l'Ermitage, en agissant comme le stimulus de souvenirs tout prêts à affleurer, semble avoir déclenché ce retour au passé.

Marcel Raymond pense que le 'mythe des Charmettes' a pris corps dans l'esprit de Rousseau après son départ de Montmorency.[2] Faut-il alors conclure que dans sa *Lettre à Malesherbes*, la vision de Rousseau est plus réaliste, moins subjective?

Mieux vaut dire que chez Rousseau, le paysage qui n'est plus, le lieu qu'il a quitté l'emporte toujours. Ainsi, qu'il s'agisse de l'Ermitage ou des Charmettes, ces lieux privilégiés ne prennent leur véritable importance, leur profonde signification dans l'esprit de l'auteur des *Confessions* qu'après qu'il s'en est éloigné.

C'est au cours d'une visite effectuée avec Mme d'Epinay au château de la Chevrette, que Rousseau découvre pour la première fois 'ce lieu solitaire'. Son impression immédiate, il l'exprime ainsi: 'Ah, Madame, quelle habitation délicieuse! voilà un azyle tout fait pour moi' (*Confessions*, VIII, i.396).

Dans *La Nouvelle Héloïse*, la même joie, le même transport envahissent St-

1. Troisième *Lettre à Malesherbes*, *Œuvres complètes* (Paris 1959), i.1138.
2. Note de la Pléiade, i.1851: commentaire de la page 1139.

Preux quand il évoque le lieu où habitent Julie et M. de Wolmar. Il emploie à propos de Clarens sensiblement les mêmes termes que Rousseau à propos de l'Ermitage: 'Quelle retraite délicieuse! Quelle charmante habitation! Que la douce habitude d'y vivre en augmente le prix!' (*Nouvelle Héloïse*, v, lettre ii, ii.527).

Le cadre de l'Ermitage, par la présence de sa nature champêtre, de la campagne, de la forêt s'unit à celui du roman. C'est Rousseau lui-même qui le présente ainsi, puisque parlant de ce séjour dans sa *Lettre à Malesherbes* (i.1139), il demande:

Quels tems croiriez-vous Monsieur que je me rappelle le plus souvent et le plus volontiers dans mes rêves? [...] Ce sont ceux de ma retraite, ce sont mes promenades solitaires, ce sont ces jours rapides mais delicieux que j'ai passés tout entiers avec moi seul, avec ma bonne et simple gouvernante, avec mon chien bien-aimé, ma vieille chate, avec les oiseaux de la campagne et les biches de la forêt, avec la nature entière et son inconcevable auteur.

Dans *La Nouvelle Héloïse*, ce qui attire St-Preux à Clarens, c'est également la campagne, la nature bucolique: 'mais savez-vous en quoi Clarens me plaît pour lui-même? C'est que je m'y sens vraiment à la campagne, et que c'est presque la premiere fois que j'en ai pu dire autant' (v, lettre vii, ii.602). De même, lorsque Rousseau évoque dans *La Nouvelle Héloïse* les 'forêts de sapins noirs' (iv, lettre xvii, ii.518) qui couvrent l'asile de Julie et de St-Preux à Meillerie, ne fait-il pas en réalité allusion à la forêt de Montmorency qui ombrageait sa bienheureuse solitude?

En outre, parmi les objets dont Rousseau était entouré à l'Ermitage, il faut noter la présence du jardin qui constituait l'un de ses loisirs champêtres: 'Pour n'être pas un hôte absolument inutile, je me chargeai de la direction du jardin et de l'inspection du jardinier' (*Confessions*, ix, i.432-33). Or, nous savons que dans *La Nouvelle Héloïse*, Julie possède aussi son jardin de l'Elysée, non loin de sa maison à Clarens. C'est St-Preux qui nous décrit cet endroit, alors qu'il se promène à l'intérieur de l'Elysée (*Nouvelle Héloïse*, iv, lettre xi, ii.471):

En entrant dans ce prétendu verger, je fus frappé d'une agréable sensation de fraicheur que d'obscurs ombrages, une verdure animée et vive, des fleurs éparses de tous côtés, un gazouillement d'eau courante et le chant de mille oiseaux porterent à mon imagination du moins autant qu'à mes sens.

Ce milieu s'apparente par certains traits à celui dans lequel vivait Rousseau à l'Ermitage, puisque nous retrouvons presque les mêmes éléments, le même environnement. Pour nous en convaincre, écoutons le témoignage de l'auteur: 'Je faisois ces méditations dans la plus belle saison de l'année, au mois de juin, sous des boccages frais, au chant du rossignol, au gazouillement des ruisseaux' (*Confessions*, ix, i.426). Par conséquent, l'Ermitage, ce 'pays enchanté' (*Confes-*

sions, IX, i.443), participe au même titre que la Suisse et la Savoie, au 'monde enchanté' de *La Nouvelle Héloïse*. Sans être totalement analogue, le paysage de Montmorency apparaît lui aussi comme un autre ferment, une autre source ou point d'appui d'où surgit 'le pays des chimères'.

Il est évident qu'une fois de plus les paysages romanesques sont nourris et alimentés en partie par ceux dans lesquels l'auteur a vécu. Sans doute ne peut-on déceler rien de plus que des analogies, mais elles permettent de saisir comment l'art de Rousseau a paré aux insuffisances du réel, comment il l'a embelli et rêvé à partir d'une expérience vécue dont les traces demeurent visibles dans *La Nouvelle Héloïse*.

4. Conclusion: fiction et réalité

A CE stade de notre analyse, se dégage déjà une première conclusion: *La Nouvelle Héloïse* apparaît comme un ensemble de souvenirs des lieux et des paysages connus par l'auteur.

Cependant, notre principale difficulté tout au long des pages précédentes a été l'impossibilité d'isoler, à partir du roman, toutes les caractéristiques de chacun des paysages vécus; ou plus exactement, il a été difficile de retrouver dans l'œuvre les lieux vécus dans leur intégrité. On peut probablement l'expliquer par un refus de Rousseau, au moment où il concevait *La Nouvelle Héloïse* à l'Ermitage, de se livrer à une description fidèle de ses souvenirs. En effet, il semble que compte tenu des tourments de sa vie antérieure, il ait voulu échapper au désenchantement du réel (*Confessions*, IX, i.427):

L'impossibilité d'atteindre aux êtres réels me jetta dans le pays des chimères, et ne voyant rien d'existant qui fut digne de mon délire, je le nourris dans un monde idéal que mon imagination créatrice eut bientot peuplé d'êtres selon mon cœur.

Quel artifice pouvait-il dès lors utiliser? Pour jeter le pont entre les paysages connus et ceux dont il a rêvé, Rousseau semble avoir cru nécessaire de s'inspirer de chacun des lieux réels. Aussi *La Nouvelle Héloïse* se réduit-elle à une sorte de synthèse d'éléments géographiques vécus, devant aboutir à l'édification d'un paysage idéal. *La Nouvelle Héloïse*, 'roman du bonheur', n'est pas l'Ermitage, la Savoie, la Suisse, mais tous les trois à la fois. Si bien que l'univers ainsi engendré, s'enrichit tour à tour ou simultanément du passé, du présent, et de l'espérance de l'auteur.

En dernière analyse, on s'aperçoit que le roman, quoique plein de fictions, se nourrit d'un certain réalisme. Ici, le réalisme et la fiction entretiennent une dialectique aussi subtile que celle de la forme et du fond, ou de l'ombre et de la lumière, et qui finit par embrouiller le lecteur.

Or une question inévitable se pose: celle du choix des supports fait par l'auteur pour exprimer ou signifier son idéal de paysage, ou pour animer la dialectique de la réalité et de l'imaginaire. En effet, certains éléments géographiques et naturels se retrouvent de façon presque obsédante dans *La Nouvelle Héloïse*, comme on pourra le vérifier amplement dans les pages qui suivent.

36

II
Principaux éléments et aspects
du paysage rousseauiste

5. La montagne

OBJET fixe, immuable, inanimé, la montagne représente incontestablement l'une des composantes fondamentales du paysage de Rousseau. Avant de déterminer sa place dans *La Nouvelle Héloïse* et la pensée de l'auteur, il convient de rappeler quelle diversité de réactions, négatives aussi bien que positives, la montagne a suscité au cours des différentes époques. Les anciens la trouvaient horrible et sinistre; en considérant de loin les cimes neigeuses, ils n'en éprouvaient que le caractère farouche. C'est le sentiment qui a généralement prévalu jusqu'à la fin du dix-huitième siècle. Il faut observer comment ensuite la conception et la vision des écrivains et des voyageurs se sont si bien modifiées que la montagne est progressivement devenue un objet d'enthousiasme et d'attrait au siècle des Lumières. Nous verrons donc comment l'interêt s'est éveillé pour elle avant Rousseau, avant d'étudier sa place dans *La Nouvelle Héloïse* et la vie de l'auteur, pour saisir en quoi il a été un novateur dans ce domaine.

i. Avant Rousseau

Objet d'horreur, de mépris et d'effroi au moyen-âge, la montagne demeurait un élément de désagrément. Les hommes du moyen-âge abominaient les pics hérissés et les cimes neigeuses. Ils n'osaient s'en approcher, se bornant à les contempler de loin. En 1188, John de Bremble, moine de Canterbury, contraint de traverser le Grand St-Bernard pour se rendre à Rome, rapporte ses impressions en ces termes: 'D'un côté, je regardais le ciel des montagnes, et de l'autre je frémissais à la vue de l'enfer des vallées.' Et voici la prière qui monte à ses lèvres: 'Seigneur rends-moi à mes frères, afin que je puisse leur dire de ne pas venir dans ce lieu de torture.'[1] Une telle vision révèle à quel point la simple vue des chaînes suscitait le dégoût et la terreur. En effet, Bremble pour traverser les Alpes empruntait un col et par conséquent évitait les sommets.

Le seizième siècle accordait lui aussi peu de place à la montagne qui n'était pas encore devenue objet de curiosité. Les choses commencent à changer au dix-septième siècle: une timide curiosité pour la montagne s'éveille chez les rares voyageurs audacieux qui tentaient de la parcourir. Mais les sommets restent encore loin d'être atteints, et il n'y a point encore de description fournie par ceux qui s'en approchent. La traversée des montagnes réclamait de

---

1. Cité par Claire-Eliane Engel et C. Vallot, *Les Ecrivains de la montagne* (Paris 1934), p.10.

l'héroïsme et de la hardiesse. Elles présentaient un danger perpétuel pour ceux qui voulaient s'y aventurer. Les chaînes formaient des barrières redoutables, enfermant et isolant les peuples. Le finalisme chrétien du dix-septième siècle s'interrogeait encore sur les raisons qui avaient pu amener le Créateur à semer la terre de ces obstacles néfastes.

Au dix-huitième siècle, les réactions ont commencé à évoluer, lentement et timidement au début, plus nettement et plus rapidement vers le milieu et la fin du siècle. Une poésie de la montagne est née dans les littératures française et anglaise qui en raison de leurs rapports mutuels ont exercé une influence réciproque l'une sur l'autre. Toutefois, au départ, le sentiment de laideur et de tristesse qu'inspirent les montagnes domine encore la littérature de l'époque.

La préférence des écrivains se porte plutôt vers la plaine et les petites collines. L'idéal au début du siècle, est encore une belle plaine, riche, verte et vaste où rien ne borne la vue. Ainsi Andrew Marvell apostrophe avec reprobation les grandes montagnes, en leur opposant la modestie de la petite colline boisée de Bilborow: 'Apprenez ici, ô montagnes injustes qui vous fiez à une hauteur plus abrupte qui [...] déforme la terre et effraie les cieux, apprenez ici cette humble allure qui mène à une gloire plus sûre.'[2] Cette défiance manifestée par Marvell dans le dernier tiers du dix-septième siècle atteste qu'on est loin encore de la grande poésie de la montagne. La même aversion se perçoit dans cet aveu de John Spens vers 1730: 'J'aimerais beaucoup les Alpes s'il n'y avait pas les montagnes.'[3]

L'absence de pittoresque dans leurs descriptions trahit le véritable sentiment des écrivains qui ont voyagé en montagne. C'est que la montagne était encore perçue comme une chose qui déformait la nature, l'enlaidissait. De plus, elle constituait un danger constant pour l'homme. Lorsqu'on devait la traverser, on n'y éprouvait que le déplaisir d'y être.

La vision d'Addison est toutefois plus complexe et semble différer quelque peu des autres. Se rendant en Italie en 1701, il longe le lac de Genève sans escalader les montagnes suisses. Tout en faisant observer dans le récit de son voyage que les Alpes formaient l'un des spectacles 'les plus irréguliers et les plus informes du monde', il leur concède au moins 'une agréable horreur'[4] et une irrégularité assez attirante lorsqu'on les contemple depuis le lac de Genève. On sent bien dans les propos d'Addison, que l'horreur qu'il a éprouvée

2. *Poems* (London 1726), 2 vols (édition posthume, Marvell étant mort en 1678). Cité par Claire-Eliane Engel, *La Littérature alpestre en France et en Angleterre au 18ème et 19ème siècle* (Chambéry 1930), p.6.
3. Cité par Claire-Eliane Engel, *La Littérature alpestre*, p.2.
4. Joseph Addison, *Remarks on several points of Italy*, cité par Claire-Eliane Engel, *La Littérature alpestre*, p.8.

comportait quelque chose d'agréable. La notion de laideur s'est modifiée puisque le difforme apparaît comme presque élégant. L'irrégularité dont il parle, c'est à dire le relief, l'escarpement, devient l'objet d'un certain attrait, ce qu'il n'était nullement auparavant. Mais ce changement de perception demeure chez Addison lui-même encore hésitant et incertain, comme le révèle la contradiction de ses jugements. D'une part, il trouve les Alpes 'informes', les donnant donc pour dépourvues de grâce et de beauté, et gâtant par là le paysage. Mais plus loin, il reconnaît qu'elles peuvent être 'attirantes'. On a l'impression que progressivement ce qui était perçu comme laideur tend à se charger de beauté.

Mais en général, les montagnes n'excitent encore qu'un sentiment d'indifférence et parfois de mépris. On préfère les ignorer, car elles contreviennent au désir d'ordre, d'équilibre et de raison qui habite encore les esprits fortement imprégnés de l'esthétique classique. L'un des héros de Richardson, Sir Charles Grandison, déplore à St-Jean de Maurienne que la Savoie livrée aux frimas éternels soit 'un pays aussi célèbre pour sa misère que pour ses montagnes'.[5] Dans cette déclaration point de description. La montagne est simplement évoquée pour souligner l'idée que la pauvreté du ce pays tient aussi à la présence des montagnes qui l'entourent.

Cependant, un réel développement se remarque avec Thomas Gray. Celui-ci entreprend en 1739 avec son ami Horace Walpole un voyage à travers l'Europe. Après un séjour à Paris, Reims, Lyon et Genève, ils traversent les Alpes pour se rendre en Italie. Dans une lettre écrite de Turin, Gray exprime son émerveillement religieux devant les montagnes:

pas un précipice, pas un torrent, pas une falaise qui ne soit pénétré de religion et de poésie. Il y a certains paysages dont la majesté terrible rendrait croyant un athée sans l'aide d'autre argument [...] Vous avez la mort constamment devant les yeux mais sa présence est assez lointaine pour impressioner l'esprit sans l'effrayer.[6]

Avec Gray, les réactions entrent désormais dans une nouvelle phase. Sa description spiritualise la montagne, la rend attrayante par la foi qu'elle fait éprouver à qui la contemple. Même si la description manque de pittoresque, il semble que Gray franchit un pas supplémentaire et défend de manière claire ce qui était jusqu'alors un paradoxe. On sent déjà chez lui que la montagne fait apparaître une idée biblique: qu'elle est l'expression de Dieu et qu'elle rapproche l'homme du sejour du Tout-Puissant. Pour la plupart des écrivains cependant la montagne reste peu connue et inspire encore une certaine méfiance.

Dès la première moitié du dix-huitième siècle, un écrivain allait toutefois

5. Samuel Richardson, *The history of Sir Charles Grandison*, cité par Charles Dédéyan dans *J. J. Rousseau et la sensibilité littéraire à la fin du dix-huitième siècle* (Paris 1966), p.6.
6. Cité par C. E. Engel dans *La littérature alpestre*, p.15.

tracer le chemin qui conduisait à Rousseau: en 1732, paraît un poème intitulé *Les Alpes* dont l'auteur, un bernois, s'appelait Albert de Haller. Cet ouvrage traduit et publié en France en 1750, a obtenu un écho et un succès considérables. Haller était le premier à chanter la beauté des Alpes, et surtout le premier à parler en termes émus des montagnards, de leur simplicité, de leur vertu, de leur bonté et de leur égalité.

Dans son ouvrage, *La Littérature alpestre en France et en Angleterre au 18ème et au 19ème siècle*, Claire-Eliane Engel parle de Haller (p.17):

En 1737, il fit un voyage dans l'Oberland Bernois. La beauté des deux glacières de Grindelwald, le contraste de leur clarté lumineuse avec les trois grandes montagnes massives qui les encadrent lui suggèrent simplement quelques remarques sur le bétail qui pâture près des moraines, et sur la teinte grisâtre de la glace.

Ainsi Haller, contrairement à ses prédécesseurs, entre déjà dans une certaine énumération des éléments qui composent son paysage montagneux. Il parle, puisqu'il les observe, 'des deux glacières', de 'leur clarté lumineuse', de 'trois grandes montagnes massives' qui encadrent les deux glacières. L'auteur suggère aussi l'idée de mouvement, de dynamisme, bref, d'une certaine forme de vie dans ces montagnes. La présence des moraines, amas formé par les débris de roche, peut déjà suggérer un éboulement des glaciers. La présence du 'bétail' ne semble pas seulement signifier la présence d'une prairie, mais aussi celle d'une économie pastorale et par conséquent d'une certaine population monta-gnarde. Ce n'est pas tout: on peut à juste titre se demander si l'évocation de la 'clarté lumineuse' liée à la 'teinte grisâtre de la glace' ne cherche pas à renseigner sur la grandeur des monts observés. Quoi qu'il en soit, la remarque de Claire-Eliane Engel fait très bien ressortir tout ce qui sépare Haller de ceux qui l'ont précédé et qui ne voulaient ordinairement voir dans la montagne qu'une hideuse déformation du sol, une sorte de laideur géographique. Il se distingue d'eux dans la mesure où il donne sur la montagne qu'il regarde un certain nombre de détails sensoriels et non plus uniquement une simple impression métaphysi-que, faite soit de peur soit d'admiration vague. Il prend la précaution de renseigner le lecteur sur ce qu'il voit, même s'il ne s'abandonne pas à une description pittoresque du détail.

Il est permis de présumer, étant donné la proximité temporelle de Rousseau et de Haller, que celui-ci ait quelque peu influencé celui-là. En effet, il serait très intéressant pour nous, quand nous en arriverons à Rousseau lui-même, de déterminer quelles sont les influences que Haller a pu exercer sur lui, ou plus exactement quelles affinités on peut relever dans les peintures de la montagne chez l'un et chez l'autre. Ce sera aussi le moment de s'interroger sur le rôle qu'ont pu jouer les naturalistes genevois déjà évoqués, les frères Deluc, dans la fécondation des idées de Rousseau sur la montagne comme lieu géographique privilégié. Comment donc l'auteur de *La Nouvelle Héloïse* observe-t-il et fait-il apparaître la montagne?

ii. La montagne rousseauiste

Si nous nous référons à la rétrospective que nous venons de présenter, et en dépit de l'évolution certaine representée par Haller, il est permis de supposer que la montagne ou le relief montagneux font véritablement leur entrée dans la 'paysage littéraire' avec l'auteur de *La Nouvelle Héloïse*. Rousseau bouleverse la plupart des tendances antérieures. La montagne ne fait plus peur, comme ce fut le cas chez les hommes du moyen-âge. Bien au contraire, même si dans la majeure partie de *La Nouvelle Héloïse* son nom n'est pas toujours prononcé, il est aisé de constater que la montagne, proche ou lointaine, constitue le relief de fond, l'élément de décor essentiel sans lequel le cadre matériel de la vie de St-Preux et de Julie perdrait de son charme 'paradisiaque'. La montagne de Rousseau est par définition un élément essentiel, fondamental d'une réalité à la fois physique, géographique, et écologique ....

Rousseau pousse plus loin que Haller, en la multipliant, la présentation des divers éléments ou détails observés. Ces éléments dans leur diversité se succèdent de manière à donner l'aspect d'un tout tantôt ordonné tantôt hétéroclite.

L'auteur ne semble pas, quand il parle de la montagne, proposer explicitement une description de chaque partie; par exemple il ne parle jamais séparément ou isolément du piémont, du versant ou du sommet. Il semble considérer l'ensemble en tendant à mettre uniquement en évidence, à partir de certains indices ou prétextes géographiques, sensitifs, toute une sensation ou impression que procure la présence dans les hauteurs. Il convient, par simple souci de clarté, d'isoler d'abord un certain nombre d'éléments présents dans la montagne rousseauiste, et qui par certaines caractéristiques sont capables de susciter de multiples formes d'évasion. L'analyse des divers éléments partira de cet aveu capital de l'auteur des *Confessions* qui précise bien son idéal de paysage: 'Au reste on sait déja ce que j'entens par un beau pays. Jamais pays de plaine, quelque beau qu'il fut, ne parut tel à mes yeux. Il me faut des torrens, des rochers, des sapins, des bois noirs, des montagnes, des chemins raboteux à monter et à descendre, des précipices à mes côtés qui me fassent bien peur' (IV, i.172).

Quelle que soit la montagne considérée, qu'il s'agisse de celles décrites dans les *Confessions* ou dans *La Nouvelle Héloïse*, certains éléments descriptifs de la montagne reviennent de manière constante. Il est souvent question de: torrents, rochers, bois, forêts, cascades, prairies, précipices, nuages, neiges, glacières, et parfois, des habitations ou du bétail, des oiseaux.

a. *Précipices, torrents ou cascades*

Ces éléments reviennent plus que d'autres comme pour mieux valoriser l'aspect montagneux.

Dans la lettre XVII de la quatrième partie de *La Nouvelle Héloïse*, se lit cette description: 'un torrent formé par la fonte des neiges roulait à vingt pas de nous une eau bourbeuse, et charriait avec bruit du limon, du sable et des pierres'. Dans la même lettre, qui traite principalement de Meillerie, une autre évocation du torrent est à remarquer: 'ici je passai le torrent glacé pour reprendre une de tes Lettres qu'emportoit un tourbillon' (ii.519). Dans une autre lettre du roman, où il est question de la montagne 'valaisane', le torrent figure également: 'Tantôt de hautes et bruyantes cascades m'inondoient de leur épais brouillard. Tantôt un torrent éternel ouvroit à mes côtés un abîme dont les yeux n'osoient sonder la profondeur' (*Nouvelle Héloïse*, I, lettre XXIII, ii.77).

On voit très bien que l'action se situe au Valais ou à Meillerie, combien s'impose l'idée d'une montagne 'torrentueuse'. On voit aussi que la présence des torrents est immédiatement liée à celle de cascades ou de gouffres et de précipices qui contribuent à donner à l'ensemble du relief un aspect à la fois brutal, fougueux et sauvage.

On peut aussi se demander si cette manière de voir les precipices, les torrents ou les cascades dans *La Nouvelle Héloïse* n'est pas une pure invention. Ce qui est frappant, c'est que les mêmes éléments ou accessoires se retrouvent dans les *Confessions* et les *Rêveries*. Dans les *Confessions*, lorsqu'il raconte le voyage qu'il fait de Lyon à Chambéry, Rousseau retient principalement le beau spectacle d'abîmes, de précipices et de torrents qui s'offre à ses yeux au fur et à mesure qu'il se rapproche de Chambéry (*Confessions*, IV, i.172-73):

Non loin d'une montagne coupée qu'on appelle le pas de l'échelle, au dessous du grand chemin taillé dans le roc, à l'endroit appellé Chailles, court et bouillonne dans des gouffres affreux une petite riviére qui paroit avoir mis à les creuser des milliers de siécles. On a bordé le chemin d'un parapet pour prévenir les malheurs: cela faisoit que je pouvois contempler au fond et gagner des vertiges tout à mon aise; car ce qu'il y a de plaisant dans mon gout pour les lieux escarpés est qu'ils me font tourner la tête, et j'aime beaucoup ce tournoyement pourvu que je sois en sureté.

Rousseau n'aime pas seulement les précipices, les abîmes, les gouffres pour le sentiment de peur qu'ils lui font éprouver, mais aussi et surtout parce qu'en créant des accidents de relief, ils lui offrent la possibilité d'une activité ludique quasi-enfantine, par exemple lancer les pierres et les regarder rouler vers l'abîme ou précipice (*Confessions*, IV, i.172-73):

Dans les endroits où la pente étoit assez unie et la broussaille assez claire pour laisser passer des cailloux, j'en allois chercher au loin d'aussi gros que je les pouvois porter, je

44

les rassemblois sur le parapet en pile; puis les lançant l'un après l'autre, je me délectois à les voir rouler, bondir et voler en mille éclats avant que d'atteindre le fond du précipice.

Dans sa lettre au maréchal de Luxembourg du 28 janvier 1763, il décrit ainsi le pays de Môtiers: 'J'ai vis-à-vis de mes fenêtres une Superbe cascade qui du haut de la montagne tombe par l'escarpement d'un rocher dans le Vallon' (Leigh 2457).

Dans les *Rêveries*, lors d'une promenade 'solitaire' près de Neuchâtel, il revient sur l'idée de 'précipices que je n'osais regarder qu'en me couchant sur le ventre'.[7] Cette posture donne bien une idée de la profondeur de l'abîme et des vertiges qu'elle pourrait causer à qui le regarderait debout.

Il faut bien noter qu'il n'a été ici question du torrent, des cascades que dans la mesure où leur présence est en même temps significative de celle d'un relief en pente ou d'une montagne. Leur aspect proprement 'liquide' fera l'objet d'une étude ultérieure. D'autre part, les précipices, les cascades ou les abîmes ne représentent ici que certains aspects du décor montagneux parmi bien d'autres. On voit aussi, dans la montagne de Rousseau, une végétation qu'il décrit avec un intérêt certain. Mais avant que d'en traiter, on examinera d'abord l'aspect rocheux de cette montagne.

b. Rochers, cailloux, sable, pierres, limons

Ceux-ci sont par endroits présents. Ils sollicitent particulièrement le regard de Rousseau. On les retrouve sous des aspects variés dans *La Nouvelle Héloïse*. Par exemple, lors d'une promenade dans le Valais, St-Preux parle 'd'immenses roches' pendant 'au dessus de ma tête', 'des terres éboulées', 'd'excellens fruits sur des rochers' (I, lettre XXIII, ii.77). Si dans l'évocation de ces rochers l'accent n'est pas mis sur leur austerité, il n'en est pas de même dans celle de Meillerie qui est perçue essentiellement comme une masse de rochers. Cette fois l'auteur décrit des rochers âpres, rudes et austères, surtout lorsqu'ils entourent l'habitation de St-Preux: 'Une file de rochers stériles borde la côte, et environne mon habitation que l'hiver rend encore plus affreuse'. Par moments aussi, ces roches cessent d'être 'affreuses', pour servir d''abri' ou d'observatoire au promeneur: 'Parmi les rochers de cette côte, j'ai trouvé dans un abri solitaire une petite esplanade d'où l'on découvre à plein la ville heureuse où vous habitez' (I, lettre XXVI, ii.90). Le rocher dans la montagne rousseauiste n'est pas ainsi un simple élément de décor. C'est tantôt un mobilier, par exemple un tabouret, lorsque St-Preux dit à Julie: 'Voila la pierre où je m'asseyois pour contempler au loin ton heureux séjour', tantôt un registre où peuvent être consignés des souvenirs,

---

7. *Les Rêveries*, septième promenade, i.1070.

des moments heureux que l'on voudrait fixer à jamais: 'je la conduisis vers le rocher et lui montrai son chiffre gravé dans mille endroits, et plusieurs vers du Petrarque et du Tasse'. Ce n'est pas tout encore. Car, comme les hommes primitifs, St-Preux s'est servi de morceaux de pierre pour 'graver' dans les rochers: 'ces cailloux tranchans me servoient de burin pour graver ton chiffre', précise-t-il à sa bien-aimée (IV, lettre XVII, ii.519).

Cette obsession pour les rochers, les pierres ou les cailloux semble venir de la prédilection qu'éprouve Rousseau, comme il nous l'a lui-même confié, pour les accidents de relief. Mais on notera qu'il ne décrit jamais un élément de relief pour le simple plaisir de le décrire. La présence des pierres lui donne souvent une irrésistible envie de s'amuser. Ce qui montre que l'animation du spectacle du paysage compte encore plus que le spectacle lui-même. On a pu le vérifier dans le passage des *Confessions*, cité plus haut, décrivant la délectation de l'adolescent à lancer du parapet au fond du ravin les gros cailloux qu'il avait d'abord amassés (voir IV, i.173). Dans les *Rêveries* aussi s'affirme une prédilection pour les rochers. Dans une montagne près de Neuchâtel, au cours de la septième promenade, il gravit les 'rochers', il s'enfonce dans 'les anfractuosités de la montagne', 'de roche en roche je parvins à un réduit si caché que je n'ai vu de ma vie un aspect plus sauvage' (i.1070). Quand par ailleurs, il évoque le lac de Bienne, il ne manque pas de noter qu'il est bordé de 'rochers'.[8] De même, quand Rousseau décrit la demeure de Mme de Warens aux Charmettes, il indique bien que des 'cailloux' bordent une rigole (*Confessions*, IV, i.224).

Néanmoins, d'autres éléments que le minéral entrent dans la composition de la montagne rousseauiste. On y trouve aussi et surtout une végétation multiforme, composite, se mêlant aux rochers et au moutonnement du relief pour agrémenter à l'infini la vue, et pour rendre plus agréable encore le séjour dans les hauteurs.

c. Bois, forêts, prairies, cultures

Ceux-ci constituent en effet des éléments remarquables de la montagne rousseauiste. On y voit ordinairement alterner des bois et des terrains verdoyants, tapissés de prairies, de fleurs, d'arbres fruitiers. Dans *La Nouvelle Héloïse*, cette végétation est particulièrement présente. Qu'on se rappelle St-Preux parcourant les montagnes du Valais. Il s'enfonce par moments dans 'l'obscurité d'un bois touffu' et ressort peu de temps après pour se trouver dans 'une agréable prairie'. D'un côté, l'aspect touffu de la forêt l'attire, et de l'autre, c'est la clarté et la gaité de la prairie qui l'enchantent. Il remarque également des vignobles, des

8. *Les Rêveries*, cinquième promenade, i.1040.

cultures et constate la réunion de 'terrains contraires sur le même sol' (I, lettre XXIII, ii.77).

Cette particularité de la montagne se vérifie également à Meillerie. Julie et St-Preux se trouvent sur un terrain couvert de 'verdure', de 'fleurs' et d''arbres fruitiers sauvages'. Leur asile est ombragé par 'des forêts de sapins noirs' et à peu de distance leur vue peut s'étendre sur 'un grand bois de chêne' (IV, lettre XVII, ii.518). De même, le rendez-vous projeté par Julie et St-Preux doit avoir lieu dans un chalet, au cœur d'une montagne offrant 'des bois épais' (I, lettre XXXVII, ii.113), mais dont les prairies ne sont pas éloignées.

Dès lors, on peut se demander si la présence d'une telle végétation peut s'observer dans la vie même de l'auteur. Elle réapparaît dans les textes autobiographiques chaque fois que la montagne est évoquée, qu'il s'agisse des *Confessions* ou des *Rêveries*. Elle constitue même un accessoire indispensable.

Evoquant dans *Les Rêveries* une promenade à la montagne, près de Neuchâtel, Rousseau relève la présence de la forêt touffue: 'De noirs sapins entremêlés de hêtres prodigieux dont plusieurs tombés de vieillesse et entrelacés les uns dans les autres fermoient ce réduit de barriéres impénétrables'.[9] Caractéristique importante, cette abondance touffue du la forêt se retrouve aussi, on le notera, dans *La Nouvelle Héloïse*. En effet la forêt constitue avant tout pour Rousseau un lieu privilégié dans la montagne où il se livre à l'étude de la botanique. De même, dans les *Confessions*, la montagne qu'il parcourt près de Chambéry est couverte de 'broussaille' (IV, i.173), ce qui prouve aussi le caractère touffu de la végétation. En outre, les Charmettes sont situées également sur un terrain montueux, à mi-côte d'un vallon, dans lequel l'auteur relève la présence de champs de 'vigne' et d'un 'bois de Chateigners' (*Confessions*, V, i.224).

Il est également intéressant de rappeler comment Rousseau évoque l'île de St-Pierre, car le même type de végétation y apparaît. Il faut noter que l'auteur, en décrivant cette île du lac de Bienne, qualifie son terrain de 'montagneux'. Puis, il mentionne la présence sur son sol 'des champs, des prés, des vergers, des bois, des vignes'. Il est ainsi remarquable que nous retrouvions dans cet endroit toutes les composantes de la montagne rousseauiste. De même, dans sa lettre au maréchal de Luxembourg, Rousseau tout en décrivant le Jura Neuchâtelois précise que la mi-côte offre des réduits ombragés par des hêtres et des 'aziles verdoyans et frais' (Leigh 2457).

Toutes ces observations nous amènent à constater que la montagne rousseauiste est nécessairement accompagnée de végétation et que celle-ci est constituée d'un mélange de bois, de gazon et de cultures se succédant ou se mêlant les uns aux autres. Mais on peut se demander si cette omniprésence de

9. *Les Rêveries*, septième promenade, i.1070.

la flore qui caractérise le paysage de montagne chez Rousseau, s'accompagne d'une présence aussi intense de la vie animale et humaine.

d. La vie animale

L'apparition d'une certaine vie animale peut être remarquée par endroits. Cette faune se compose de bétail et d'un certain nombre d'oiseaux.

Nous pouvons le constater d'une part dans *La Nouvelle Héloïse*, où St-Preux fait état d'"oiseaux étranges' (I, lettre XXIII, ii.79), lorsqu'il parcourt les montagnes du Valais. De même, dans son exil de Meillerie, au sein des glaces, il évoque les cris d'oiseaux funestes comme 'le vorace épervier', 'le corbeau funebre' et 'l'aigle terrible des Alpes' (IV, lettre XVII, ii.519). Par ailleurs, la verdure de la montagne implique la présence de pâturages, donc de troupeaux.

Dans *Les Rêveries* Rousseau mentionne aussi l'existence des oiseaux dans la montagne: 'Le Duc, la chevêche et l'orfraye faisoient entendre leurs cris dans les fentes de la montagne, quelques petits oiseaux rares mais familiers temperoient cependant l'horreur de cette solitude.'[10]

Si le passage et la présence des oiseaux semblent ici pouvoir adoucir la solitude, à Meillerie en revanche, ils semblent plutôt augmenter le malheur et l'angoisse de St-Preux. C'est que le choix des oiseaux n'est évidemment pas sans rapport avec l'effet recherché. Ainsi l'apparition à Meillerie d'aigles et de corbeaux, oiseaux qui symbolisent le malheur, paraît surtout procéder du désir de renforcer l'aspect lugubre de ce paysage.

Il faut noter d'autre part que cette montagne est aussi habitée. En effet, la montagne rousseauiste est accessible à l'homme. La vie humaine est représentée par les champs cultivés et par l'élevage du bétail dans les alpages. Ce que St-Preux remarque du Haut Valais est significatif: 'Un mélange étonnant de la nature sauvage et de la nature cultivée, montroit par tout la main des hommes' (*Nouvelle Héloïse*, I, lettre XXIII, ii.77).

Tous ces éléments réunis créent donc un ensemble varié, constituant la 'montagne rousseauiste'. Elle engendre chez St-Preux qui la parcourt une vision globale, un spectacle permanent qui captive son regard. La montagne est sous la plume de Rousseau une source continuelle de curiosité et de surprise. Elle provoque l'étonnement de St-Preux dans le Haut Valais, l'empêche de rêver (*Nouvelle Héloïse*, I, lettre XXIII, ii.77).

e. La montagne comme spectacle

Il semble que c'est dans ce qu'on pourrait appeler la montagne spectacle, c'est à dire qui présente des scènes variés, que Rousseau aime se promener et faire

---

10. *Les Rêveries*, septième promenade, i.1071.

promener ses personnages romanesques. C'est une montagne qui divertit, qui amuse, et offre une scène théâtrale. Ecoutons St-Preux évoquer cet univers plein de nouveautés et de variété (*Nouvelle Héloïse*, I, lettre XXIII, ii.77):

Je voulois rêver, et j'en étois toujours détourné par quelque spectacle inatendu. Tantôt d'immenses roches pendoient en ruines au dessus de ma tête. Tantôt de hautes et bruyantes cascades m'inondoient de leur épais brouillard. Tantôt un torrent éternel ouvroit à mes côtés un abîme dont les yeux n'osoient sonder la profondeur. Quelquefois je me perdois dans l'obscurité d'un bois touffu. Quelquefois en sortant d'un gouffre une agréable prairie réjouissoit tout à coup mes regards.

Or, c'est la même impression de spectacle varié et curieux que laisse la montagne évoquée par Rousseau dans sa lettre de 28 janvier 1763 au maréchal de Luxembourg (Leigh 2457):

Lorsqu'on quitte le bas du vallon pour Se promener à mi-côte [...], on n'a pas une promenade aussi commode, mais cet agrément est bien compensé par la variété des sites et des points de vue, par les découvertes que l'on fait Sans cesse autour de soi, par les jolis réduits qu'on trouve dans les gorges des montagnes, où, le cours des torrens qui descendent dans la vallée, les hêtres qui les ombragent, les coteaux qui les entourent offrent des aziles verdoyans et frais quand on Suffoque à découvert.

La montagne de Rousseau est donc avant tout pittoresque: c'est un lieu de découverte, où divers éléments se succédant les uns aux autres forment un ensemble composite et d'une richesse multiforme qui séduit l'œil de Jean-Jacques.

Par ailleurs cette exaltation de la montagne le conduit à formuler des jugements très réservés sur la plaine. Ce qui était avant Rousseau perçu comme le paysage idéal, la plaine vaste et plate, devient chez lui l'objet d'une sévère critique. Dans *La Nouvelle Héloïse*, St-Preux se trouvant sur la montagne, la compare avec la plaine. Sa vue se porte sur le vaste panorama que la montagne déroule à ses yeux et dont, de sa position élevée, il peut découvrir tout le fond grandiose, dans une perspective qui réunit tous les objets. La vue plongeante de l'observateur peut saisir le paysage dans toute son étendue. Ensuite, il compare cette situation dominante à celle où l'on est dans la plaine qui n'offre qu'une vue 'oblique', et ne permet pas à l'œil d'embrasser un champ élargi: 'la perspective des monts étant verticale frape les yeux tout à la fois et bien plus puissamment que celle des plaines qui ne se voit qu'obliquement, en fuyant, et dont chaque objet vous en cache un autre' (*Nouvelle Héloïse*, I, lettre XXIII, ii.77). Ce texte révèle la prédilection de l'auteur pour la montagne, ou du moins pour un terrain montueux. D'ailleurs, cette préférence pour les lieux escarpés et vallonnés se vérifie lorsqu'il évoque la Suisse et avec elle le village de Môtiers (Leigh 2457):

L'élévation des Montagnes qui forment le Vallon n'est pas excessive, mais le Vallon même est montagne étant fort élevé au-dessus du lac, et le lac, ainsi que le Sol de toute la Suisse, est encore extrémement élevé Sur les pays de plaines, élevés à leur tour au dessus du niveau de le mer.

Le regard de Rousseau semble donc avoir été particulièrement sensible à ces différences d'aspect qui opposent la montagne à la plaine. Mais la montagne ne constitue pas seulement un ensemble pittoresque qui a séduit ce regard. Pour l'adolescent des *Confessions* (IV, i.173) déjà, on s'en souvient, elle était aussi théâtre d'expériences sur la pesanteur, lorsqu'il prenait plaisir à faire rouler des pierres dans le précipice.

f. La montagne, champ d'expérimentations multiples

La montagne devient dans *La Nouvelle Héloïse* l'occasion et le lieu d'observations scientifiques.

Dans la lettre XXIII St-Preux observe d'un œil perspicace l'action de la lumière sur les sites alpestres. Il est attentif à l'aspect que prennent les objets vus de la hauteur et surtout à l'action des jeux de lumière sur la montagne: 'Ajoutez à tout cela les illusions de l'optique, les pointes des monts différemment éclairées, le clair obscur du soleil et des ombres, et tous les accidens de lumiere qui en résultoient le matin et le soir' (ii.77). Cette description d'allure presque scientifique, nous révèle un Rousseau qui n'est pas étranger à la physique optique, qui se montre sensible à la diffusion de la lumière aux divers moments de la journée. En outre, parlant des Alpes et de leur hauteur, Rousseau ajoute en note dans *La Nouvelle Héloïse*: 'Ces montagnes sont si hautes qu'une demie heure après le soleil couché leurs sommets sont encore éclairés de ses rayons, dont le rouge forme sur ces cimes blanches une belle couleur de rose qu'on apperçoit de fort loin' (IV, ii.518).

Bien que les notations de couleur restent rares chez Rousseau, il semble qu'ici son regard ait été attiré par l'effet lumineux produit par le coucher du soleil sur les pics enneigés.

Ailleurs c'est l'action naturelle de la terre qui devient l'objet de sa réflexion.

Ainsi dans la lettre XVII de la quatrième partie de *La Nouvelle Héloïse*, Julie et St-Preux sont à Meillerie dans un réduit encerclé et protégé par les rochers qui les entourent, mais aussi par des montagnes plus élevées dont la majesté et la grandeur, ainsi que celles des glaciers, attirent le regard de St-Preux (ii.518):

Derriere nous une chaîne de roches inaccessibles séparoit l'esplanade où nous étions de cette partie des Alpes qu'on nomme les glacieres, parce que d'énormes sommets de glace qui s'accroissent incessamment les couvrent depuis le commencement du monde.

Cette vision lointaine des sommets neigeux et des glaciers nous fait penser cette fois à un Rousseau géologue et naturaliste. Dans ce texte, ce sont les phénomènes naturels et leur développement qui deviennent le centre d'intérêt. Le discours de l'auteur prend ici aussi un ton quasi-scientifique en évoquant les glaciers et leur évolution.

Le même type d'observation apparaît dans la Lettre sur le Valais de *La Nouvelle Héloïse*. St-Preux poursuivant sa course dans les montagnes du Valais, parcourt d'abord les 'montagnes les moins élevées', ensuite atteint une région plus haute, celle où les nuages étendent un voile opaque et empêchent la visibilité. A cette hauteur, seul, il se 'promène dans les nuages'. Ensuite, il dépasse la couche nuageuse, ayant poursuivi son ascension. De là, son regard s'abaisse pour observer l'action des nuages dans la formation de la pluie et du tonnerre, phénomène particulièrement propre à l'automne, la saison où il se trouve alors: 'Après m'être promené dans les nuages, j'atteignois un séjour plus serain d'où l'on voit, dans la saison le tonnerre et l'orage se former au dessous de soi' (I, lettre XXIII, ii.78). Ici encore le regard porté est celui d'un observateur attentif à saisir le rôle des nuages dans la formation de la pluie.

Mais les observations de Rousseau ne s'arrêtent pas là. Dans *La Nouvelle Héloïse*, il loue aussi l'action climatologique de la montagne. En effet St-Preux découvre aussi dans le Haut Valais, que selon le degré de l'altitude et de l'exposition, la montagne rassemble toute une variété d'agréments et de productions spécifiques aux différentes saisons de l'année (I, lettre XXIII, ii.77):

Au levant les fleurs du printems, au midi les fruits de l'automne, au nord les glaces de l'hiver: elle réunissoit toutes les saisons dans le même instant, tous les climats dans le même lieu, des terrains contraires sur le même sol, et formoit l'accord inconnu par tout ailleurs des productions des plaines et de celles des Alpes.

Rousseau semble recréer ici la vue panoramique qui s'offre en altitude aux yeux du spectateur. D'une part St-Preux se trouve dans une région montagneuse vierge et abrupte; de l'autre sa vue s'étend tantôt sur la vallée et les champs de vignes, tantôt sur les glaciers et les sommets enneigés. Si bien que la variété du terrain et la diversité du climat de la montagne offrent une richesse à la fois esthétique et économique. Le langage et la vision de Rousseau sont ceux d'un géographe attentif à noter les effets climatiques de la montagne.

Sans doute ces impressions de Rousseau concordent-elles avec celles de Haller, dont le poème *Les Alpes* paraît bien avoir inspiré l'auteur de *La Nouvelle Héloïse*. En effet, le poète bernois a décrit avant Rousseau la variété de végétation qui dans la montagne provient de la variété climatique, comme l'attestent ces observations:

Une montagne chauve présente ses précipices, elle est comblée jusqu'au ciel d'une glace éternelle, qui, semblable au cristal, renvoie les rayons du soleil et brave les vains efforts de la canicule. Près d'elle, une Alpe vaste et fertile se couvre de pâturages abondants, sa pente insensible brille de l'éclat des blés qui mûrissent, et ses coteaux sont couverts de cent troupeaux. Des climats si opposés ne sont séparés que par un vallon étroit, qu'habite un ombrage toujours frais.[11]

On perçoit déjà chez Haller le désir de faire apparaître la montagne comme un lieu réunissant des éléments caractéristiques des diverses saisons. Mais Rousseau avait-il bien lu Haller? On trouve une première raison de le croire dans cette remarque de sa lettre du 17 mars 1763: 'Il n'appartient pas à tous d'être des Haller' (Leigh 2542).

Même si cette lettre est postérieure à *La Nouvelle Héloïse*, on est porté à penser que Rousseau devait avoir lu le poème de Haller avant d'avoir composé son roman, car il est fort peu vraisemblable qu'une telle similitude soit le fait du hasard.

La façon qu'a Rousseau de percevoir la montagne apparaît donc en général comme celle d'un homme de science. Tantôt d'un physicien reconnaissant les lois de l'optique à l'œuvre dans des jeux de lumière, tantôt d'un géologue sensible aux bouleversements de la nature, parfois d'un géographe, mettant en valeur la variété climatique de la montagne et ses effets.

Dès lors, on peut se demander d'où proviennent cette vision et ce ton scientifiques qui sont ceux de Rousseau pour voir les montagnes ou en parler. Car nous savons par ailleurs que Rousseau n'a jamais été l'homme des grands sommets: à aucun moment dans les *Confessions*, il ne parle d'ascension sur les hautes cimes rudes, neigeuses et glacées.

Alexis François[12] a souligné l'importance de l'influence et de l'intervention des frères Deluc. Naturalistes et grands coureurs de la montagne, ceux-ci avaient effectué en août 1754 un voyage en Savoie et dans le Valais. Ils avaient exploré les glaciers de la Savoie. Il faut noter qu'un tel exploit était chose rare à l'époque. On se souvient d'autre part qu'en septembre de la même année, Rousseau avait fait avec eux une tournée autour du lac Léman.

Sur leur excursion dans la montagne, Guillaume-Antoine Deluc donne les précisions suivantes:

Le 12 août 1754, nous avons été aux *Glacières*, mon frère &moi, avec trois étrangers [...] Nous vîmes les glacières de la Vallée de Chamouny, située au pied du Mont Blanc, partie de toute la chaîne des Alpes la plus élevée. Nous partîmes le 15 de la Vallée de Chamouny, & pour diversifier notre promenade, nous traversâmes en Valais par Valorsine & le Mont de la Tête noire. De Martigny, où nous descendîmes, nous fûmes à Bex. Le 19 nous fûmes de retour à Genève.[13]

11. Albert de Haller, *Les Alpes*, passage cité par Charles Dédéyan dans *J. J. Rousseau et la sensibilité littéraire à la fin du dix-huitième siècle* (Paris 1966), p.79.
12. Alexis François, 'J. J. Rousseau et la science genevoise au dix-huitième siècle', *Revue d'histoire littéraire de France* 31 (1924), p.210.
13. *Correspondance complète*, iii.80.

5. La montagne

Or une telle influence, comme le pense Alexis François, semble très probable. Il semble bien que l'excursion des frères Deluc d'août 1754 a été, durant leur tour du lac fin septembre, l'objet de discussions avec un Rousseau vivement intéressé, comme l'atteste cette proposition qu'une fois de retour à Paris il fait à leur père de donner un compte rendu de leur voyage dans l'*Encyclopédie*:

J'ai pensé à une chose qui pourroit faire plaisir à M^{rs} vos fils et qui du moins leur feroit un très grand honneur, c'est de donner dans l'Encyclopédie une relation de leur voyage des glaciéres et leurs observations. J'en ai déja parlé aux Editeurs et ils l'employeront avec plaisir si cela vous convient.[14]

Même si le récit de leur voyage n'est pas paru dans l'*Encyclopédie*, l'allure scientifique que Rousseau donne à ses observations sur la montagne n'est vraisemblablement pas étrangère aux souvenirs qu'avaient gardés les naturalistes genevois des glaciers de la Savoie: Rousseau paraît y avoir fait quelque peu appel dans *La Nouvelle Héloïse*. Ainsi 'les glacieres' (*Nouvelle Héloïse*, IV, lettre XVII, ii.518) qu'il evoque au sujet de Meillerie, il les a certainement entendu décrire par ses amis naturalistes. De même, il est intéressant de voir combien l'idée que se fait Rousseau des effets de l'air de la montagne s'apparente à celle des savants voyageurs de l'époque. Témoins, les commentaires qu'inspire à Jean-André Deluc, dans ses *Lettres sur quelques parties de la Suisse*, la lettre sur le Valais de *La Nouvelle Héloïse*:

Quand l'amant de Julie ose lui assurer qu'il a supporté jusqu'à son abscence sur les montagnes, il a tout dit pour exprimer combien l'âme s'y détache des sens. Je ne saurais en effet comprendre d'aucune autre manière ce que j'ai éprouvé tant de fois sur les sommets isolés des montagnes quand l'air y est calme et serein. Il n'est aucune situation que je me rappelle avec plus de délices. M. Rousseau a senti exactement comme moi; et j'ai eu le bonheur d'en jouir une fois avec lui.[15]

Cette jouissance commune dont fait état Deluc est très probablement à rapporter à leur excursion à Meillerie. S'il est vrai que les deux hommes examinèrent ensemble les rochers, il faut pourtant avouer que ces rochers ne sont pas de la haute montagne. Mais cela n'empêche que le climat de la montagne et son action n'aient été l'objet de leurs entretiens en 1754. Il est probable qu'il a suffi à Rousseau de se promener à la montagne, pour sentir les effets de l'air des hauteurs dont il loue l'action purificatrice dans *La Nouvelle Héloïse*.

Dans la lettre XXIII du roman, à mesure que St-Preux approche des 'régions éthérées', la montagne prend une allure apaisante et sublime, si bien qu'il peut respirer 'l'air des Alpes si salutaire et si pur' (*Nouvelle Héloïse*, IV, lettre VI,

14. Leigh 266, lettre du 28 décembre 1754 (iii.78-79).
15. Passage cité par Alexis François dans 'J. J. Rousseau et la science genevoise au dix-huitième siècle', p.211.

ii.419). L'air de la montagne transforme l'individu, lui restitue le calme et la sérénité. C'est ce qu'éprouve St-Preux sur les hauteurs des montagnes du Valais (I, lettre XXIII, ii.78):

En effet, c'est une impression générale qu'éprouvent tous les hommes, quoiqu'ils ne l'observent pas tous, que sur les hautes montagnes où l'air est pur et subtil, on se sent plus de facilité dans la respiration, plus de légéreté dans le corps, plus de sérénité dans l'esprit, les plaisirs y sont moins ardens, les passions plus modérées.

Rousseau semble ici saisir l'occasion de porter quelques jugements éthiques et physiques sur la pureté de l'air de la montagne, et ses répercussions physiologiques et mentales sur l'individu. Il veut sensibiliser ses semblables à l'action bénéfique du climat de la montagne. L'altitude entraîne des effets salutaires en produisant notamment l'apaisement des passions. Aussi, en s'élevant sur les hauteurs, St-Preux peut-il momentanément oublier son amour pour Julie. L'air des hauteurs facilite la respiration, procure à l'organisme une plus grande activité. La transparence glacée de son air agit sur l'esprit et par contrecoup l'apaise. En somme, le climat de la montagne procure à l'homme le bonheur par la multiplicité de ses effets. C'est St-Preux qui l'affirme: 'c'est ainsi qu'un heureux climat fait servir à la félicité de l'homme les passions qui font ailleurs son tourment' (*Nouvelle Héloïse*, I, lettre XXIII, ii.78).

Cette façon de considérer la montagne explique les efforts philanthropiques et humanistes de Rousseau pour persuader aux hommes que les véritables valeurs se découvrent à la montagne. Celle-ci n'apparaît pas uniquement dans le roman comme une simple jouissance esthétique, elle revêt aussi un caractère existentiel, métaphysique, puisque d'après St-Preux, 'en s'élevant au dessus du séjour des hommes on y laisse tous les sentimens bas et terrestres' (*Nouvelle Héloïse*, I, lettre XXIII, ii.78). Elle symbolise surtout un royaume de paix et de délivrance offert à ceux qui souffrent dans la vallée. Mais la montagne bénéficie d'un autre privilège dans *La Nouvelle Héloïse*. Sa fonction devient médicale et thérapeutique. C'est ce que le séjour qu'y fait St-Preux lui révèle: 'Je doute qu'aucune agitation violente, aucune maladie de vapeurs put tenir contre un pareil séjour prolongé, et je suis surpris que des bains de l'air salutaire et bienfaisant des montagnes ne soient pas un des grands rémedes de la médecine et de la morale' (I, lettre XXIII, ii.78-79). Le discours de Rousseau est ici très proche de celui qui prescrit aux citadins l'air et le climat hygiénique de la montagne. Il les incite à venir séjourner sur les hauteurs, pour y remédier à leurs maux.

g. *La montagne: séjour de paix, de vertu, de liberté*

Vivant dans un tel environnement écologique, les montagnards ne peuvent que subir l'influence bénéfique de la montagne. Dans la lettre XXIII de *La Nouvelle*

Héloïse, Rousseau fait l'apologie de l'existence sobre, primitive et vertueuse des montagnards du Haut Valais. La simplicité, la sagesse, la pudeur, l'hospitalité et l'esprit d'égalité sont leurs traits caractéristiques. Dans cette même lettre, St-Preux les trouve désintéressés, ignorant l'argent et le luxe. Il les compare ensuite à ceux qui vivent dans la vallée. Comme il s'étonne de cette différence, on lui fait valoir l'absence d'étrangers dans les régions élevées. On lui explique que les montagnards doivent leur bonheur à leur éloignement de la civilisation corruptrice. Ils ne sont pas comme les habitants de la vallée en proie à l'avidité de l'argent et du profit.

Occupés à des tâches rustiques et menant une vie frugale, les montagnards ont le privilège d'avoir trouvé le véritable sens de la vie humaine. Cette situation leur confère un bonheur que St-Preux évoque en ces termes (*Nouvelle Héloïse*, I, lettre XXIII, ii.80): 'Que feroit-on chez un peuple qui vit pour vivre, non pour gagner ni pour briller? Hommes heureux et dignes de l'être, j'aime à croire qu'il faut vous ressembler en quelque chose pour se plaire au milieu de vous.' Ainsi, la montagne remplit un rôle protecteur en préservant à la fois des méchants, des maladies et de la dépravation des mœurs.

Cette conception de la montagne et des montagnards est tout à fait conforme à l'une des thèses fondamentales de Rousseau: que la félicité de l'homme ne se trouve que dans un mode de vie primitif rappelant l''âge d'or', l'innocence des premiers temps, loin des progrès factices de la civilisation, source de maux et de servilité. D'autre part, dans *La Nouvelle Héloïse*, ce qui ravit St-Preux, c'est la liberté qu'il observe chez les habitants du Haut Valais et dont il remarque: 'la même liberté regne dans les maisons et dans la république, et la famille est l'image de l'Etat' (I, lettre XXIII, ii.81).

Cette phrase reflète bien la pensée politique de l'auteur. En effet, Rousseau a longuement défini dans l'article 'Economie politique' de l'*Encyclopédie*, le rôle du gouvernement de l'Etat dans la formation des citoyens. Si bien que la famille et le peuple ne sont que le résultat de son action: 'Il est certain que les peuples sont à la longue ce que le gouvernement les fait être', dit-il (*Encyclopédie*, v.340).

Cependant, Rousseau n'était pas le premier à vanter les montagnards. Haller avant lui avait déjà critiqué dans son poème *Les Alpes*, la vie de société, le luxe et la civilisation. Il avait fait l'éloge des montagnards, de leur vertu, de leur simplicité, de leur esprit d'égalité. Ces quelques lignes de Haller feront bien voir l'identité des thèmes évoqués par les deux auteurs:

> De la nature, ô vous les disciples chéris,
> Vous, de qui la candeur fait l'aimable partage,
> Dans un siècle de fer, vous créez le bel âge,
> Que la fable a tracé dans des songes fleuris.
> Des nuages épais, entassés sur vos têtes,

Dans leurs flancs ténébreux renferment les tempêtes,
Vos champs sont désolés par les noirs Aquilons;
Une grâce eternelle attriste vos vallons;
Mais aussi de vos mœurs la simplicité pure,
Au milieu des hivers fait naître le printemps,
Vous bénissez le sort que vous fit la nature,
Et vous êtes heureux malgré les Eléments.[16]

Or on a la certitude que Rousseau n'a jamais vécu chez les montagnards, puisque les *Confessions* ne disent rien d'une telle existence. Si une influence de Haller dans l'évocation des montagnards et de leur bonheur semble plausible, on ne saurait pour autant méconnaître les autres raisons qui ont pu déterminer Rousseau à cette évocation. Il semble que dans la lettre sur le Valais de *La Nouvelle Héloïse* les habitants de la montagne ne pourraient bien être qu'un prétexte saisi par l'auteur pour y exprimer certaines idées politiques et sociales. Cette lettre, dont le caractère traditionaliste est en harmonie avec la pensée de l'auteur, illustre plutôt les réactions d'un homme blessé par la vie sociale et opposant une peinture enviable de la vie sobre et originelle des montagnards aux dépravations de la vie urbaine. En outre plusieurs lettres de la *Correspondance* révèlent que Rousseau s'informe du Valais par l'intermédiaire de son ami Gauffecourt, à qui il demande de lui procurer des documents sur cette région. Dans une de ces lettres, adressée à l'abbé de Chaignon, chargé des affaires de France auprès de la République de Valais et dont Rousseau avait fait la connaissance durant son séjour à Sion en 1744, Gauffecourt écrit (Leigh 362):

Il m'a si fort entendu parler de la Republique de Valais qu'il s'en est échauffé l'imagination, et avoit projetté d'y passer quelque temps pour en décrire les mœurs, et en general ce qui peut la distinguer des autres Gouvernements connus: mais malheureusement Ses amis à Paris, et plus encore le delabrement de sa petite Santé s'opposent à l'execution du projet de ce voyage. A ce defaut, et persistant plus que jamais dans la résolution de travailler sur ce sujet, il me prie de lui procurer tout autant de memoires que je pourrai, soit geographiques, historiques, et politiques qui tendent à ce but. [...] Il est certain que l'ouvrage qui en resultera ne pourra tourner qu'à la gloire du Public et du Particulier Valaisan.

Ces propos témoignent bien de l'intérêt de Rousseau pour cette petite république; il méditait déjà en 1754 'une histoire du Valais'.[17] Or nous savons qu'à cette date paraît l'article 'Crétin' de l'*Encyclopédie* qui contient une allusion désobligeante aux valaisans. Rousseau crée donc une occasion de défendre les habitants du Haut Valais en introduisant une digression dans *La Nouvelle Héloïse*

---

16. Passage cité par Charles Dédéyan dans *J. J. Rousseau et la sensibilité littéraire à la fin du dix-huitième siècle* (Paris 1966), p.9.
17. Rousseau le dit explicitement au livre VIII des *Confessions*, i.394.

et non en rédigeant l'article 'Valais'[18] de l'*Encyclopédie*, comme le laisse penser Gauffecourt en affirmant que les Editeurs de l'*Encyclopédie* 'ont prié Mr Rousseau de s'en charger qui l'a accepté avec joye et assurement s'en acquittera dignement. Il vous prie en consequence de vouloir bien envoyer un Plan, avec des Documents propres a former cet article. N'ayant pas esté sur les Lieux assés longtems il ne peut tirer de luy même ce qui convient d'estre dit' (Leigh 419).

On retiendra donc que l'éloge de la vie sobre et vertueuse des montagnards du Haut Valais se fonde en partie sur l'érudition que l'auteur a pris la peine d'acquérir. En d'autres termes, la description de la vie des habitants du Valais n'offre pas un caractère purement idyllique, puisque l'auteur de *La Nouvelle Héloïse* a pris la peine de s'instruire des particularités de cette République.

h. Conclusion

Au terme de cette enquête, une première constatation s'impose: le relief revêt une importance capitale dans le paysage de Rousseau et le terrain plat, uni, ne saurait guère entrer dans sa composition esthétique. Et pourtant Claire-Eliane Engel dans son livre (p.24) affirme que Rousseau ne connaissait, ni n'aimait les Alpes, et que la haute montagne n'occupe aucune place dans sa vie réelle. Elle lui fait grief de ne pas avoir nommé la Dent du Midi qu'il voyait constamment lors de son séjour à Vevey, ainsi que le Mont Rose en revenant d'Italie. Peut-on aller aussi loin et soutenir que les impressions de Rousseau sur la montagne sont toutes factices? On ne peut douter que Rousseau n'ait connu une certaine montagne. Tout ce qu'il decrit, tant dans *La Nouvelle Héloïse* que dans les *Confessions* et les *Rêveries*: les torrents, les bois, les rochers, les précipices, les escarpements, établit incontestablement une présence de la montagne dans son paysage.

La montagne rousseauiste peut finalement se résumer à un ensemble disparate, pittoresque qu'il convient de qualifier de zone moyenne de la montagne ou de considérer comme la mi-côte d'une colline. La description qu'il fait dans *La Nouvelle Héloïse* de Meillerie fournit un bon exemple de cette zone moyenne, qui est celle des préalpes de Chambéry. De même, les Charmettes sont situées à 'mi-côte', donc sur un terrain vallonné et montueux. Ce qui justifie le goût et la préférence de l'auteur pour la montagne ou du moins pour une certaine altitude.

D'ailleurs, ce goût, Rousseau l'a senti dès sa jeunesse, au cours de ses multiples voyages pédestres. C'est lui-même qui l'affirme dans les *Confessions* à propos de son voyage d'Annecy à Turin: 'Ce souvenir m'a laissé le goût le plus vif pour tout ce qui s'y rapporte, surtout pour les montagnes' (I, i.58-59).

18. L'auteur de cet article est le chevalier de Jaucourt.

Ce sont les chemins tortueux, escarpés, difficiles à monter et à descendre qui l'intéressent. Il ne cherche pas les pics inaccessibles qu'il ne connaît point.

Mais ce sont surtout les Alpes que Rousseau aimait pour leur aspect composite: 'Nous faisions des projets de voyage qui ne finissoient point, [...] plustot pour le plaisir de passer les alpes', affirme-t-il dans ses *Confessions* (III, i.101). C'est pourquoi, il ne faut pas s'étonner qu'il ait choisi pour cadre principal de *La Nouvelle Héloïse* la ville de Vevey, située au pied des Alpes.

Ainsi, la montagne couronnée de neige, creusée d'abîmes, tapissée de verdure et de fleurs, unissant la main de l'homme à celle de la nature, n'est qu'un vaste panorama qui donne l'image de l'infini et de la création. Elle suscite chez l'écrivain le besoin de l'inconnu, de l'évasion, du lointain, bref 'un nouveau monde' (*Nouvelle Héloïse*, I, lettre XXIII, ii.79), dont résulte un certain mysticisme.

La montagne symbolise aussi le seuil de l'existence et du néant. Les vertiges que ressent Rousseau sur la montagne (*Confessions*, IV, i.173), ne sont autres, semble-t-il, que la sensation imminente de la mort. Lieu de rencontre du ciel et de la terre, elle est aussi l'image de l'intégrité primitive. Ce qui nous amène à conclure que la montagne dépeinte dans *La Nouvelle Héloïse* n'est qu'un mélange d'impressions à la fois réelles et fictives. La description de Rousseau de la haute montagne et des montagnards n'est que le produit de son imagination, auquel il convient d'ajouter l'influence de Haller et des frères Deluc. Le souci de Rousseau n'est pas seulement de révéler les beautés de la montagne, mais aussi et surtout de dévoiler sa fonction biologique et morale. D'où le caractère didactique et scientifique de son discours.

Cependant la montagne ne constitue pas tout le paysage, même si elle en est l'ornement principal. Elle reste l'un des éléments du paysage rousseauiste qui comporte, on va le voir, une composante tout aussi importante, voire essentielle: l'eau.

6. L'eau

ELÉMENT dynamique, vital, l'eau occupe une place prépondérante dans le paysage rousseauiste et constitue même l'un de ses supports fondamentaux. L'importance de l'élément liquide dans le paysage littéraire de l'auteur se révèle essentiellement par ses fonctions à la fois esthétiques et psychologiques. Pareillement, sa présence et son rôle contribuent à établir une correspondance entre le rêve et la réalité, et créent ainsi un climat mental particulier. L'eau peut également être génératrice de métaphores multiples, et nous verrons quelles images elle suscite chez l'auteur.

Cependant, par sa nature même, l'eau est sujette à des métamorphoses. En effet, elle se présente dans la peinture descriptive de Rousseau sous des formes variées. Pour mieux identifier chacune de ces variétés, ainsi que leurs caractéristiques, il n'est pas inutile de procéder à une sorte d'inventaire général, afin de mieux dégager leur dénominateur commun. Ce principe conduit nécessairement à une classification catégorielle des eaux qui composent le paysage de Rousseau. Globalement, elles s'offrent à nos yeux sous des états différents. Néanmoins, on peut les observer principalement sous deux formes distinctes: à l'état solide et à l'état liquide.

i. L'eau à l'état solide

Cette solidité peut être envisagée comme 'durable' ou comme 'transitoire'. L'eau 'solide durable' s'offre sous la forme de ce que l'on appelle les 'neiges éternelles', qui couvrent généralement les hautes cimes. On obtient alors dans certains cas, des champs de glace éternelle formés par l'accumulation d'épaisses couches de neige transformée en glace (les glaciers). La présence de cette glace est très sensible dans *La Nouvelle Héloïse*, dans la lettre XVII de la quatrième partie. A Julie avec qui il se trouve à Meillerie, St-Preux montre 'cette partie des Alpes qu'on nomme les glacieres, parce que d'énormes sommets de glace', s'accroissant 'incessamment les couvrent depuis le commencement du monde' (IV, lettre XVII, ii.518). Se révèle ici un certain souci de réalisme, puisqu'on sait que Meillerie se trouve en Savoie, et que dans les Alpes de la Savoie, on observe bien la présence de glaciers. Notons aussi le soin que prend l'auteur de situer en été la description de son héros pour bien marquer qu'il s'agit nécessairement de neiges éternelles. A l'état 'solide provisoire', l'eau peut retrouver, par suite d'une élévation de température, un état liquide. Or, dans la même lettre,

St-Preux en évoquant Meillerie durant son exil hivernal, parle bien à Julie 'd'immenses glaces' pendant 'à tous ces rochers; des festons de neige étoient le seul ornement de ces arbres; tout respiroit ici les rigueurs de l'hiver et l'horreur des frimats' (*Nouvelle Héloïse*, IV, lettre XVII, ii.519). Cette description nous transporte au cœur de l'hiver. Et en hiver, il peut se trouver de la glace et de la neige qui ne restent en cet état que le temps d'une saison. Rousseau peut aussi évoquer la fonte de la neige, comme par exemple dans les *Confessions*: 'A peine les neiges commençoient à fondre que nous quittames notre cachot [Chambéry], et nous fumes assez tot aux Charmettes pour y avoir les prémices du rossignol' (VI, i.233).

Mais d'une manière générale, l'eau sous sa forme solide, qu'elle soit durable ou transitoire, occupe une place restreinte dans le paysage rousseauiste. Tout se passe comme si cette forme, caractéristique essentielle du paysage hivernal, ne présentait pas beaucoup d'intérêt aux yeux de l'auteur.

En effet, il est très rare ou presque accidentel que Rousseau évoque ou décrive l'hiver avec sympathie. S'il lui arrive de parler de cette saison ou de la forme solide de l'eau, c'est pour immédiatement l'opposer à la saison ou à la forme contraires. Cela est très significatif. Et l'on peut considérer que les torrents, certaines cascades ne sont que les conséquences de 'la fonte des neiges' (*Nouvelle Héloïse*, IV, lettre XVII, ii.518). Rousseau semble en revanche attribuer à l'eau en mouvement une bien plus grande importance. Quel que soit le type du paysage décrit, l'eau liquide, l'eau qui coule est omniprésente. C'est elle qui enchante le plus les lieux dépeints dans *La Nouvelle Héloïse*.

ii. L'eau à l'état liquide

De même que Rousseau accorde toute l'importance qu'on a vue à un relief mouvementé, montagneux, de même il place l'eau, et principalement l'eau liquide, au 'centre' de son paysage. Comme celle à l'état solide, l'eau à l'état liquide peut s'offrir sous deux formes: le liquide 'mobile' et le liquide d'apparence 'immobile'. L'eau mobile est naturellement celle qui coule, qui se déplace d'un point à un autre. L'eau immobile au contraire forme une étendue close et ne s'écoule pas: on pense naturellement au lac dont on verra plus loin toute l'importance.

Dans la première catégorie figureront les torrents, les fontaines, les ruisseaux ou les rivières en chutes ou en cascades, c'est à dire les multiples configurations qui peuvent être celles d'une eau en mouvement et qui reviennent sous la plume de l'auteur de *La Nouvelle Héloïse* avec la fréquence d'une obsession.

Après les avoir identifiées, on déterminera quelles sont les caractéristiques

6. *L'eau*

qui leur sont particulières ou communes, et surtout quelles sont leurs fonctions essentielles dans le paysage. Dans l'inventaire des éléments composant le paysage montagneux figuraient déjà, on s'en souvient, les torrents et les cascades. Ils ne seront envisagés ici que comme des formes particulières de l'eau en mouvement. C'est pourquoi il s'agira beaucoup moins d'en dresser l'inventaire que de dégager les caractéristiques de leur liquidité.

La profusion de l'eau en mouvement et son omniprésence dans le paysage de Rousseau sont particulièrement sensibles dans *La Nouvelle Héloïse*. Le roman offre des descriptions de lieux où abondent simultanément ou séparément des torrents, des rivières, des ruisseaux, des fontaines.

Dans la lettre XXIII de la première partie qui est une description du Haut Valais, on relève la présence d'"un torrent éternel' (*Nouvelle Héloïse*, I, lettre XXIII, ii.77) dévalant des sommets pour se précipiter au fond du gouffre. De même, dans l'évocation du cadre de Meillerie, figure 'un torrent' alimenté par la fonte des neiges, ainsi qu'une eau arrosant la verdure sous la forme de 'quelques ruisseaux' qui filtrent 'à travers les rochers' (IV, XVII, ii.518) et imprégnent de leur fraîcheur le terrain où se trouvent Julie et St-Preux. Rousseau situe également le chalet montagnard où doit se dérouler le tête-à-tête de Julie et de St-Preux dans un paysage d'où l'eau courante n'est pas absente: l'auteur place leur asile 'Près des côteaux fleuris d'où part la source de la Vevaise' (I, lettre XXXVI, ii.112), et en meuble le cadre de 'ruisseaux' traversant les prairies. (La Vevaise, on le sait, est la rivière de la ville de Vevey.) Mais c'est surtout dans le jardin de l'Elysée que l'eau 'mobile' trouve sa pleine expansion. Cet élément est omniprésent dans toutes les parties de ce jardin. L'aménagement de cette eau, ainsi que ses fonctions esthétique et psychologique devant faire l'objet de développements ultérieurs dans le chapitre qui sera consacré à ce jardin, on se bornera pour le moment à relever la présence des eaux mobiles qui directement ou indirectement desservent l'Elysée, parce qu'il importe de les faire figurer dans la nomenclature des différentes formes que peut prendre l'eau courante dans *La Nouvelle Héloïse*. Ainsi, dans la lettre XI de la quatrième partie de *La Nouvelle Héloïse*, qui offre une description précise et détaillée du 'jardin de Julie', le visiteur rencontre l'eau bordant et traversant de petites routes. Il la discerne circulant 'en filets presque imperceptibles'. Elle se transforme parfois, pour apparaître 'tantôt en plus grands ruisseaux', tantôt en 'canaux plus profonds'. Il aperçoit également 'des sources' bouillonnantes 'sortir de la terre', ainsi que 'des sources artificielles' (ii.474):

Ces mêmes ruisseaux courant par intervalles sous quelques larges tuiles recouvertes de terre et de gazon au niveau du sol formoient à leur issue autant de sources artificielles. Quelques filets s'en élevoient par des siphons sur des lieux raboteux et bouillonoient en retombant.

61

Une véritable poétique de l'eau se dégage des effets ainsi créés. Ces effets à leur tour en produisent d'autres, créant toute une esthétique du paysage rousseauiste sur laquelle il y aura lieu de revenir dans l'étude du 'jardin de Julie'. Mais il convient de mentionner dès maintenant le 'jet-d'eau' de la terrasse du jardin dont l'eau est fournie par le ruisseau qui coule à cet endroit. Or le jet d'eau ne semble guère intéresser Julie, puisqu'elle abandonne la jouissance de sa vue aux autres en déclarant qu'il 'joue pour les étrangers'; et c'est le ruisseau qu'elle regarde plus volontiers comme sien, puisque l'eau, dit-elle, en 'coule ici pour nous' (IV, lettre XI, ii.474). Il faut mentionner aussi l'existence d'une 'fontaine publique', dont Julie a détourné le surplus au profit de son jardin qu'il fallait irriguer.

Maintenant que sont clairement identifiées, qu'il s'agisse du 'jardin de Julie', de Meillerie ou du Valais, les différentes formes que peut prendre cette eau en mouvement, il reste à se demander si sa présence quasi-obsédante n'a pas quelque relation avec la vie réelle de Rousseau.

Pour le déterminer, il convient de commencer par recenser les divers types d'eaux mobiles qui font partie de certains paysages qu'a bien connus l'auteur. On découvrira ainsi que ce n'est pas par pur hasard que Rousseau marque une certaine prédilection dans *La Nouvelle Héloïse* pour telle ou telle forme d'eau courante. Leur intégration dans ses paysages de rêves semble plutôt révéler un goût réel pour les torrents, les rivières, les ruisseaux, les fontaines, dans la mesure où leur présence persistante s'observe également au sein des paysages réels dans lesquels l'homme a vécu. Or la fréquence des ruisseaux est ici la première à attirer l'attention.

Racontant dans les *Confessions* le voyage pédestre qui le conduit de Turin à Annecy, Rousseau évoque les ruisseaux comme l'un des objets de la nature qui enchantent son regard d'adolescent: 'Les monts, les prés, les bois, les ruisseaux se succédoient sans fin et sans cesse avec de nouveaux charmes' (III, i.99). De même au cours d'un autre voyage de jeunesse, celui qu'il effectue à pied de Neuchâtel à Paris, son attention se porte encore sur ce charme de la nature que sont à ses yeux les ruisseaux: 'Cependant quand je passois dans des campagnes agréables, que je voyois des boccages et des ruisseaux' (*Confessions*, IV, i.159). Même chose au cours de son voyage de Lyon à Chambéry: 'je donnois de l'attention aux paysages, je remarquois les arbres, les maisons, les ruisseaux' (*Confessions*, IV, i.172). Et dans sa description de l'emplacement de la demeure de Mme de Warens à Annecy, ainsi que de la chambre qu'il y occupait, on note la présence d'un ruisseau vis-à-vis de ses fenêtres: 'Cette chambre étoit sur le passage dont j'ai parlé où se fit nôtre prémiére entrevue, et au delà du ruisseau et des jardins on découvroit la campagne' (*Confessions*, III, i.105). A Chambéry en revanche, c'est l'absence de ruisscau qu'il relève comme l'un des inconvénients de sa nouvelle demeure 'sombre et triste': 'Plus de jardin, plus de ruisseau, plus de paysage' (*Confessions*, V, i.176).

On pourrait multiplier les preuves de cette attention aux ruisseaux: le récit au livre IV d'une promenade aux environs d'Annecy située 'sous des ombrages dans un vallon le long d'un ruisseau' (*Confessions*, IV, i.135); à l'Ermitage, pendant la belle saison à la vue et 'au gazouillement des ruisseaux' (IX, i.426), les méditations qui permettent à Rousseau de se plonger dans ses souvenirs de jeunesse. On n'oubliera pas non plus que les Charmettes sont situées à mi-côte d'un vallon 'au fond duquel coule une rigolle entre des cailloux et des arbres' (V, i.224), sans compter la présence 'd'une fontaine à portée' de la maison louée par Mme de Warens et que l'adolescent visite chaque jour: 'Tous les matins en me levant j'allois à la fontaine avec un grand gobelet, et j'en buvois successivement en me promenant la valeur de deux bouteilles' (VI, i.227). Mais les torrents et rivières ont eux aussi une place particulière chez cet écrivain. Nous savons que dans le paysage idéal de Rousseau, le 'torrent' apparaît comme l'un des éléments indispensables. Il l'a dit lui-même dans les *Confessions*: 'Jamais pays de plaine, quelque beau qu'il fut, ne parut tel à mes yeux. Il me faut des torrens' (*Confessions*, IV, i.172). Dans sa lettre descriptive de Môtiers et de Val de Travers, datée du 28 janvier 1763, Rousseau mentionne 'des torrens qui descendent dans la vallée' (Leigh 2457). Dans cette même lettre, il nomme 'la Reuse', une rivière qui prend 'sa Source au dessus d'un village appellé St Sulpice', pour creuser un lit dans son passage et déboucher dans le lac de Neuchâtel. Le récit dans les *Confessions* d'une promenade de jeunesse amène Rousseau à parler des Echelles, montagne des environs de Chambéry, et l'on remarque la présence d'une rivière: 'Non loin d'une montagne coupée qu'on appelle le pas de l'echelle, au dessous du grand chemin taillé dans le roc, à l'endroit appellé Chailles, court et bouillonne dans des gouffres affreux une petite rivière qui paroit avoir mis à les creuser des milliers de siécles' (IV, i.172-73). Présence de la rivière également dans la promenade nocturne à Lyon, sans qu'on sache si c'est le long du Rhône ou de la Saône, car, dit l'auteur, 'je ne me rappelle pas lequel des deux' (*Confessions*, IV, i.168). Torrent, ruisseaux ou rivière, peu importe finalement: cette forme d'eau en déplacement perpétuel reste une réalité qui fait partie intégrante de son paysage. Qu'il la voie ou l'entende tantôt de près, tantôt de loin, il en parle fréquemment. On peut se l'expliquer par le fait que le cadre dans lequel il inscrit *La Nouvelle Héloïse* reprend, dans une certaine mesure, le cadre vécu de sa jeunesse savoyarde. L'aspect montagneux de cette contrée n'est pas sans lien avec la présence insistante de l'eau mobile, en raison sans doute des effets conjugués de la pente et de la fonte des neiges.

Mais cette prédilection si bien constatée de Rousseau pour l'eau torrentueuse représente-t-elle un cas isolé dans son siècle? Il ne semble pas, puisque son compatriote et contemporain Haller a décrit dans ses *Poésies*, le spectacle du torrent 'qui passe avec fureur entre les rochers'.[1] On se souvient que certains écrits de Haller sont consacrés aux Alpes et d'abord celui qui a précisément pour titre *Les Alpes*. Tout se passe comme si Haller et Rousseau traitaient du même cadre géographique, ce qui peut expliquer l'évocation par l'un et l'autre des 'torrents furieux' se heurtant aux rochers. On reviendra sur ces similitudes en étudiant plus loin les caractéristiques de l'eau mobile chez Rousseau. Mais on peut d'ores et déjà constater chez les deux écrivains une même prédilection pour l'eau mobile, ce qui n'empêche pas Rousseau de diverger nettement de la vision de Haller.

On trouve un autre écrivain, qui dans le même siècle a également dépeint le spectacle de l'eau en mouvement: Gessner évoque le flot d'eau qui 'se précipite dans la sombre forêt des sapins', et 'retentit dans sa chute comme le tonnerre dans le lointain'.[2]

Ce qui frappe chez Gessner comme chez Haller, c'est la violence et le fracas de l'eau roulant vers le bois. Chez Gessner, l'eau mobile non seulement coule avec fureur mais provoque, quand elle rencontre sur sa route des précipices, des escarpements ou des chutes, un bruit énorme qui retentit dans le 'lointain'. Dans sa description de l'eau mobile, du moins dans le passage qui vient d'être évoqué, Gessner prend bien soin de renseigner sur les accidents du parcours de l'eau. C'est ce qui le rapproche dans une certaine mesure de Rousseau. Mais l'originalité de ce dernier tient principalement à l'attention soutenue qu'il accorde aux multiples caractéristiques de l'eau mobile.

D'une manière générale, aussi bien dans *La Nouvelle Héloïse* que dans les *Confessions*, Rousseau quand il traite de l'eau mobile, prête l'attention la plus vive aux diverses sortes de bruits qui en émanent. Chacun de ces bruits résulte en effet d'un relief caractéristique et, selon le cas, l'eau mobile murmure, gazouille, tombe en cascades ou coule avec violence, emportant débris et limons.

Il s'agit donc ici de relever dans le paysage, l'ensemble des caractéristiques de cette eau mobile qui, en se combinant avec l'émotivitié de l'écrivain, forment tantôt une certaine 'symphonie' contribuant à adoucir le paysage, tantôt un ensemble bruyant, jouant un rôle contraire. De toute façon, le paysage rousseauiste est aussi sonore. Cette sonorisation peut résulter du murmure rythmé des ruisseaux ou de leur gazouillement. Si bien que l'écoulement continu et monotone de l'eau à travers la masse rocailleuse produit en général un chant doux et harmonieux. Dans les cadres ainsi créés le murmure de l'eau n'agré-

---

1. Albert de Haller, *Poesies* (Zurich 1752), p.25.
2. S. Gessner, *Œuvres* (Paris 1826), ii.96.

mente pas seulement le paysage, il emporte surtout l'auteur dans son univers intérieur.

Cet aspect des choses est sensible dans *La Nouvelle Héloïse*: St-Preux plongé dans un état d'allégresse par la perspective d'un séjour solitaire et champêtre avec Julie, décrit une nature érotisée et évoque 'le murmure des eaux' inspirant 'une langueur amoureuse' (I, lettre XXXVIII, ii.116). De même, Rousseau à l'Ermitage range parmi les éléments de la nature qui le conduisent 'dans cette molesse trop séduisante', le 'gazouillement des ruisseaux'. Or le chant rythmé de l'eau, qu'il s'agisse de murmure ou de gazouillement, prend avant tout chez Rousseau une valeur onirique et sensuelle. Par son bruit continuel, berceur, l'eau murmurante ou gazouillante plonge l'auteur dans le rêve romanesque, éveillant en lui les puissances du sentiment. A l'Ermitage, son concours permet la réminiscence des émotions de jeunesse: 'Je faisois ces méditations dans la plus belle saison de l'année, au mois de juin, sous des boccages frais, au chant du rossignol, au gazouillement des ruisseaux. Tout concourut à me replonger dans cette molesse trop séduisante pour laquelle j'étois né' (*Confessions*, IX, i.426). Quand on se souvient que c'est à l'Ermitage que Rousseau a conçu l'idée de *La Nouvelle Héloïse*, il est permis de dire que tout s'est passé comme si les bruits berceurs entendus alors avaient eu un effet inspirateur, ou comme si leur douceur enveloppante avait emporté l'auteur dans une mollesse onirique où se sont ravivés l'innocence et les amours de l'adolescence.

On ne saurait toutefois prétendre du paysage rousseauiste que son fond sonore se réduise au silence ou à de simples murmures. Si le gazouillement ou le murmure des eaux, comme le 'chant du rossignol', sont surtout des artifices utilisés pour emporter l'auteur dans 'le pays des chimères' (*Confessions*, IX, i.427), on perçoit aussi d'autres bruits causés par l'eau qui coule, et qui produisent des effets bien différents.

Car l'eau courante peut aussi n'être plus que bruit et tumulte, en raison par exemple d'un accident de relief qui crée des chutes. Ce qui se produit même dans le jardin de l'Elysée où Julie se ménage 'le murmure de quelques petites chutes' (*Nouvelle Héloïse*, IV, lettre XI, ii.274), et qui se produit encore lorsque des filets d'eau 'bouillonnantes' retombent sur des lieux raboteux. L'aspect tumultueux, agité de l'eau donne à la nature de ce jardin quelque chose d'animé et de vif sans pour autant revêtir un caractère brutal ni troubler l'atmosphère paisible.

En revanche, certains torrents ou certains cours d'eau descendent sur des pentes trop abruptes, y roulent avec violence, emportant sur leur passage des débris, des roches ou du limon, ou heurtant parfois avec fracas les cailloux, les rochers qu'ils rencontrent dans leur lit, ou encore réagissant aux soudains accidents du sol, aux dénivellations brutales du relief, et tombant alors sous forme de cascades au fond des précipices.

On en trouve des exemples dans *La Nouvelle Héloïse* et dans les *Confessions*. Dans la lettre XVII de la quatrième partie de *La Nouvelle Héloïse* qui décrit le cadre de Meillerie, St-Preux mentionne la présence d'"un torrent formé par la fonte des neiges' qui 'rouloit à vingt pas de nous une eau bourbeuse, et charrioit avec bruit du limon, du sable et des pierres' (IV, XVII, ii.518). Quelques pages plus loin, pendant la navigation sur le lac, St-Preux montre à Julie en l'éloignant des côtes vaudoises, les embouchures du Rhône et qualifie son cours d'"impétueux' (ii.515).

Dans la lettre XXIII de la première partie du roman, St-Preux décrivant les montagnes du Valais, note aussi la présence 'de hautes et bruyantes cascades qui m'inondoient de leur épais brouillard' (ii.77). Dans les *Confessions*, ce qui fait l'objet de l'admiration de Rousseau, au cours d'une promenade de sa jeunesse aux environs de Chambéry, c'est également le spectacle d'une cascade et de l'eau qui s'y pulvérise (IV, i.173):

Plus près de Chamberi j'eus un spectacle semblable en sens contraire. Le chemin passe au pied de la plus belle cascade que je vis de mes jours. La montagne est tellement escarpée que l'eau se détache net et tombe en arcade assez loin pour qu'on puisse passer entre la cascade et la roche, quelquefois sans être mouillé.

Ce goût marqué de Rousseau pour les cascades se perçoit également dans sa lettre descriptive du pays de Môtiers, adressée au Maréchal de Luxembourg: 'J'ai vis-à-vis de mes fenêtres une Superbe cascade, qui du haut de la montagne, tombe par l'escarpement d'un rocher dans le Vallon' (Leigh 2457). Et dans sa description de l'Ile de St-Pierre, l'auteur des *Rêveries* parle d'"un silence que ne trouble aucun autre bruit que le cri des aigles, le ramage entrecoupé de quelques oiseaux, et le roulement des torrens qui tombent de la montagne'.[3]

L'impétuosité et la pétulance de ces eaux sont naturellement associées à des impressions de gaieté, de fraîcheur, et créent dans le paysage une atmosphère de vivacité. Contrairement aux ruisseaux murmurants dont la fonction auditive était plutôt d'inviter à la rêverie, le spectacle bruyant qu'offrent ainsi les cascades, les torrents ou les rivières inspire plutôt une sorte d'excitation. Leur agitation et leur turbulence causent des sensations dynamiques, empêchent le rêve et maintiennent l'écrivain en état d'éveil.

3. *Les Rêveries*, cinquième promenade, i.1040.

iii. Le lac

a. Le lac comme cadre romanesque

Le cadre de *La Nouvelle Héloïse* est un cadre lacustre. Les lieux vécus ou visités par St-Preux et Julie sont situés au bord d'un 'lac': le lac de Genève. C'est comme si l'auteur éprouvait le besoin impérieux de satisfaire un rêve (*Confessions*, IV, i.152).

L'aspect du lac de Genève et de ses admirables cotes eut toujours à mes yeux un attrait particulier, que je ne saurois expliquer, et qui ne tient pas seulement à la beauté du spectacle, mais à je ne sais quoi de plus interessant qui m'affecte et m'attendrit [...] Quand l'ardent desir de cette vie heureuse et douce qui me fuit et pour laquelle j'étois né vient enflammer mon imagination, c'est toujours au pays de Vaud, près du lac, dans des campagnes charmantes qu'elle se fixe. Il me faut absolument un verger au bord de ce lac et non pas d'un autre; il me faut un ami sur, une femme aimable, une vache, et un petit bateau. Je ne jouirai d'un bonheur parfait sur la terre que quand j'aurai tout cela.

Dans l'impossibilité de jouir lui-même de ce 'bonheur parfait sur la terre', quoi de plus normal pour l'écrivain que d'y faire vivre les héros de son roman! Et de ce fait, St-Preux ici ne serait-il pas Rousseau? Julie ne serait-elle pas cette 'femme aimable'? Le jardin de Julie ne serait-il pas ce 'verger'? La réponse à ces questions n'est pas douteuse. Composant *La Nouvelle Héloïse* à l'Ermitage, Rousseau écrit (*Confessions*, IX, i.431):

Il me falloit cependant un lac, et je finis par choisir celui autour duquel mon cœur n'a jamais cessé d'errer. Je me fixai sur la partie des bords de ce lac à laquelle depuis longtems mes vœux ont placé ma residence dans le bonheur imaginaire auquel le sort m'a borné.

Ces réflexions méritent un examen. Tout se passe comme si la présence de l'écrivain à l'Ermitage était simplement physique. Son imagination semble l'avoir transporté ailleurs, en certains lieux de l'enfance. Ainsi, le roman apparaît comme une tentative de recréation, de résurrection de lieux connus dans le passé: le lac de Genève et ses rivages. Il convient dès lors de s'interroger sur la fidélité du souvenir ou tout au moins sur les correspondances possibles entre les lieux ainsi recréés et les lieux réels d'autrefois.

Tout semble indiquer – et notre dernière partie l'établira mieux encore – qu'il s'agit au niveau de roman achevé ou bien déjà même dans l'esprit de l'écrivain rêvant à l'Ermitage, non pas des paysages dans leur intégrité physique et écologique, mais bien plutôt de paysages intériorisés, idéalisés, chargés d'affectivité, et par là même transformés pour le besoin de la cause. La Suisse de Rousseau à l'Ermitage ne serait donc plus exactement la Suisse réelle, mais la Suisse de l'enfance, 'l'Age d'Or' de l'écrivain. C'est pourquoi Rousseau situe l'un des épisodes les plus significatifs du roman sur le lac (*Nouvelle Hèloïse*, IV, lettre XVII, ii.520): St-Preux de retour d'un voyage après une absence de quatre ans, revient à Clarens chez les Wolmar. Malgré le mariage de Julie à M. de Wolmar, il garde au fond du cœur les mêmes ardeurs amoureuses qu'aux premiers jours. Il propose à Julie une promenade sur le lac pendant l'absence de son mari. C'est l'occasion pour St-Preux de faire admirer à Julie les merveilles des côtes vaudoises et le bonheur des gens qui y vivent.

On remarquera que, lors de cette promenade sur le lac, St-Preux prend bien soin de marquer les différences entre les riches côtes vaudoises, et les côtes moins fertiles de la Savoie qui se trouvent du côté opposé. Il semble ainsi marquer une distorsion non seulement géographique, mais aussi temporelle: les illusions des amours de jeunesse semblent contraster avec la réalité affective de l'adulte. L'espérance d'autrefois se voit remplacée par les angoisses de l'homme 'esseulé'.

Le lac dans le paysage rousseauiste, principalement le lac Léman dans *La Nouvelle Héloïse*, est un 'lac de souvenirs', un 'lieu-mémoire', 'lieu de jonction', un 'lieu trait-d'union', à la fois géographique et psychologique. Sur le plan psychologique, il semble surtout constituer son 'port d'accueil', le lieu fixe de ses amours et ses désirs. Même lorsque celui qui en a habité les rives s'en éloigne, qu'il s'agisse de Rousseau vivant à l'Ermitage ou de St-Preux voyageant, c'est toujours pour eux le 'lieu nombril', le 'centre de gravité' psychologique. C'est lui qui semble orienter les pas de l'exilé. A cet égard la motivation du retour de St-Preux à Clarens est sans ambiguïté: 'Je me disois: je suis mal ici, mais il est un coin sur la terre où je suis heureux et paisible, et je me dédommageois au bord du lac de Geneve de ce que j'endurois sur l'Océan' (*Nouvelle Héloïse*, IV, lettre III, ii.412). Si le lac oriente les pas de St-Preux, il polarise aussi tous les souvenirs de Rousseau: car ses multiples voyages de jeunesse au bord du lac restent profondément ancrés dans sa mémoire, et reviennent sans cesse troubler le présent. On l'a vu dans la première partie, toute l'enfance de l'écrivain s'est passée au bord de ce lac de Genève que plus tard il devait tenter d'immortaliser. Outre sa ville natale Genève, il connaît Nyon où vit son père, Lausanne où il donne des cours de musique, Vevey où il séjourne quelque temps, Meillerie qu'il visite.

Quand il se sent éloigné de son lac natal, le voyageur des *Confessions* ne tarde pas à éprouver le besoin d'y retourner. Cet attachement pour le Léman annonce celui de St-Preux. Voyageant d'Annecy à Fribourg, il dira: 'Je revins, non pas à Nion, mais à Lausanne. Je voulois me rassasier de la vue de ce beau lac qu'on voit là dans sa plus grande étendue' (IV, i.146). D'autre part, le choix du Léman comme cadre de *La Nouvelle Héloïse* répond à une autre exigence, d'ordre géographique. Cet espace lacustre se situe entre deux régions chères au cœur de Rousseau: la Suisse et la Savoie. Non seulement ses eaux baignent les deux pays, mais il relie surtout deux mondes privilégiés: l'enfance et le jeunesse. Et c'est ce qui lui confère son pouvoir générateur dans la création du roman. Aussi la nostalgie perpétuelle de Rousseau le portait-elle sans cesse vers ce lac, 'lieu berceau' renfermant tout un passé 'bienheureux'. On s'explique alors sa volonté de situer sur ses bords un roman du 'bonheur', ou plutôt 'le monde enchanté' de *La Nouvelle Héloïse*.

Le lac rousseauiste est avant tout un cadre intime: le 'moi' peut s'y réfugier aisément du fait de ses multiples rapports avec le passé. S'il se présente ainsi comme un lieu témoin, le lac demeure également, par son aspect clos, borné, un lieu privilégié, qui s'harmonise mieux avec la nature bornée de l'homme. Le caractère limité du cadre lacustre ne procure pas seulement un certain sentiment d'isolement, il confère aussi aux lieux qu'il englobe un aspect paisible. Le lac rousseauiste, qu'il soit dépeint par St-Preux, ou par l'auteur des *Confessions* et des *Rêveries*, s'apparente toujours quelque peu à un espace 'domestique' et 'domesticable', car il demeure comme un milieu protégé contre toute agression extérieure. Une affirmation de St-Preux révèle bien à la fois l'opposition et la hiérarchie établies entre le cadre lacustre et l'espace océanique. En effet, si l'echelle du lac et son aspect humanisé donnent un sentiment de sécurité, il n'en est pas de même de la haute mer (*Nouvelle Héloïse*, IV, lettre III, ii.414):

J'ai vû dans le vaste Océan où il devroit être si doux à des hommes d'en rencontrer d'autres deux grands vaisseaux se chercher, se trouver, s'attaquer, se battre avec fureur, comme si cet espace immense eut été trop petit pour chacun d'eux. Je les ai vû vomir l'un contre l'autre le fer et les flames. Dans un combat assés court j'ai vû l'image de l'enfer. J'ai entendu les cris de joye des vainqueurs couvrir les plaintes des blessés et les gémissemens des mourans. J'ai reçu en rougissant ma part d'un immense butin; je l'ai reçu, mais en dépot, et s'il fut pris sur des malheureux, c'est à des malheureux qu'il sera rendu.

Ainsi l'océan n'est pas seulement perçu comme un lieu de combat, comme une jungle où le plus fort écrase le plus faible; par son immense étendue, il permet encore aux navigateurs d'aller au 'bout du monde', et par là de soumettre les peuples des contrées lointaines à leur ambition de domination (*Nouvelle Héloïse*, IV, lettre III, ii.414):

J'ai vû ces vastes et malheureuses contrées [dit St-Preux] qui ne semblent destinées qu'à couvrir la terre de troupeaux d'esclaves. A leur vil aspect j'ai détourné les yeux de dédain, d'horreur et de pitié, et voyant la quatrieme partie de mes semblables changée en bêtes pour le service des autres, j'ai gémi d'être homme.

Il semble donc que la haine de St-Preux pour l'océan provienne des conquêtes qu'il a permises, des voies qu'il a ouverts à l'esclavage et à la colonisation. La mer n'est pas pour Rousseau un espace d'intimité. C'est peut-être pourquoi il n'en parle pratiquement pas dans les *Confessions*. St-Preux ne l'évoque que pour lui préférer aussitôt le cadre lacustre, plus intime à ses yeux et plus rassurant. Il y a là une opposition qui n'est pas sans en rappeler d'autres bien caractéristiques de la pensée de Rousseau: celle du sauvage au civilisé, celle de l'anonymat dans une société de masse aux relations interpersonnelles d'une société restreinte, celle de la vie urbaine à la vie champêtre. Le choix du cadre lacustre pour la vie de ses héros serait donc ici, dans une certaine mesure, un choix à la fois politique et moral.

Dans un tel cadre en effet, on perçoit mieux les vertus de l'amour entre les hommes, en même temps que l'aspiration de l'auteur à la paix, à un monde doux et généreux auquel il rêve d'accéder un jour. Le lac rousseauiste est un lac de paix par opposition à la mer, cet 'enfer'. C'est un lac protecteur, lieu de sérénité où l'on goûte une solitude permettant de donner libre cours à l'imagination qui délivre du temps qui passe et de l'angoisse éprouvée en haute mer. Lorsque St-Preux revient d'un long voyage sur l'océan, et qu'il s'approche de la Suisse, le premier sentiment qu'il éprouve est celui de l'apaisante présence du lac pleinement savourée: 'L'instant où, des hauteurs du Jura je découvris le lac de Geneve fut un instant d'extase et de ravissement' (*Nouvelle Héloïse*, IV, lettre VI, ii.419).

Il est donc significatif que l'écrivain insiste sur le cadre lacustre ou le choisisse comme le théâtre principal de *La Nouvelle Héloïse*, et que le lac de Bienne revienne sous sa plume quand il conçoit les *Rêveries* ou les *Confessions*.

La préférence de St-Preux pour le lac se présente donc comme une réplique du bonheur que le lac a procuré à l'auteur des *Confessions* pendant son séjour à l'Ile de St-Pierre (XII, i.643):

Souvent quand l'air étoit calme j'allois immédiatement en sortant de table me jetter seul dans un petit bateau que le Receveur m'avoit appris à mener avec une seule rame; je m'avançois en pleine eau. Le moment où je dérivois me donnoit une joye qui alloit jusqu'au tressaillement et dont il m'est impossible de dire ni de bien comprendre la cause, si ce n'étoit peut être une félicitation secrete d'être en cet état hors de l'atteinte des méchans. J'errois ensuite seul dans ce lac approchant quelquefois du rivage, mais n'y abordant jamais.

Le lac pour Rousseau comme pour St-Preux est un cadre de paix, une sorte de 'paradis terrestre' d'avant le péché originel. On voit bien que Rousseau s'y livre à des activités ludiques dans une attitude innocent, comme à l'origine des temps où tout était Bonté et Beauté.

Dans *La Nouvelle Héloïse*, St-Preux se livre aussi à des divertissements à la fois innocents et utiles. Ces activités rappellent un peu celles des premiers temps, où les besoins de l'homme primitif le poussaient pour sa survie à la chasse et à la pêche. Dans la lettre XVII de la quatrième partie du roman, St-

6. L'eau

Preux rapportant à Milord Edouard sa promenade avec Julie sur le lac de Genève, évoque ainsi ses activités de chasseur et de pêcheur (IV, lettre XVII, ii.514-15):

Vous savez que la maison de Mad^e de Wolmar n'est pas loin du lac, et qu'elle aime les promenades sur l'eau. Il y a trois jours que le desœuvrement où l'absence de son mari nous laisse et la beauté de la soirée nous firent projetter une de ces promenades pour le lendemain. Au lever du soleil nous nous rendimes au rivage; nous primes un bateau avec des filets pour pêcher, trois rameurs, un domestique, et nous nous embarquames avec quelques provisions pour le diner. J'avois pris un fusil pour tirer des besolets; mais elle me fit honte de tuer des oiseaux à pure perte et pour le seul plaisir de faire du mal. Je m'amusois donc à rappeller de tems en tems des gros-sifflets, des tiou-tiou, des Crenets, des sifflassons, et je ne tirai qu'un seul coup de fort loin sur une grèbe que je manquai.

Nous passames une heure ou deux à pêcher à cinq cent pas du rivage. La pêche fut bonne; mais, à l'exception d'une truite qui avoit reçu un coup d'aviron, Julie fit tout rejetter à l'eau. Ce sont, dit-elle, des animaux qui souffrent, délivrons-les; jouïssons du plaisir qu'ils auront d'être échapés au péril. Cette opération se fit lentement, à contrecœur, non sans quelques réprésentations, et je vis aisément que nos gens auroient mieux goûté le poisson qu'ils avoient pris que la morale qui lui sauvoit la vie.

Si Rousseau prend occasion de cette promenade pour moraliser ses lecteurs, il est à remarquer que le modèle de cette morale paraît bien avoir été trouvé dans le passé puisque les principales activités de St-Preux sur le lac se ramènent aux types d'activité économique propres à l'homme primitif, à l'homme dans 'l'état de nature'. Il s'agit bien entendu de la chasse et de la pêche. Néanmoins, ce passage révèle une contradiction essentielle, une sorte de paradoxe que suscite la décision de Julie: elle lui est dictée par son désir de protéger les animaux qui ne sont pas sans grande signification dans le paysage rousseauiste; mais par ailleurs St-Preux semble privilégier l'intérêt de l'homme.

Faut-il en conclure à une remise en cause de l'intérêt de Rousseau pour l'homme primitif, pour cet homme à l'état de la nature, dont les activités se limitaient à la chasse, la pêche et la cueillette?

Ce serait très abusif, car ce qui est ici rejeté, c'est la chasse et la pêche 'sauvages', c'est à dire inspirées par l'unique plaisir de la cruauté. Ces activités ne semblent pas être proscrites quand elles ne sont pas inspirées par une intention maligne ou par la barbarie, puisque le poisson tué par 'un coup d'aviron' a été mangé. Ce qui montre que Rousseau ne s'oppose pas à la consommation de l'espèce animale, surtout quand elle répond à une nécessité vitale.

Ce passage montre surtout, s'il était encore besoin de l'établir, que pour Rousseau, du moins pour l'auteur de *La Nouvelle Héloïse*, l'homme dans l'état de la nature ne s'identifie pas nécessairement à l'homme brute, l'homme de la jungle, mais plutôt à l'homme dans l'état de l'innocence, l'homme dans sa 'bonté primitive', l'homme affranchi des conventions sociales. Il dira lui-même que l'homme est né bon et que c'est la société qui le corrompt; que le naturel, c'est à dire tout ce qui rappelle le primitif, est nécessairement 'beau' et 'bon'.

On comprend ainsi le choix du cadre lacustre et de symboles féminins comme l'eau, ou la barque. Les symboles féminins représentent ici la primitivité, la fécondité ou l'éternité. Quant au lac, l'écrivain semble lui conférer des caractéristiques qui renforcent davantage encore de pareilles significations. Parmi ces caractéristiques, on peut relever la morphologie du lac, le mouvement de ses eaux.

L'une des principales caractéristiques de l'eau rousseauiste étant, comme on l'a vu à propos de l'eau courante, son aspect sonore ou mouvementé, il convient maintenant d'étudier les mouvements et les bruits propres au lac.

b. Les mouvements et les bruits du lac

L'auteur de *La Nouvelle Héloïse* prend bien soin de marquer la présence d'une eau tantôt agitée par 'un séchard' rendant 'les ondes terribles', tantôt secouée par le 'mouvement des rames' (IV, XVII, ii.516). On remarque à cet endroit que St-Preux et Julie se mettent à l'abri quand la tempête se lève sur le lac, et ne reprennent leur promenade qu'une fois les eaux apaisées. Ce comportement révèle bien quelle est la préférence de Rousseau quand il s'agit des mouvements des eaux lacustres. On en trouvera confirmation dans cette comparaison des *Confessions* entre les flots de l'île St-Pierre se brisant sur la grève et le 'tumulte du monde' (XII, i.645):

J'avois pris l'habitude d'aller les soirs m'asseoir sur la grève, surtout quand le lac étoit agité. Je sentois un plaisir singulier à voir les flots se briser à mes pieds. Je m'en faisois l'image du tumulte du monde et de la paix de mon habitation [...].

Evoquant la même île dans les *Rêveries*, le 'promeneur solitaire' relève 'le bruit des vagues', 'l'agitation de l'eau', 'le flux et le reflux de cette eau, son bruit continu mais renflé par intervalles frappant sans relâche mon oreille et mes yeux'.[4]

Le mouvement des eaux du lac est souvent produit par des phénomènes naturels comme le vent ou la tempête. Mais il peut être dû aussi à la présence de l'homme, à ses divers activités et déplacements sur le lac. D'une manière générale la lecture de *La Nouvelle Héloïse*, des *Confessions*, et des *Rêveries* montre que les mouvements ou les bruits des eaux lacustres, qui captivent le plus l'auteur, ou offrent la plus grande conformité avec sa nature sont des mouvements ou des bruits répétés, presque monotones ou uniformes.

4. *Les Rêveries*, cinquième promenade, i.1045.

6. L'eau

L'eau lacustre tient un pouvoir particulier de sa surface 'plane' et monotone, exempte de toute agitation violente causée par le vent ou la tempête.

En effet, les eaux lacustres par leur immobilité géographique rappellent à certains égards l'immobilité morphologique des eaux solides, celle des glaciers surtout. Si la nature du relief leur confère l'aspect d'une vaste étendue, en principe immobile, la surface plane du lac rousseauiste n'est en fait qu'une illusion. Car, on vient de le voir, elle peut connaître aussi agitations et mouvements: l'action des vents ou des rameurs l'irrite souvent et lui impose souvent un aspect mouvementé qui n'est pas sans rappeler les mouvements et les sonorités des eaux mobiles. Si l'eau courante rousseauiste murmure, gazouille parfois, en jetant St-Preux dans un état de somnolence et de 'langueur amoureuse' (*Nouvelle Héloïse*, I, lettre XXXVIII, ii.116), il est possible que la monotonie des sons et des mouvements rencontrés sur le lac produise des effets semblables.

A preuve la célèbre promenade sur le lac de la quatrième partie: ce qui plonge St-Preux dans des rêves douloureux, alors qu'il se trouve avec Julie dans la barque qui les ramène de Meillerie à Clarens, c'est 'Le bruit égal et mesuré des rames' qui, dit-il 'm'excitoit à rêver' (*Nouvelle Héloïse*, IV, lettre XVII, ii.520).

On perçoit ici le pouvoir quasi musical de ces eaux aux mouvements répétés, cadencés. La mise en valeur de cette fonction musicale de l'eau est chez Rousseau une recherche constante. Quand on se rappelle les cours de musique qu'il a donnés, dans sa jeunesse, on est fondé à se demander si les souvenirs ou les réminiscences du passé ne viennent pas cette fois encore influencer l'œuvre romanesque. Sinon comment expliquer les divers obstacles qui agissent sur les eaux pour produire cet effet musical? La présence des rameurs sur le lac, l'action des tempêtes sur ses eaux, le bris continu de ses flots sur ses rives, de même que, si l'on veut bien s'en souvenir, la présence des cailloux et des pierres dans le lit des rivières ou des torrents, sont autant d'agents de modification de l'élément liquide qui ne semblent pas disposés par le simple hasard, mais laissent l'impression d'une organisation consciente par laquelle Rousseau a voulu recréer un monde 'secret', 'personnel'.

En effet le bruit des vagues dans leur flux et leur reflux, le bruit des rameurs frappant les eaux en cadence, comme le dirait Lamartine, constituent autant d'éléments qui permettent de plonger le lecteur dans une atmosphère musicale, dans un univers de mélodies et de rythmes, comme si le plaisir de l'harmonie ainsi créée était le complément nécessaire de celui de la vue. Mais ces divers éléments sont surtout pour Rousseau des occasions d'évasions nostalgiques. A l'Ile de St-Pierre, tel est bien sur le 'promeneur solitaire' l'effet de la musicalité des eaux du lac:

Quand le soir approchoit je descendois des cimes de l'Isle et j'allois volontiers m'asseoir au bord du lac sur la gréve dans quelque azyle caché; là le bruit des vagues et l'agitation de l'eau fixant mes sens et chassant de mon ame toute autre agitation la plongeoient dans une réverie delicieuse où la nuit me surprenoit souvent sans que je m'en fusse apperceu. Le flux et reflux de cette eau, son bruit continu mais renflé par intervalles frappant sans relache mon oreille et mes yeux suppléoient aux mouvemens internes que la rêverie éteignoit en moi et suffisoient pour me faire sentir avec plaisir mon existence, sans prendre la peine de penser. De tems à autre naissoit quelque foible et courte reflexion sur l'instabilité des choses de ce monde dont la surface des eaux m'offroit l'image: mais bientot ces impressions légéres s'effaçoient dans l'uniformité du mouvement continu qui me berçoit, et qui sans aucun concours actif de mon ame ne laissoit pas de m'attacher au point qu'appellé par l'heure et par le signal convenu je ne pouvois m'arracher de là sans effort.[5]

Répétition et monotonie remplissent ici une fonction qui consiste à exorciser les réalités de la vie. La répétition, le recommencement, le retour éternel de sons identiques, signifient un profond désir d'éternité, un profond besoin de regénération, de fusion temporelle, d'unification du présent et du passé sans cesse recréée. La sensation agréable qui s'empare alors de lui grâce aux mouvements uniformes de l'eau est, semble-t-il, celle où désirs et volontés s'évanouissent au point de ne laisser la jouissance 'de rien sinon de soi-même et de sa propre existence, tant que cet état dure on se suffit à soi-même comme Dieu'.[6] Ainsi, comme l'a bien vu Marcel Raymond, c'est dans l'intemporel, dans le voisinage de l'apathie, que se situe son bonheur,[7] celui dans lequel réside le goût des chimères, une soif d'oubli du réel qui ne peut s'atteindre sans le bruit et le mouvement du lac.

Le besoin d'éternité né du contact du lac est aussi un besoin étrange d'immensité. A cet égard, la forme du lac joue un rôle symbolique essentiel.

c. La morphologie du paysage lacustre

Le lac demeure dans le paysage rousseauiste l'élément aquatique par excellence. C'est autour de lui que semble s'organiser toute une esthétique du paysage liée essentiellement à son aspect morphologique: celui d'une surface 'plane' s'identifiant à celle de la plaine. St-Preux conduisant Julie au milieu des rochers de Meillerie pour lui montrer le lieu de son exil dans les premiers temps de la passion, lui découvre le tableau d'un site grandiose où le lac de Genève est en bonne place: 'au dessous de nous cette immense plaine d'eau que le lac forme au sein des Alpes nous séparoit des riches côtes du pays de Vaud, dont la Cime du majestueux Jura couronnoit le tableau' (*Nouvelle Héloïse*, IV, lettre XVII, ii.518). Que la forme du lac soit ici comparée à celle de la plaine, prouve que

5. *Les Rêveries*, cinquième promenade, i.1045.
6. *Les Rêveries*, cinquième promenade, i.1047.
7. Marcel Raymond, *Vérité et poésie* (Neuchâtel 1964), p.94.

6. L'eau

cette forme elle aussi s'inscrit comme une nécessité esthétique dans le paysage idéal de Rousseau. Or, l'étude de la montagne nous a révélé l'absence d'intérêt de l'auteur pour 'la plaine' jugée plutôt inesthétique.

Qu'on se rappelle la lettre sur le Valais: la plaine y faisait l'objet d'une critique sévère de St-Preux, en raison de sa perspective oblique empêchant la perception totale des objets: 'la perspective des monts étant verticale frape les yeux tout à la fois et bien plus puissamment que celle des plaines qui ne se voit qu'obliquement, en fuyant, et dont chaque objet vous en cache un autre' (*Nouvelle Héloïse*, I, lettre XXIII, ii.77). Les *Confessions* sont plus claires encore: 'Au reste on sait déja ce que j'entens par un beau pays. Jamais pays de plaine, quelque beau qu'il fut, ne parut tel à mes yeux' (IV, i.172).

On peut alors s'interroger sur la signification de cette forme de la plaine dans le paysage de l'auteur. En effet, le lac ne saurait être imaginé sans un ensemble d'autres éléments servant de parures ou s'inscrivant dans le prolongement et de la vibration des eaux et de la morphologie lacustre. Ces divers éléments, qu'il s'agisse de l'élément aquatique, végétal ou minéral, entrent dans une composition harmonieuse, s'appellent et se répondent, comme pour enchanter le regard de l'auteur. On le constatait bien dans la peinture de St-Preux: le lac y était observé du haut de la montagne ou du moins des rochers de Meillerie, comme si ces deux éléments étaient nécessairement liés pour constituer un paysage de rêve. Dans les *Confessions*, le même type de relation s'établit dans le récit que fait Rousseau de son séjour à l'Ile de St-Pierre au milieu du lac de Bienne, après la lapidation de Môtiers. Même si ce séjour est postérieur à la composition de *La Nouvelle Héloïse*, il est remarquable que ce soit le même genre de paysage lacustre qui séduise sa vue: 'Je ne manquois point à mon lever lorsqu'il faisoit beau de courir sur la terrasse humer l'air salubre et frais du matin, et plâner des yeux sur l'horison de ce beau lac, dont les rives et les montagnes qui le bordent enchantoient ma vue' (*Confessions*, XII, i.642). L'environnement du lac prend donc chez Rousseau toute une importance à la fois physique et psychologique. Qu'il soit regardé de loin ou de près, le lac entre dans un vaste paysage dont il peut constituer le centre. Lorsqu'il débarque sur 'les rives verdoyantes' de l'Ile de St-Pierre, il trouve la paix et la jouissance intérieures dans la contemplation du lac de Bienne et de ses alentours (*Confessions*, XII, i.644):

Cependant pour complaire à mon pauvre chien qui n'aimoit pas autant que moi de si longues stations sur l'eau je suivois d'ordinaire un but de promenade; c'étoit d'aller débarquer à la petite ile, de m'y promener une heure ou deux, ou de m'étendre au sommet du tertre sur le gason, pour m'assouvir du plaisir d'admirer ce lac et ses environs […].

D'ailleurs, la conséquence logique de la prédilection de Rousseau pour cette forme de paysage l'amène à situer son roman dans un contexte géographique précis qui rassemble tous ces éléments. On a vu que les lieux romanesques sont placés sur les bords d'un lac et au pied des montagnes. D'emblée, la maison idéale de Rousseau s'insère nécessairement dans un cadre lacustre. Voilà pourquoi, à Montmorency, il aime à se l'imaginer entourée d'eau, comme dans ce passage où il décrit un petit édifice situé dans le parc de Montmorency (*Confessions*, X, i.521):

Quand on regarde ce bâtiment de la hauteur opposée qui lui fait perspective, il paroit absolument environné d'eau, et l'on croit voir une Isle enchantée ou la plus jolie des trois Isles Borromées appellée *Isola bella* dans le lac major.

Alors, le paysage lacustre rousseauiste qu'il soit celui de roman ou celui dans lequel vit l'auteur se constitue en un ensemble ou une succession d'espaces qui semble vibrer à l'infini, en cercles concentriques: au centre le lac; puis le rivage; puis de petites montagnes verdoyantes; plus loin d'autres chaînes de montagnes sans neige; à l'arrière-plan enfin les glaciers dont les sommets semblent toucher le ciel. La concentricité des éléments du paysage lacustre, leur succession vibratoire éveillent à coup sûr une certaine sensibilité, en créant un certain état d'âme qui ne peut conduire qu'à la rêverie et au sentiment de l'infini. D'ailleurs, dans son article sur le symbolisme du jardin et l'imagination créatrice chez Rousseau, Bernardin de St-Pierre et Chateaubriand,[8] Ingrid Kisliuk a bien fait apparaître ce phénomène de succession concentrique, d'encerclement et de clôture des éléments du paysage qui se répète à l'infini. Dans les *Confessions*, elle relève d'abord que 'la forme de ce lac est un ovale presque régulier' (*Confessions*, XII, i.637-38). Elle note aussi (p.333) qu'à propos de la même île de St-Pierre, la cinquième promenade des *Rêveries* parle

d'un beau bassin d'une forme presque ronde qui enferme dans son milieu deux petites îles [...] De plus, le tout est encerclé d'un côté par des montagnes prochaines, et de l'autre par des montagnes bleuâtres plus éloignées. Nous entrevoyons donc cinq cercles: deux îles, le lac, le rivage qui le borde, et une chaîne de montagnes encerclant le tout.

Selon Ingrid Kisliuk, une telle disposition, un tel agencement des éléments 'représentent l'unité du monde de Rousseau durant son séjour à l'Ile de St-Pierre' (p.333). D'ailleurs, parlant de cette île dans les *Confessions*, Rousseau la qualifiera de lieu de 'tous ses désirs' (XII, i.645), comme pour signifier par elle son idéal d'un monde de paix et de plénitude. En effet, après avoir recherché le symbolisme contenu dans le cercle et dans l'agencement concentrique des éléments du paysage, Ingrid Kisliuk aboutit à la conclusion qu'il s'agit là d'un

---

8. Ingrid Kisliuk, 'Le symbolisme du jardin et l'imagination créatrice chez Rousseau, Bernardin de Saint-Pierre et Chateaubriand', *Studies on Voltaire* 185 (1980), p.333.

'sentiment de l'infini', de paix: l'anticipation d'un 'paradis céleste' et le désir de vivre un 'paradis terrestre'.

Dans le *Dictionnaire des symboles*, le 'cercle est une image du ciel'.[9] Or le lac, les îles ont généralement des contours circulaires. Si le paysage lacustre rousseauiste vibre en cercles concentriques, il s'agit avant tout de vibrations graduelles, dont les plus éloignées paraissent se propager jusqu'au ciel. L'ensemble d'un tel dispositif donne l'image d'un théâtre gréco-romain dont la scène est, selon le lieu où l'on se trouve, tantôt sur le lac, tantôt hors du lac. Le regard du spectateur peut ainsi, selon son emplacement, balayer un paysage infini, et se divertir dans une diversité de sites presque envoûtante.

Cependant le lac rousseauiste ne s'inscrit pas seulement dans une totalité vibratoire de type horizontal, mais aussi et surtout dans une totalité vibratoire de type sphérique. Car ce paysage lacustre ne s'intègre pas simplement dans une demi-sphère formée par le lac et les chaînes de montagnes environnantes, mais dans une sphère entière, puisque la première demi-sphère est complétée par l'autre demi-sphère que forme la voûte céleste. Tout se passe comme si Rousseau voulait recréer un monde contemporain des origines et dont le temps ne vibrerait qu'en harmonie avec ce temps originel, qui est celui de l'innocence. On assiste alors à la combinaison de deux mouvements vibratoires complémentaires: l'un concentrique de type horizontal et l'autre de type vertical, comme si l'ardent désir de la totalité, de l'éternité et de l'infini devait nécessairement vibrer avec celui, complémentaire, de la paix, de la quiétude, des certitudes. Le paysage lacustre par sa complexité sphérique permet ainsi d'atteindre la perfection, de parvenir à une parfaite communion de l'homme avec Dieu, qui est identifié à la nature qu'il a créée et dont Rousseau fait partie.

Ce qui s'opère dès lors n'est pas seulement une communion entre Rousseau et Dieu ou la Nature, mais une fusion salvatrice que matérialise le symbolisme de la sphère: 'ô nature, ô ma mére, me voici sous ta seule garde; il n'y a point ici d'homme adroit et fourbe qui s'interpose entre toi et moi. Je m'éloignois ainsi jusqu'à demi-lieue de terre; j'aurois voulu que ce lac eut été l'ocean' (*Confessions*, XII, i.644). Ce cri de Rousseau au moment où il évoque 'ses rêveries sans objets' auxquelles il s'abandonne au milieu du lac de Bienne, est révélateur de ce sentiment du divin que procure l'intime union avec la nature lorsqu'il est au milieu du lac. Ce texte fait bien apparaître ce qu'est le pouvoir du milieu lacustre situé au centre de la sphère qui représente elle-même la dimension totale de l'univers: il offre une image cosmique dans une fusion absolue du ciel et de la terre.

Néanmoins, l'océan auquel aspire Rousseau n'est nullement à confondre

9. *Dictionnaire des symboles* (Paris 1982).

avec celui qu'évoquait le navigateur St-Preux. Nous avons relevé dans le roman le caractère rebutant qu'il prend aux yeux de St-Preux lorsque celui-ci raconte son voyage au bout du monde. Théâtre de luttes et de combats, moyen de conquête et de colonisation, l'océan, en tant qu'élément géographique et naturel, n'inspirait aucun enthousiasme, ni même une attirance quelconque à l'auteur de *La Nouvelle Héloïse*. En revanche, la référence faite ici par Rousseau à l'océan, comme à une espèce de lac au superlatif, est à prendre dans un sens métaphorique qui exalte sa nature immense, illimitée, éternelle. L'auteur, naviguant sur le lac, se trouve au centre d'un cadre total qui lui permet de quitter le monde des humains, de s'affranchir de la perception du temps et de s'abandonner à l'union avec la nature. Son existence s'harmonisant avec l'univers cosmique, il éprouve un sentiment d'immensité, d'éternité et d'infini semblable à celui que donne l'espace océanique. Vraisemblablement, un certain équilibre tant physique que psychologique émane de la dispostion concentrique et même sphérique du paysage lacustre rousseauiste. La valeur étonnamment bénéfique d'un tel cadre explique alors chez l'auteur son désir ardent pour des lieux 'fermés', 'clos', 'infranchissables', liés à l'image du cercle dont le contour du lac ne saurait représenter que la première d'une série de barrières protectrices. Une protection que se veut avant tout maternelle, bienfaisante, est censée apporter la sécurité et la sérénité. C'est pourquoi il lui est pénible de se détacher de l'environnement lacustre de l'Ile de St-Pierre: 'Un jour à passer hors de l'Isle me paraissoit retranché de mon bonheur, et sortir de l'enceinte de ce lac étoit pour moi sortir de mon élément' (*Confessions*, XII, p.645).

Le bonheur de Rousseau ne réside-t-il pas en réalité dans un retour au sein maternel, au stade de protection prénatale dont ce passage semble être l'illustration symbolique? En effet, le paysage lacustre rousseauiste de par sa morphologie sphérique, ressemble à une sorte de cavité, au ventre maternel enveloppant qui isole l'auteur de toute agression étrangère. Si l'enceinte du lac est pour Rousseau son 'élément', il s'agit d'un milieu où l'élément aquatique, élément féminin par excellence, renforce davantage l'idée de refuge dans le sein maternel. Gaston Bachelard remarque de l'eau qu'elle 'nous rend notre mère'.[10]

Tout se passe comme si l'auteur éprouvait le désir de retrouver l'état foetal dont il n'aurait jamais voulu sortir, et rappelle la concentration de la pensée rousseauiste, sur un retour aux origines, au stade primitif, à l'innocence des premiers temps.

Marcel Raymond suggère que Rousseau 'pressent la possibilité d'une réinté-gration au monde de l'innocence, la possibilité d'une alliance de l'homme et de

---

10. Gaston Bachelard, *L'Eau et les rêves* (Paris 1942), p.178.

la nature qui serait une ancienne et première alliance retrouvée avec une nature protectrice, maternelle, origine de tout amour'.[11]

Ce retour au sein de la nature maternelle, au monde de l'innocence, seul monde où il veuille séjourner, s'opère essentiellement, on l'a vu, dans le paysage lacustre tel que Rousseau l'a vécu à l'Ile de St-Pierre, mais surtout tel qu'il l'a rêvé dans *La Nouvelle Héloïse*.

iv. Introduction à l'eau rousseauiste

Les pages précédentes nous permettent de dégager quelques caractéristiques fondamentales de l'eau à l'état liquide dans le paysage rousseauiste. Qu'il s'agisse de l'eau en mouvement ou de l'eau en apparence immobile, ces caractéristiques reviennent avec une remarquable constance. On peut en relever trois: le spectacle, la transparence, et le symbolisme.

a. L'eau spectacle

La nature du relief sur lequel coulent les eaux mobiles (torrents, rivières, ruisseaux ...) permet la formation d'une série d'événements ou de spectacles que sont, selon les cas, les cascades, les chutes, les jets d'eau, les roulements, les murmures, les gazouillements. Le lac quant à lui, malgré le caractère plan de sa surface, participe à un spectacle similaire. Son étendue et sa forme l'exposent à l'action des vents qui irritent sa surface, provoquant des vagues qu'ils entraînent dans un jeu de flux et de reflux. En outre son charme et la nécessité de leurs activités ludiques ou celle de la communication attirent les hommes sur ses eaux qu'ils troublent avec leurs rames de mouvements réguliers ou désordonnés.

Tout se passe donc comme si Rousseau cherchait délibérément à briser l'écoulement de l'élément liquide. En effet, il recourt à une série d'artifices susceptibles de provoquer une certaine diversité dans la perception, par une rupture ou par une discontinuité dans le cours d'un événement visuel ou auditif. Comme si le spectacle, ou si l'on veut la variété était volontairement organisé, comme si l'effet recherché de cette variété sur l'observateur se voulait une nécessité à la fois psychologique et vitale, comme si le mouvement et l'agitation étaient une donnée fondamentale de la réalité existentielle: 'Tout est dans un flux continuel sur la terre: rien n'y garde une forme constante et arrêtée, et nos affections qui s'attachent aux choses extérieures passent et changent necessaire-ment comme elles.'[12] Le spectacle peut être un divertissement au sens pascalien

---

11. Marcel Raymond, *La Quête de soi et la rêverie* (Neuchâtel 1962), p.140.
12. *Les Rêveries*, cinquième promenade, i.1046.

du terme. Il peut s'agir d'un besoin de détourner le regard de la conscience du temps qui passe, pour échapper enfin, au moins dans l'illusion, à l'angoisse de notre finitude. Rousseau était particulièrement averti de la brièveté de la vie. Cela est clairement exprimé dans *La Nouvelle Héloïse* quand St-Preux dit à Julie (I, XXVII, ii.92-93):

ta beauté même aura son terme, elle doit décliner et perir un jour comme une fleur qui tombe sans avoir été cueillie; et moi cependant, je gémis, je souffre, ma jeunesse s'use dans les larmes, et se flétrit dans la douleur. Pense, pense, Julie, que nous comptons déja des années perdues pour le plaisir. Pense qu'elles ne reviendront jamais; qu'il en sera de même de celles qui nous restent si nous les laissons échaper encore. O amante aveuglée! tu cherches un chimérique bonheur pour un tems où nous ne serons plus; tu regardes un avenir éloigné et tu ne vois pas que nous nous consumons sans cesse, et que nos ames épuisées d'amour et de peines, se fondent et coulent comme l'eau.

Ce constat ne pouvait pas aller sans une certaine amertume. Quoi de plus normal dans ces conditions que de multiplier à l'infini des événements sonores et auditifs dont il voulait que son paysage fût l'instrument et le support! L'organisation de l'eau en spectacle sonore (bruits, gazouillements ...) et visuel (cascades, vagues, jets d'eau ...) répond à la réalité psychologique d'un désir auquel Rousseau ne veut pas donner un nom, mais qui semble bien être un ardent désir d'éternité, de recommencement. Ce qui toutefois peut paraître curieux, c'est que malgré l'agitation dont elle est le théâtre, l'eau rousseauiste demeure transparente.

b. Sa transparence

A Clarens, l'eau qui alimente le jardin de l'Elysée est 'une eau limpide et claire' (*Nouvelle Héloïse*, IV, lettre XI, ii.474). De même l'asile de Julie et de St-Preux à Meillerie est arrosé de ruisseaux qui 'rouloient sur la verdure en filets de cristal' IV, lettre XVII, ii.518). L'eau du lac Léman est qualifiée par St-Preux de 'cristal azuré' dans la lettre XVII de la quatrième partie, pendant la navigation de Julie et de St-Preux sur le lac: 'Je lui montrai de loin les embouchures du Rhone dont l'impétueux cours s'arrête tout à coup au bout d'un quart de lieue et semble craindre de souiller de ses eaux bourbeuses le cristal azuré du lac' (ii.515). Il semble que si l'auteur qualifie l'eau du Rhône de bourbeuse, c'est pour mieux faire apprécier la clarté et la limpidité de l'eau du Léman. Dans la même lettre, lorsque St-Preux décrit le site de Meillerie et parle d''un torrent formé par la fonte des neiges' roulant 'une eau bourbeuse' (ii.518), il s'agit d'un accident dû à la fonte des neiges et peu typique de l'eau rousseauiste, qui par nature est claire. Cette clarté s'observe encore dans le lac de Bienne que les

6. L'eau

Rêveries présentent comme 'une vaste étendue d'eau claire et cristaline'.[13] Dans sa lettre du 28 janvier 1763 au maréchal de Luxembourg, qui est une description de Môtiers et de Val-de-Travers, Rousseau affirme: 'Cette Reuse est une jolie rivière claire et brillante comme de l'argent, où les truites ont bien de la peine à se cacher dans des touffes d'herbe' (Leigh 2457). St-Preux de son côté décrivant sa promenade nocturne avec Julie sur le lac Léman note le 'frémissement argenté dont l'eau brilloit autour de nous' (*Nouvelle Hèloïse*, IV, lettre XVII, ii.520). Rousseau, on le voit, attribue une valeur particulière à la couleur de l'eau et l'obsession de sa limpidité paraît chez lui bien établie. La transparence de l'eau semble renvoyer ici à l'idée d'immensité, d'infini, puisqu'il s'agit de voir à travers. Sur le plan moral, elle signifie le bien, le beau et le bon. Sur le plan intellectuel, elle signifie la connaissance, la haine des préjugés, la Raison éternelle; sur le plan politique la démocratie, l'égalité. Ainsi, tout semble montrer combien Rousseau exprime à travers les éléments de son paysage un ensemble d'idéaux spécifiques de son époque, d'une époque qui avait en horreur l'obscurité et les préjugés, qui avait juré de dissiper toutes les grandes masses d'ombre qui recouvraient encore la surface de la terre et empêchaient les hommes de reconnaître la possibilité d'un bonheur ici-bas. Une époque où les ténèbres comme l'ignorance renvoyaient à la méchanceté, alors que la clarté, la lumière renvoyaient à la bonté, à la vérité et au bonheur.

Il semble donc y avoir une relation entre ces réalités et l'obsession de la clarté ou de la transparence de l'eau dans *La Nouvelle Héloïse*. Ce n'est pas tout: le choix des noms de Claire et de Clarens atteste probablement une même volonté de signification. Le moins qu'on puisse dire, c'est que l'eau rousseauiste paraît bien signifier, au-delà d'elle-même, un ensemble de certitudes, d'espérances et d'angoisses.

c. Sa symbolique

Si l'on peut le dire, c'est bien parce que l'eau suscite chez l'auteur des images nostalgiques, comme si on cherchait à faire d'elle le témoin privilégié du drame humain. C'est ainsi qu'elle apparaît tour à tour comme une confidente, une mère, le symbole de l'innocence originelle, de l'éternité de la nature, en même temps que de la finitude de l'homme.

Une confidente. Beaucoup de signes justifient cette valeur symbolique de l'eau rousseauiste: l'eau qui coule en pente douce, ou le lac frôlé par une brise murmurent à mi-voix. Et, portant ainsi à l'oreille de l'écrivain d'étranges bruits, ils enchantent l'ambiance et arrachent quelques secrets ou confidences liés à

---

13. Il y a chez Rousseau un secret désir d'identification à la mère, bref au sexe féminin. Ce désir vient sans doute d'un caractère, de sa timidité maladive, d'un ardent soif d'amour.

la vie intime. C'est que l'eau est entrée dans une certaine complicité, dans une certaine intimité. Témoin ce passage des *Confessions* où Rousseau, longeant le Léman, n'éprouve pas de honte à laisser échapper quelques larmes (IV, i.152):

Dans ce voyage de Vevai je me livrois en suivant ce beau rivage à la plus douce mélancolie. Mon cœur s'élançoit avec ardeur à mille félicités innocentes; je m'attendrissois, je soupirois et pleurois comme un enfant. Combien de fois m'arrêtant pour pleurer à mon aise, assis sur une grosse pierre, je me suis amusé à voir tomber mes larmes dans l'eau?

Une mère. Il est significatif que Rousseau se compare ici à un enfant. C'est sans doute parce que la proximité du lac lui fait redécouvrir son enfance ou l'y replonge. Il est certain que les eaux du lac prennent ici des couleurs maternelles. Et on sait qu'il s'agit d'un voyage de Rousseau à Vevey, ville natale de Mme de Warens, qui était pour l'auteur une mère adoptive. N'y a-t-il pas donc un désir d'identification des eaux du lac à sa mère adoptive? Ou alors, ne s'agit-il pas d'un profond regret de ne pas avoir connu de véritable mère? D'où viendrait sinon ce brûlant et subit désir de pleurer comme un enfant? Il faut admettre l'hypothèse d'une relation entre la présence des eaux du lac, la mère adoptive, et la mère que l'écrivain n'a pas connue.

L'impossibilité de disposer d'une mère légitime, la nostalgie d'une mère inconnue semblent pousser Rousseau vers un besoin de retour à la nature, mère de toutes les mères. Et ce qui est frappant, c'est que c'est encore au contact des eaux du lac, celles du lac de Bienne cette fois-ci, qu'il identifie la nature à sa mère: 'ô nature, ô ma mère, me voici sous ta seule garde; il n'y a point ici d'homme adroit et fourbe qui s'interpose entre toi et moi' (*Confessions*, XII, i.644).

Image de l'innocence originelle. L'eau symbole maternel est aussi image de l'innocence primitive, univers de paix où s'alimente la vie et où s'oublient toutes les misères de la condition humaine. L'eau symbolise la pureté; et la clarté de l'eau rousseauiste en cela est significative, comme si l'auteur cherchait à opposer cette pureté aux laideurs de sa vie, comme s'il cherchait à exorciser son âme. Gaston Bachelard a bien établi la relation qui existe entre la limpidité de l'eau, et l'idée du pureté ou d'innocence: 'Que serait l'idée de pureté sans l'image d'une eau limpide et claire, sans ce pléonasme qui nous parle d'une eau pure? L'eau accueille toutes les images de la pureté' (Bachelard, p.20). 'L'eau évoque la nudité qui peut garder une innocence' (p.49). L'eau rousseauiste purifie, libère l'esprit de sa prison charnelle afin d'assurer son retour au temps primordial, au temps des origines, pour qu'il se regénère.

A cet égard, la fièvre qui cause la mort de Julie après une plongée dans le lac pour sauver son fils (*Nouvelle Héloïse*, VI, lettre XI, ii.702) est hautement significative. La mort de Julie, la survie de son fils, annoncent le cycle du recommencement, de l'éternel retour. Mais la survie de l'enfant et la mort de la mère renvoient aussi au propre drame de Rousseau orphelin. Le fils de Julie orphelin lui aussi devra désormais assumer le fardeau de la vie comme l'a fait l'adolescent des *Confessions*, tandis que Rousseau lui-même semble attiré par le rôle de Mme de Warens dans son personnage de St-Preux qu'il charge de l'éducation des enfants orphelins de Julie, lui faisant donc jouer indirectement le rôle d'une mère, celle peut-être qu'il n'a pas eue. Par ailleurs la plongée mortelle de Julie montre à quel point l'eau renvoie à l'éternité de l'amour qui l'unit à St-Preux. La mort de Julie marque la victoire de l'Amour, l'affranchissement triomphal des conventions sociales et de l'action du temps. Il est donc significatif que peu de temps avant sa mort Julie s'écrie: 'O mort, viens quand tu voudras! Je ne te crains plus, j'ai vecu, je t'ai prévenue, je n'ai plus de nouveaux sentimens à connoitre, tu n'as plus rien à me dérober' (*Nouvelle Héloïse*, VI, lettre VIII, ii.689). Ainsi, si la mort est un moyen de salut pour l'amour, l'eau en est la clef et symbolise dès lors l'éternité.

Image de l'éternité. L'eau qui coule et serpente au loin, le refrain monotone des cascades, la platitude du lac, l'alternance du flux et du reflux ... offrent l'image de l'instabilité des choses en même temps que de l'immuabilité de la nature. C'est au contact de l'eau que Rousseau éprouve la conscience du temps. La fluidité de l'eau, c'est la fluidité de nos jours, mais c'est aussi l'éternité du temps, à la fois la brièveté de nos vies et l'éternité de la nature.

7. Le jardin de Julie

LORSQUE St-Preux revient de son voyage au bout de monde, Julie qui a épousé M. de Wolmar est désormais mère de famille et mène une vie calme et heureuse à Clarens. Elle aime toujours St-Preux, mais la flamme de son amour d'autrefois s'est transformée en une tendresse profonde.

Comme elle aspire à la joie d'être entourée de ceux qui lui sont chers, M. de Wolmar et son épouse invitent St-Preux à venir séjourner chez eux à Clarens. C'est à cette occasion que St-Preux toujours secrètement amoureux de Julie, décrit à Milord Edouard le jardin qu'elle a créé près de sa demeure, et livre ses impressions à son correspondant ainsi que ses réflexions sur l'art du jardinage de Julie. Ce jardin nous est présenté comme le lieu des récréations de 'la plus respectable mere de famille', 'lieu retiré dont elle fait sa promenade favorite qu'elle appelle son Elisée (*Nouvelle Héloïse*, IV, lettre XI, ii.470-71). L'entrée en est dissimulée sous la végétation, 'masquée par des aulnes et des coudriers' (*Nouvelle Héloïse*, IV, lettre XI, ii.471). Il s'agit d'un lieu clos dont l'accès est restreint car 'il est toujours soigneusement fermé à la clé'. Cependant, St-Preux y est introduit par Julie et M. de Wolmar. 'L'Elisée' est d'abord un ancien verger que Julie a pris l'initiative de transformer grâce à 'ses talents de jardinier'. Et devant l'étonnement et la surprise que causent à St-Preux les charmes qu'elle y a fait naître, elle commence par bien identifier le lieu (*Nouvelle Héloïse*, IV, lettre XI, ii.471):

C'est ici le même verger où vous vous êtes promené autrefois, et où vous vous batiez avec ma Cousine à coups de pêches. Vous savez que l'herbe y étoit assés aride, les arbres assés clair-semés, donnant assés peu d'ombre, et qu'il n'y avoit point d'eau. Le voila maintenant frais, verd, habillé, paré, fleuri, arrosé [...] Car il est bon de vous dire que j'en suis la surintendante et que mon mari m'en laisse l'entiere disposition.

La lettre XI de la quatrième partie de *La Nouvelle Héloïse* est entièrement consacrée à ce jardin. Description précise et détaillée de 'l'Elisée de Julie', elle garde un caractère symbolique dans la mesure où l'on retrouve les éléments essentiels du paysage de Rousseau (végétation, eaux, animaux ...). A ce titre, ce jardin mérite d'être analysé comme un microcosme, une synthèse et un condensé du paysage. De ce fait, il semble être l'illustration la plus parfaite du paysagisme tel que le conçoit Rousseau. Il convient donc de voir comment se dégage de cette lettre une conception du jardin tout à fait originale et qui contraste manifestement avec celle qui était à la mode au dix-huitième siècle. Notre analyse y parviendra en trois étapes: d'abord l'inventaire des principaux éléments constitutifs du jardin rousseauiste et de leurs liens avec l'expérience vécue de l'écrivain. Ensuite l'étude des relations que ces éléments établissent entre eux comme pour mieux signifier l'idéal de jardin de l'auteur. Enfin la mise en lumière de l'originalité du 'jardin de Julie' par rapport aux autres jardins de l'époque.

i. Les principaux éléments constitutifs du jardin rousseauiste

Après avoir défini le jardin comme un 'terrain généralement clos où l'on cultive des végétaux utiles ou d'agrément', le dictionnaire de Robert distingue le jardin potager et le jardin d'agrément. Selon ce qu'on y fait pousser ou son aspect d'ensemble, un jardin peut paraître plus proche de la nature qu'un autre: le jardin anglais s'efforce d'imiter la nature, alors que le jardin français semble ne répondre qu'à des préoccupations ludiques et esthétiques à l'exemple des parcs ou des squares. Dans certains cas, il s'agit de 'jardins botaniques', sorte de lieux d'observation sur le fonctionnement et la vie des végétaux. Dans d'autres cas encore, on parle de 'jardins zoologiques', lieux où certaines espèces animales sont enfermées et offertes à la curiosité du public.

Ce qui frappe dans le jardin de Julie, c'est son aspect composite que St-Preux lui-même fait remarquer (*Nouvelle Héloïse*, IV, lettre XI, ii.471):

En entrant dans ce prétendu verger, je fus frappé d'une agréable sensation de fraicheur que d'obscurs ombrages, une verdure animée et vive, des fleurs éparses de tous côtés, un gazouillement d'eau courante et le chant de mille oiseaux porterent à mon imagination du moins autant qu'à mes sens [...]

Abondance de la végétation, omniprésence de l'eau, présence de la gent animale, apparaissent comme les points saillants de cette description qui mériteront successivement notre attention.

a. La végétation

La végétation dans le jardin de Julie revêt plusieurs formes: bosquets, bocages, taillis, broussailles, gazon, forêt, constitués à partir des essences les plus diverses et agrémentés parfois de fleurs, le tout enveloppé dans une senteur de 'paradis'. Cette végétation peut être basse, c'est à dire courte, et parfois très basse, presque au ras du sol. Dans ce cas, elle prend la forme de gazon. On l'obtient généralement par la culture. La végétation peut être également de taille moyenne, composée d'arbrisseaux, offrant un aspect touffu et en friche. Elle prend alors la forme de broussailles. Broussailles et gazon tiennent chacun sa place dans le jardin de Julie.

L'existence d'un 'gazon verdoyant, épais, mais court et serré' (*Nouvelle Héloïse*,

IV, lettre XI, ii.472) est à cet égard importante. La qualité de ce gazon déjà indiquée par les adjectifs qui le caractérisent, témoigne ainsi de sa perfection. En outre, il est mêlé d'une multitude d'herbes aromatiques et sauvages telles que le 'serpolet', le 'baume', le 'thin', la 'marjolaine et d'autres espèces odorantes'. La présence de ces herbes, leur propagation sur la surface gazonnée, embaument l'air du jardin. Par ailleurs, ce gazon uni est embelli d'un grand nombre de fleurs cultivées et sauvages qui viennent émailler cette pelouse verdoyante. C'est ainsi qu'"On y voyoit briller mille fleurs des champs, parmi lesquelles l'œil en démêloit avec surprise quelques unes de jardin, qui sembloient croitre naturellement avec les autres' (*Nouvelle Héloïse*, IV, lettre XI, ii.473). Il s'agit donc d'un ensemble hétérogène où fleurs, parfums et herbes se mêlent et se confondent en donnant au jardin un air riant et enchanteur. On retiendra également le caractère à la fois cultivé et sauvage de cette végétation.

Le jardin de Julie contient encore des broussailles d'arbrisseaux sauvages. Ces broussailles placées 'sans ordre et sans symétrie' formaient un ensemble touffu qui donnaient à la terre 'l'air d'être en friche'. Elles étaient formées d'un mélange d'arbrisseaux fruitiers et d'arbrisseaux à fleurs odorantes: 'des broussailles de roses, de framboisiers, de groseilles, des fourrés de lilac, de noisettier, de sureau, de seringa, de genêt, de trifolium' (*Nouvelle Héloïse*, IV, lettre XI, ii.473). Ont donc été introduites des plantes à forte odeur comme les rosiers, les lilas, les genêts et autres pour parfumer le jardin. La disposition de ce type de végétation vise à donner l'impression d'une nature brute, livrée à elle-même.

Mais le jardin de Julie est agrémenté aussi par une végétation haute et abondante, à laquelle on semble donner de préférence une même et unique forme: celle d'un bois. On en relève la présence en divers endroits du jardin. Mais son organisation peut changer. Parfois, elle prend l'allure d'un taillis, comme dans le cas de la clôture de jardin. Un taillis se définissant comme un bois que l'on coupe à intervalles rapprochés et où on ne laisse croître que des arbres de faible dimension, la clôture du jardin est constituée d'un certain nombre d'arbres et d'arbrisseaux d'essences variées qui lui donnent l'aspect d'un taillis, selon les observations mêmes de M. de Wolmar: 'Des deux autres côtés regnent de fortes hayes vives, bien garnies d'érable, d'aubépine, de houx, de troësne, et d'autres arbrisseaux mélangés qui leur ôtent l'apparence de hayes et leur donnent celle d'un taillis' (*Nouvelle Héloïse*, IV, lettre XI, ii.479).

Ailleurs, il est surtout question de bocages. A l'extrémité du jardin se trouve 'un monticule garnie d'une mulititude d'arbrisseaux de toute espece' formant les bocages de cette partie. Ces bocages dont les arbres jeunes étaient destinés à devenir grands, se composaient d'essences variées dont 'le hêtre, l'orme, le frene, l'acacia' (*Nouvelle Héloïse*, IV, lettre XI, ii.475). D'autres bocages bordent 'les allées tortueuses et irrégulières' du jardin. Ceux-là sont formés d'arbres recouverts de plantes grimpantes. Décorant le tronc et la tête de ces arbres, on voit des 'guirlandes de vigne de Judée, de vigne vierge, de houblon, de liseron, de couleuvrée, de clématite, et d'autres plantes de cette espece, parmi lesquelles le chevrefeuil et le jasmin daignoient se confondre' (*Nouvelle Héloïse*, IV, lettre XI, ii.473). Ces arbres étaient donc ornés de plantes aromatiques qui parfumaient l'air des bocages. D'autre part, ces plantes embrassant les arbres et les entrela-çant de guirlandes paraîssaient croître librement, naturellement et sans entrave puisque 'ces guirlandes semblaient jettées négligemment d'un arbre à l'autre'. Par là elles constituaient comme des voûtes végétales, en formant 'des especes de draperies qui nous garantissoient du soleil' (*Nouvelle Héloïse*, IV, lettre XI, ii.473). De par leur union aux arbres elles formaient ainsi des berceaux fleuris et touffus. Toutefois, ces plantes 'guidées le long des arbres' et environnant 'leurs têtes du plus épais feuillage et leurs pieds d'ombre et de fraicheur', n'étaient en réalité que des 'plantes rampantes et parasites' qu''on avoit fait prendre racine sur les troncs des arbres' (ii.473). On s'aperçoit qu'en se propageant sur les arbres, elles amplifient leurs frondaisons, offrant alors des 'ombrages verts et touffus' à l'exemple de la forêt, tandis qu''une mousse fine sans sable, sans herbe, et sans rejetons raboteux' (iii.473) tapissait les sentiers verts de ces bocages. Si au moyen d'arbres enguirlandés de lianes on a pu produire des ombrages épais, ailleurs c'est en recourbant les branches 'des arbres du bois le plus flexible' qu'on a obtenu le même effet, c'est à dire 'des touffes obscures, impénétrables aux rayons du soleil' (ii.473).

Ainsi ces bocages prennent volontiers les allures de la forêt. Les sentiers de mousse fine, les arbres entourés de lianes, les branches recourbées jusqu'au sol tendent même à rappeler l'idée d'une forêt vierge, équatoriale. Il s'agit donc de lieux clos aussi bien par le haut que par les côtés à l'image de la forêt. Même s'il ne s'agit pas d'une véritable forêt, on voit bien que la forme recherchée reste celle d'un paysage boisé.

Ainsi, à l'ombre des espaces ombragés créés par une végétation haute et abondante, répond la clarté des lieux découverts où n'apparaît qu'une végétation basse. Il s'agit donc d'un paysage où l'on peut rencontrer à la fois l'ombre et la lumière. Cette coexistence rappelle curieusement le paysage du Valais où St-Preux tantôt se réfugiait 'dans l'obscurité d'un bois touffu', tantôt réjouissait sa vue par 'une agréable prairie' (*Nouvelle Héloïse*, I, lettre XXIII, ii.77). Par ailleurs, Ingrid Kisliuk a relevé la signification symbolique de l'ombre et de la lumière qu'elle désigne comme les symboles du sentiment et de la raison. Elle pense que de leur union résulte un certain équilibre qui mène à une vie idéale de plénitude, de confort et de fécondité (Kisliuk, p.325). Or si la végétation de l'Elysée offre ces deux aspects, et que l'un symbolise les sentiments et l'autre la raison, elle apparaît bien comme l'image même de Julie qui possède éminemment les deux qualités, dont s'inspire toute sa conduite: 'Avec du sentiment et des lumieres j'ai voulu me gouverner' (*Nouvelle Héloïse*, VI, lettre VIII, ii.692).

De même que l'ombre et la lumière s'appellent et se répondent dans l'univers ainsi créé, de même on l'a vu, tout un amalgame de plantes aromatiques se mêlent et se confondent, en imprégnant de leur odeur enivrante l'atmosphère de ce jardin.

Or toute cette organisation végétale n'est que le produit de la volonté et de l'adresse de Julie. C'est avec patience et vigilance que la jeune femme a pu réunir une végétation si abondante dans son jardin, puisqu'elle 'a commencé ceci longtems avant son mariage' (*Nouvelle Héloïse*, IV, lettre XI, ii.472). En outre, 'tous ces massifs, ces grands berceaux, ces touffes pendantes, ces bosquets si bien ombragés' (ii.472), Julie a pu les réaliser sans grande dépense, comme elle le souligne elle-même à St-Preux en lui expliquant le caractère peu onéreux d'une telle réalisation (ii.472):

il ne m'en a rien coûté. Comment, rien? Non, rien: à moins que vous ne comptiez une douzaine de journées par an de mon jardinier, autant de deux ou trois de mes gens, et quelques unes de M. de Wolmar lui-même qui n'a pas dédaigné d'être quelquefois mon garçon jardinier.

Au reste, il ne s'agit nullement de plantes exotiques, de productions étrangères, puisque St-Preux découvre que ce sont des plantes communes du pays que Julie a rassemblées dans son jardin: 'je ne trouvai point des plantes exotiques et de productions des Indes, je trouvai celles du pays disposées et réunies de maniere à produire un effet plus riant et plus agréable' (ii.472). Rousseau semble ici condamner l'exotisme et montrer la vanité de ceux qui vont le chercher dans des contrées lointaines ou qui essayent de l'introduire chez eux. Il veut surtout convaincre ses contemporains qu'avec le goût et l'art dont Julie fait preuve, il est possible d'obténir ce surprenant résultat en réunissant les plantes les plus ordinaires dans son jardin. Point n'est besoin de recourir à un dépaysement total. Tel n'est pas le cas de Bernardin de St-Pierre et de Chateaubriand, qui ont cultivé l'exotisme dans leurs romans. Le premier dans *Paul et Virginie*, en faisant voyager les héros de son roman, trouve son jardin idéal dans une île de l'Océan Indien, alors que Chateaubriand, dans *René*, embarque son héros pour l'Amérique, à la découverte du Nouveau Monde. Mais dans *La Nouvelle Héloïse*, Julie ne quitte pas Clarens et s'y contente pour son jardin des plantes du pays.

On est frappé par ailleurs par la place privilégiée que Julie a accordée aux arbres dans la végétation de l'Elyseé. Arbres, arbustes et arbrisseaux y abondent partout, regroupés sous les diverses formes déjà décrites, et peuvent donc être considérés comme un support essentiel du paysage offert par ce jardin. Or l'intitiative qu'a prise Julie de rassembler autant d'arbres, n'est probablement pas sans rapport avec un souvenir d'enfance bien connu de l'auteur: on sait avec quelle joie et quel plaisir Rousseau évoque, dans les *Confessions*, le premier arbre qu'il a planté à Bossey, pendant son séjour chez le pasteur Lambercier. L'auteur précise même que pendant son voyage de 1754 à Genève, il désirait aller l'arroser de ses pleurs (*Confessions*, I, i.24). Voici ce que racontent les *Confessions* au sujet de cet arbre (*Confessions*, I, i.23):

Comme notre arbre, nous occupant tous entiers, nous rendoit incapables de toute application, de toute étude, que nous étions comme en délire, et que, ne sachant à qui nous en avions, on nous tenoit de plus court qu'auparavant; nous vimes l'instant fatal où l'eau nous alloit manquer, et nous nous désolions dans l'attente de voir notre arbre périr de sécheresse. Enfin la necessité, mere de l'industrie, nous suggéra une invention pour garantir l'arbre et nous d'une mort certaine [...]

On peut alors mieux comprendre l'importance des arbres dans le paysage idéal de Rousseau dont il dira même dans les *Confessions*: 'mon imagination qui s'anime à la campagne et sous les arbres, languit et meurt dans la chambre et sous les solives d'un plancher' (IX, i.428).

Toutefois, dans le jardin de Julie les arbres n'ont de véritable valeur que dans la mesure où ils sont chargés, enguirlandés de plantes, ornés de fleurs aromatiques ou de fruits. Leur disposition en masse montre la prédilection de l'auteur pour une végétation dense, épaisse et touffue, ce qu'attestent aussi des expressions comme: 'ces massifs, ces grands berceaux, ces bosquets si bien ombragés', 'des broussailles', 'des fourrés', 'des touffes obscures'.

Dès lors, il y a lieu de se demander si une relation quelconque peut s'établir entre une telle végétation et le paysage familier de l'auteur. Elle est dans une certaine mesure constatable. Parlant de son séjour aux Charmettes avec Mme de Warens, Rousseau évoque 'des soupés sous le berceau' (*Confessions*, VI, i.244). Selon le *Dictionnaire* de l'Académie de 1762, un berceau signifie un assemblage de plusieurs perches, les unes droites, les autres disposées en voûte dans un jardin, liées ensemble et couvertes de jasmin, de chèvrefeuille, etc. Or nous avons bien relevé dans le jardin de Julie la présence de cette forme, ainsi que des mêmes plantes. Aux Charmettes encore, Rousseau passe quelques heures par semaine avec Mme de Warens dans un lieu couvert de végétation: 'Deux ou trois fois la semaine quand il faisoit beau, nous allions derriére la maison prendre le caffé dans un cabinet frais et touffu que j'avois garni de houblon, et qui nous faisoit grand plaisir durant la chaleur' (*Confessions*, VI, i.239). A l'Ermitage, lors de son arrivée, l'auteur affirme qu''il n'y eut pas un sentier, pas un taillis, pas un bosquet, pas un réduit autour de ma demeure que je n'eusse parcouru dès le lendemain' (*Confessions*, IX, i.403). On a également relevé la présence de taillis et de bosquets dans le jardin de Julie. Nous savons aussi que Rousseau faisait ses méditations 'au mois de juin, sous des boccages frais' (*Confessions*, IX, i.426) de l'Ermitage. Mais il y a surtout la forêt de Montmorency dont l'auteur dit avoir fait son 'cabinet de travail' (*Confessions*, IX, i.404) et qui paraît le mieux rappeler la végétation de l'Elysée. C'est en se promenant dans les bois de Montmorency que Rousseau se livrait au rêve romanesque. Sa description de la végétation de cette forêt, dans sa *Lettre à Malesherbes* semble offrir une certaine analogie avec celle de l'Elysée:

L'or des genets, et la pourpre des bruyeres frapoient mes yeux d'un luxe qui touchoit mon cœur, la majesté des arbres qui me couvroient de leur ombre, la delicatesse des arbustes qui m'environnoient, l'étonnante varieté des herbes et des fleurs que je foulois sous mes pieds tenoient mon esprit dans une alternative continuelle d'observation et d'admiration: le concours de tant d'objets interessans qui se disputoient mon attention, m'attirant sans cesse de l'un à l'autre, favorisoit mon humeur reveuse et paresseuse, et me faisoit souvent redire en moi meme: Non, Salomon dans toute sa gloire ne fut jamais vétu comme l'un d'eux.[1]

En dépit du caractère évidemment fictif de l'Elysée, la composition de sa végétation donne l'impression que l'auteur s'est quelque peu inspiré du paysage de l'Ermitage et plus particulièrement de la forêt de Montmorency.

En effet, avec ses broussailles d'arbrisseaux sauvages, ses bocages ombragés et touffus, ses sentiers de mousse fine, la variété de ses herbes et fleurs sauvages, la végétation du jardin de Julie n'est pas sans rappeler ce que Rousseau a décrit à Malesherbes. La nature inspiratrice a pour Rousseau le visage des arbres, la fraîcheur des ombrages denses et épais. D'ailleurs, dans la septième promenade des *Rêveries*, Rousseau déclare: 'Il me semble que sous les ombrages d'une forest je suis oublié, libre et paisible comme si je n'avois plus d'ennemis ou que le feuillage des bois dut me garantir de leurs atteintes.'[2] Cette déclaration explique pourquoi l'Elysée apparaît comme un lieu si bien ombragé, reproduisant tout à fait les ombrages d'une forêt et leur caractère rassurant pour l'auteur. Il en ressort aussi que cette fiction quasi-paradisiaque tend à dépasser la réalité afin de mieux répondre aux aspirations profondes de l'auteur de *La Nouvelle Héloïse* pour une nature idéale.

Toutefois cette végétation enchanteresse contribue moins encore que l'eau à l'enchantement du jardin de Julie.

b. L'eau

Dans sa *Théorie des jardins*, Morel disait: 'Les eaux sont au paysage ce que l'âme est au corps.'[3] La présence d'une eau abondante dans le jardin de Julie permet de lui appliquer cette vérité.

1. Troisième *Lettre à Malesherbes*, i.1140.
2. *Les Rêveries*, septième promenade, i.1070.
3. J. M. Morel, *Théorie des jardins* (Paris 1776), p.116.

7. Le jardin de Julie

La circulation de l'eau, cet agent de fécondité et de fertilité, ainsi que l'aménagement de son cours demeure l'ouvrage de la jardinière. En effet, pour transformer son verger qui était autrefois aride parce qu''il n'y avait point d'eau' en 'cet agréable azile', Julie réussit à l'abreuver d'une source nourricière, qu'elle a fait venir de l'extérieur; comme elle l'explique à St-Preux (*Nouvelle Héloïse*, IV, lettre XI, ii.474):

Il est vrai que j'y ai réuni l'eau de la fontaine publique qui se rendoit dans le lac par le grand chemin qu'elle dégradoit au préjudice des passans et à pure perte pour tout le monde. Elle faisoit un coude au pied du verger entre deux rangs de saules; je les ai renfermés dans mon enceinte et j'y conduis la même eau par d'autres routes.

Ainsi, la volonté de l'homme et ses possibilités d'adaptation viennent remédier aux imperfections de la nature puisqu'on voit à présent couler dans l'Elysée 'des eaux de toutes parts'. Mais par quelle ingéniosité Julie parvient-elle à introduire et à organiser l'écoulement de cette eau dans son jardin? Autrement dit, comment ce qui semble en apparence un gaspillage d'eau, se révèle-t-il en être plutôt une sage économie?

Effectivement Julie a su récupérer des eaux qui se perdaient. En captant 'l'eau de la fontaine publique qui se rendoit dans le lac', elle achemine l'excès de son écoulement vers son jardin, supprimant du même coup les inconvénients qui en résultaient pour les utilisateurs du grand chemin. Par conséquent cette opération de déviation, a finalement fait coïncider l'intérêt particulier avec l'intérêt général: les passants y trouvent leur compte tout autant que la jardinière de l'Elysée.

L'eau descend ensuite de la terrasse du jardin. A cet endroit, elle forme un ruisseau alimentant dans le parterre 'un jet d'eau', mais qui semble quelque peu méprisé, considéré comme sans attrait et ne jouant que 'pour les étrangers' (*Nouvelle Héloïse*, IV, lettre XI, ii.474). Aussi sa présence est-elle presque ignorée, du moins personne ne paraît s'en soucier, probablement parce qu'elle n'a pas été voulue par Julie. Si le jet d'eau existe encore, c'est par respect pour son père qui l'a fait installer. Il manque au fond à ce jet d'eau d'être sorti des 'mains de la vertu', selon la formule qu'emploie M. de Wolmar au terme de cet échange avec St-Preux (*Nouvelle Héloïse*, IV, lettre XI, ii.485):

A quoi bon [dit St-Preux] vous faire une nouvelle promenade, ayant de l'autre côté de la maison des bosquets si charmans et si négligés? Il est vrai, dit elle un peu embarassée, mais j'aime mieux ceci. Si vous aviez bien songé à votre question avant que de la faire, interrompit M. de Wolmar, elle seroit plus qu'indiscrette. Jamais ma femme depuis son mariage n'a mis les pieds dans les bosquets dont vous parlez. J'en sais la raison quoiqu'elle me l'ait toujours tue. Vous qui ne l'ignorez pas, apprenez à respecter les lieux où vous êtes; ils sont plantés par les mains de la vertu.

Ainsi à la différence du parterre qu'arrose le jet d'eau, les lieux où ils se trouvent tiennent leur prix d'avoir été voulus par la personne sacrée de Mme de Wolmar dont toutes les actions sont bonnes et dignes de louange. Or comme précisément l'aménagement du jet d'eau n'a pas été conçu par elle, on comprend qu'il soit négligé. En revanche les eaux du jardin, quoique venues d'une source extérieure et donc profane, se trouvent comme sacralisées du seul fait de leur traitement et de leur organisation par les mains de la 'vertu'. La description de l'Elysée détaille bien les multiples procédés de cette 'sacralisation' des eaux.

Après avoir joint celles de la fontaine publique à celles du ruisseau, Julie organise la circulation par 'd'autres routes'. Nous savons qu'il s'agit partout 'd'une eau limpide et claire' (*Nouvelle Héloïse*, IV, lettre XI, ii.474), à l'image même de celle qui règle son cours, puisque Julie est définie comme une 'pure image' (II, lettre XIII, p.230) qui brille dans le cœur de St-Preux.

En faisant serpenter les eaux 'parmi l'herbe et les fleurs', elle varie leur forme de présence, mettant ainsi en valeur ses propres dons. Car il s'agit avant tout d'économiser cette substance vitale pour le charme de son jardin. Ainsi, l'eau et la terre déterminent par leur union la fécondité et donnent à la végétation vigueur et vivacité. Parfois 'en les divisant', Julie les présente 'en filets presque imperceptibles' (IV, lettre XI, ii.474). Cette pratique d'irrigation en petites rigoles permet d'abreuver les plantes en leur fournissant une quantité suffisante, si bien qu'en se faufilant à travers la végétation, les eaux absorbées par la terre apportent la vie et la fraîcheur. Par ailleurs, étant donné l'épaisseur et l'abondance de la végétation, il n'est pas étonnant que ces filets soient presque invisibles.

Ce n'est plus le cas des 'plus grands ruisseaux courans sur un gravier pur et marqueté' (IV, lettre XI, ii.474). Julie a rassemblé aussi les éléments nécessaires à la constitution des ruisseaux de son jardin. Ces derniers sont composés 'd'une couche de glaise', matière imperméable; 'd'un pouce de gravier' provenant du lac, et de gros sable mêlé de petits cailloux, agent purificateur qui rend l'eau 'plus brillante'. Leur couche 'parsemée de coquillages' ajoute à l'eau une clarté supplémentaire. Glaise et gravier représentent des couches imperméables qui empêchent l'eau de s'infiltrer dans le sol, ce qui permet donc de l'économiser.

Attirant les regards par la transparence de leur eau qui coulait sur des cailloux et des coquillages déjà luisants, ces ruisseaux les retenaient par la luminosité de leur fond. La création de ces ruisseaux à partir d'éléments naturels introduits dans le jardin répond bien au souci de leur donner un aspect parfaitement naturel. Quelquefois, 'en épargnant la pente le plus qu'il était possible', on parvenait à ménager 'le murmure de quelques petites chutes' (*Nouvelle Héloïse*, IV, lettre XI, ii.474). Ainsi, en créant des accidents de relief, l'art de Julie produisait également des chutes d'eau.

Cependant 'Ces mêmes ruisseaux courant par intervalles sous quelques larges tuiles recouvertes de terre et de gazon au niveau du sol formoient à leur issue autant de sources artificielles' (IV, lettre XI, ii.474). Nous assistons ici à un renversement de rôles et de conséquences. Car ce sont les ruisseaux qui sont à l'origine des sources qu'on voyait 'bouillonner et sortir de la terre', au lieu d'en dériver. Il s'agit donc de fausses sources résultant de conduites cachées et creusées dans le sol: les eaux circulant à l'intérieur de ces canaux produisent à leur sortie des masses jaillissantes qui donnent l'illusion de sources naturelles. Il est vrai qu'elles coulent par la volonté de Julie qui a réussi à ménager dans son jardin ces ressources sans cesse créatrices afin d'assurer à l'herbe et aux fleurs une fraîcheur continuelle. Or ces canaux creusés dans la terre et destinés à conduire l'eau d'un point à l'autre du jardin, font aussi penser aux traces qu'ont pu laisser dans l'imaginaire de Rousseau, l'aqueduc qu'il avait construit durant son enfance à Bossey. Voici ce que rapportent les *Confessions* de cet épisode (I, i.23-24):

A peine achevoit-on de verser le prémier seau d'eau que nous commençames d'en voir couler dans nôtre bassin. A cet aspect la prudence nous abandonna; nous nous mîmes à pousser des cris de joye qui firent retourner M. Lambercier, et ce fut dommage: car il prenoit grand plaisir à voir comment la terre du noyer étoit bonne et buvoit avidement son eau. Frappé de la voir se partager entre deux bassins, il s'écrie à son tour, regarde, apperçoit la friponnerie, se fait brusquement apporter une pioche, donne un coup, fait voler deux ou trois éclats de nos planches, et criant à pleine tête, *un aqueduc, un aqueduc* [...].

L'auteur a donc mis en bonne place dans son jardin idéal ce qui fut une source de joie dans son enfance.

En outre, dans l'Elysée on pouvait apercevoir, par endroits, des filets bouillon-nants qui 's'en élevoient par des siphons sur des lieux raboteux' (*Nouvelle Héloïse*, IV, lettre XI, ii.474). En surgissant brusquement de la terre ou plutôt des canaux, ces filets apparaissaient comme d'autres sources jaillissantes. S'élançant en jets, ils répandaient l'eau autour d'eux. A la différence du jet d'eau autrefois installé par son père et dont le but n'était que de divertir les étrangers sans présenter aucun intérêt pour le jardin, les jets d'eau de Julie dotés d'une fonction nourricière, offrent une valeur d'utilité tout autant que de beauté, et l'on reconnaît bien là la marque de celle qui les a conçus.

Finalement l'eau répandue en ces multiples formes maintenait le verger dans un état de renouveau constant car la terre ainsi 'rafraîchie et humectée' paraissait perpétuellement 'verdoyante et belle' (*Nouvelle Héloïse*, IV, lettre XI, ii.474).

Mais toute cette eau distribuée en formes et fonctions diverses se réunit finalement 'au bas du verger' dans 'un joli ruisseau coulant doucement entre deux rangs de vieux saules'. Ce ruisseau au cours paisible invite aussi à la rêverie et à la méditation. D'autre part en transmettant la fraîcheur aux saules qui le bordent, il fortifie leurs racines. Aussi ces arbres peuvent-ils le couvrir de leur ombre protectrice.

Enfin, 'presque à l'extrémité de l'enceinte', l'eau débouche dans 'un petit bassin bordé d'herbes, de joncs, de roseaux'. On notera qu'à cet endroit l'eau ne coule plus, elle est immobile. Il s'agit là de la 'derniere station de cette eau si précieuse et si bien menagée' (*Nouvelle Héloïse*, IV, lettre XI, ii.475). Or, ce bassin de par sa forme close et sa situation offre les qualités du lac. Il peut donc être considéré comme un microcosme du lac de Genève. Car en fait l'eau de la fontaine publique qui se rendait 'dans le lac par le grand chemin', après avoir été conduite dans le jardin et y avoir accompli maintes fonctions, trouve son aboutissement dans ce bassin. Ce dernier peut donc être désigné, au même titre que le lac, comme l'embouchure des eaux du verger.

L'organisation de l'eau dans le jardin de Julie vise à créer des effets naturels. Elle tend surtout à donner l'image d'un site originel. La façon d'aménager les eaux, leur écoulement libre, sans contrainte, du moins apparente, contribuent à donner une telle impression. D'autre part ces eaux courantes et cristallines donnent de l'éclat au jardin et enchantent les yeux du promeneur. Elles imprègnent l'atmosphère d'une fraîcheur constante. Fraîcheur physique certes, mais aussi morale, puisque St-Preux va purifier ses désirs pour Julie dans ce bain de fraîcheur. Ainsi, en rassemblant 'l'utile et l'agréable', Julie assurait le charme et la beauté de son verger.

Enfin, la présence de l'eau et de la végétation favorisent une autre présence: celle de la vie animale.

c. Le règne animal

Le jardin de Julie est un lieu habité, fréquenté par des animaux, principalement sous deux espèces: les oiseaux et les poissons.

La première chose que note St-Preux dans le jardin de Julie, c'est la présence de la gent ailée. Dès son entrée, 'le chant de mille oiseaux' (*Nouvelle Héloïse*, IV, lettre XI, ii.471) frappe ses oreilles et l'avertit de cette forte présence. Et, en s'approchant du monticule boisé de l'extrémité du jardin, ses yeux font la découverte des oiseaux. Il les croit d'abord 'enfermés par un grillage'. Mais Julie ne tarde pas à lui découvrir le contraire.

En effet, 'à quatre pas' du bassin se situe le bocage servant d'asile aux oiseaux de l'Elysée. Julie l'a annexé au verger en l'enfermant par 'une haye vive'. L'ancien verger s'est vu ainsi agrandir pour pouvoir accueillir en plus grand nombre ces 'petits habitants'. Car 'il y a toujours eu' des oiseaux dans ce bocage. 'On ne les fait pas venir quand il n'y en a point, mais il est aisé quand il y en a d'en attirer davantage' (*Nouvelle Héloïse*, IV, lettre XI, ii.476) déclare M. de

Wolmar. Pour accroître leur nombre, Julie a su utiliser 'la patience et le temps': deux valeurs essentielles 'dont les riches ne s'avisent guères dans leurs plaisirs'. L'argent et le pouvoir leur ôtent le sens des véritables plaisirs. Julie sachant au contraire le prix de la patience et du temps, est parvenue à la longue à accroître le bien-être des oiseaux de son jardin, afin de mieux jouir de leur présence. Cela supposait que l'on pourvût à leurs besoins: en faisant semer annuellement dans l'allée qui conduit à leur domicile 'du bled, du mil, du tournesol, du chénevis, des pesettes' et d'autres grains, en leur apportant quotidiennement à manger, Julie a assuré leur nourriture. Ils disposent aussi d'un bassin 'servant d'abreuvoir' (*Nouvelle Héloïse*, IV, lettre XI, ii.475) et dont ils viennent troubler la surface pour y boire. En outre, Julie a pris soin de rassembler les matériaux nécessaires à la construction de leurs nids: 'de petits tas de crin, de paille, de laine, de mousse', et d'autres matières.

Etant ainsi nourrie et logée à l'abri des ombrages frais 'comme sous un grand parasol', toute cette société jouissait d'un bonheur entier et d'une indépendance totale. Aussi les voyait-on 'voltiger, courir, chanter, s'agacer, se battre' parmi les arbres. En outre ils bénéficiaient de la sécurité et de la protection. Car personne ne vient troubler leur repos. Ainsi, 'l'éternelle tranquillité dont ils jouïssent' (*Nouvelle Héloïse*, IV, lettre XI, ii.477), leur permet de se reproduire et de se multiplier afin d'assurer la continuité de leur espèce. Et les nouveaux-arrivés demeurent, augmentant par là 'la peuplade'.

Les oiseaux de l'Elysée représentent des modèles parfaits d'une société d'innocence et de liberté. Ce sont de vivants exemples du bonheur matrimonial et de l'amour maternel. Julie assure à St-Preux que les oiseaux attestent par leur comportement qu'ils ont su garder le sens de valeurs que les hommes ont perdues: l'amour unissant des époux inséparables, le zèle à remplir des soins domestiques, la tendresse paternelle et maternelle (*Nouvelle Héloïse*, IV, lettre XI, ii.477). Tel était le doux spectacle qu'ils donnaient deux mois plus tôt. Aussi répandent-ils autour d'eux, comme Julie, l'amour et l'affection. C'est donc par la volonté de la maîtresse de l'Elysée que cette multitude d'oiseaux anime son jardin et lui donne cet air de joie et de gaieté.

A cette vie ailée s'ajoute une vie aquatique par la présence des 'poissons' dans le bassin du jardin. Ils proviennent du lac de Genève et s'ils vivent à présent dans le bassin, c'est grâce à Fanchon qui les a soustraits à la cuisine. Ces poissons font penser à ceux dont Julie a sauvé la vie au cours de la promenade sur le lac en les faisant rejeter à l'eau et en renonçant à les manger (*Nouvelle Héloïse*, IV, lettre XVII, ii.515). On notera que les poissons du bassin se nourrissent de la même substance que les oiseaux, c'est à dire des graines que l'on y jette et qui flottent à la surface de l'eau.

L'intérêt que porte Julie aux poissons et plus encore aux oiseaux est très vif.

Peut-être parce que ces deux espèces animales comptent parmi les plus libres et les plus agréables à voir, mais peut-être aussi en raison de leur symbolisme. Car dans le *Dictionnaire des symboles*, l'oiseau est donné pour la métaphore de 'l'âme' ou des états supérieurs de l'être.[4] Il ne va donc pas sans nous informer sur la personnalité même de Julie, considérée par Wolmar comme la vertu incarnée. Mais cette présence des oiseaux est aussi à mettre en relation avec la vie même de l'auteur, qui leur avait manifesté dans sa jeunesse un vif intérêt, particulièrement au rossignol. Parlant de ses occupations aux Charmettes pendant sa jeunesse, il dira (*Confessions*, VI, i.233-34):

Contraint de me borner à des soins moins fatigans, je pris entre autres celui du colombier, et je m'y affectionnai si fort que j'y passois souvent plusieurs heures de suite sans m'ennuyer un moment. Le pigeon est fort timide et difficile à apprivoiser. Cependant je vins à bout d'inspirer aux miens tant de confiance qu'ils me suivoient par tout et se laissoient prendre quand je voulois [...] J'ai toujours pris un singulier plaisir à apprivoiser les animaux, surtout ceux qui sont craintifs et sauvages. Il me paroissoit charmant de leur inspirer une confiance que je n'ai jamais trompée. Je voulois qu'ils m'aimassent en liberté.

On perçoit ici une correspondance entre la vie réelle et l'imaginaire romanesque au moment où Rousseau compose *La Nouvelle Héloïse*. Car l'état de joyeuse liberté qui est celui des oiseaux de l'Elysée s'accorde bien aux aspirations de l'auteur. 'Le chant de mille oiseaux' qui frappe l'ouïe de St-Preux à l'entrée de l'Elysée, semble n'être que l'écho amplifié du 'prémier chant du rossignol, qui se fit entendre [...] dans un bois' (*Confessions*, IX, i.403) contigu à la maison où habitait Rousseau à l'Ermitage.

Il est difficile de ne pas être sensible à la parfaite synthèse dans laquelle entrent les diverses composantes de l'Elysée. Dès lors on s'étonnera d'autant plus de cette remarque des *Confessions*: 'Je connois quelque chose à l'ouvrage de la nature, mais rien à celui du jardinier' (*Confessions*, XII, i.643). D'où vient donc à Rousseau le génie qu'il accorde à son héroïne? Nul ne saurait affirmer avec certitude qu'il lui vienne d'une expérience pratique, même si aux Charmettes l'auteur avait acquis une certaine familiarité avec la culture des fleurs et des légumes. On se souvient que la maison comportait 'Au devant un jardin en terrasse' (*Confessions*, V, i.224) auquel l'auteur consacrait ses heures de loisir, notamment le matin (*Confessions*, VI, i.236-37):

Je regardois de loin s'il étoit jour chez maman; quand je voyois son contrevent ouvert, je tressaillois de joye et j'accourois. S'il étoit fermé j'entrois au jardin en attendant qu'elle fut éveillée, m'amusant à repasser ce que j'avois appris la veille ou à jardiner.

Or ce jardinage d'occasion ne saurait expliquer comment ni dans quelles

4. *Dictionnaire des symboles*, art. 'Oiseau' (Paris 1982).

circonstances Rousseau a pu apprendre avec tant de précision et d'exactitude l'art du jardin. On peut se demander alors si toute cette science ne répondrait pas à une intention pédagogique, Rousseau se souciant d'enseigner à ses contemporains comment concevoir le jardin idéal, à une époque où le débat sur cette question suscitait le plus vif intérêt.

ii. Les relations entre les éléments du jardin

L'analyse des composantes du jardin de Julie a permis d'y discerner trois grandes catégories (végétation, eaux, animaux). On a vu également que c'est l'intime combinaison de ces trois éléments qui, dès son entrée, attire l'attention de St-Preux. Rappelons ici les termes dont s'est servi Rousseau pour rendre plus sensible ces multiples intimités: qu'il en parle explicitement ou nous les laisse deviner, St-Preux éprouve des sensations auditives, des impressions visuelles, des chatouillements olfactifs, tous causés par 'd'obscurs ombrages', 'une verdure vive et animée' et 'des fleurs éparses de tous côtés', sans qu'il oublie non plus de nous rendre présents à l'oreille 'un gazouillement d'eau courante et le chant de mille oiseaux'. A l'en croire, et pour peu qu'on se laisse prendre au piège de son émerveillement, on risque de se laisser transporter par son imagination dans un univers non profané par la main de l'homme.

En effet, les divers artifices techniques ou organisationnels utilisés par Julie pour parvenir à la création d'une telle série de sensations semblent relever d'une volonté et de convictions à la fois esthétiques et éthiques. Vers la fin de sa vie, Rousseau les réaffirmera dans ses *Rêveries* en des termes chargés de poésie qui expriment sa prédilection pour tout paysage où les trois éléments entreraient dans une relation d'harmonie:

Les arbres, les arbrisseaux, les plantes sont la parure et le vétement de la terre. Rien n'est si triste que l'aspect d'une campagne nue et pelée, qui n'étale aux yeux que des pierres, du limon et des sables. Mais vivifiée par la nature et revetue de sa robe de noces au milieu du cours des eaux et du chant des oiseaux, la terre offre à l'homme dans l'harmonie des trois régnes un spectacle plein de vie, d'intérest et de charme, le seul spectacle dont ses yeux et son cœur ne se lassent jamais.[5]

Ces réflexions ne semblent guère admettre qu'il puisse y avoir dans le type de paysage préféré par Rousseau une dissociation entre les divers éléments dont nous avons parlé. Bien plus qu'un simple rapprochement d'éléments, l'Elysée en offre une savante imbrication topographique, aménageé de telle façon que l'impression d'ensemble ne lèse point 'le naturel', c'est à dire l'ordre primitif des choses. La description du jardin de Julie vu de cette manière

---

5. *Les Rêveries*, septième promenade, i.1062.

donnerait presque l'impression de s'inscrire dans une sorte de pédagogie du paysage, ce que Julie semble admettre: 'Il est vrai, dit-elle, que la nature a tout fait, mais sous ma direction, et il n'y a rien là que je n'aye ordonné' (*Nouvelle Héloïse*, IV, lettre XI, ii.472).

Il s'agit donc d'une nature à la fois cultivée et sauvage: une nature comme laissée à elle-même, apparemment libre dans son développement et son expression, perçue tout au moins comme un espace de liberté, notion dont on a senti s'affirmer la valeur dans la combinaison même des composantes végétales, aquatiques et animales. Julie elle-même le souligne à sa façon: 'Tout ce que vous voyez sont des plantes sauvages ou robustes qu'il suffit de mettre en terre, et qui viennent ensuite d'elles-mêmes' (*Nouvelle Héloïse*, IV, lettre XI, ii.479).

Le paysage ainsi organisé ne peut que donner libre cours à toute imagination vagabonde, du fait de la variété ou de la richesse qui résulteront de cet ordre de la spontanéité.

On retrouve ainsi étrangement imité le paysage du Valais qu'avait connu Rousseau dans sa jeunesse et dont St-Preux disait lui-même que c'est 'Un mélange étonnant de la nature sauvage et de la nature cultivée' (*Nouvelle Héloïse*, I, lettre XXIII, ii.77). Ainsi, qu'il s'agisse de cette observation de St-Preux, ou du génie apporté par Julie à créer un paysage à la fois varié et naturel, se reconnaît dans l'un et l'autre cas le même désir de se plonger dans une 'atmosphère' hélvétique chez celui qui affirmera ailleurs: 'Il n'y a que la Suisse au monde qui présente ce mélange de la nature sauvage et de l'industrie humaine.'[6] Il serait toutefois imprudent de déduire de ces constatations que le jardin de Julie se réduirait à la simple volonté chez Rousseau de reproduire la Suisse. Tout semble montrer au contraire que le cadre de ce jardin et davantage encore les principes fondamentaux en ayant déterminé l'organisation dépassent largement les préoccupations nostalgiques, c'est à dire l'unique volonté de retrouver un passé vécu mais lointain. La description du jardin significativement baptisé l'"Elisée' semble également répondre à une préoccupation philosophique et psychique: elle propose en réalité une certaine vision du monde, des choses et des êtres, de l'univers et de la vie. Sinon comment expliquer que dans le transport qui le saisit dès l'entrée du jardin, St-Preux n'évoque pas d'abord la Suisse natale, ou si l'on veut les paysages lacustres dont on a parlé plus haut et qui sont si intimement liés à la vie de l'auteur, mais bien au contraire des contrées éloignées, 'Tinian', 'Juan Fernandez',[7] toutes des îles perdues au milieu de l'océan Pacifique, et qui semblent symboliser un ailleurs, quelque

---

6. *Les Rêveries*, septième promenade, i.1071-72.
7. C'est la lecture du récit *Voyage de l'amiral Anson* qui a permis à Rousseau de connaître ces îles. En effet, le 18 mars 1757, il demande à Mme d'Epinay de lui prêter cet ouvrage.

part au-delà de ce monde-ci. Si bien qu'après cette brève suggestion le jardin de Julie ne semble plus appartenir à ce monde banal.

Il n'est donc pas exagéré d'affirmer que le jardin de Julie, qu'il convient désormais de ne plus désigner que par le nom d''Elisée' qu'elle lui a donné, semble être la représentation angoissée d'un 'paradis terrestre'. D'ailleurs, l'*Encyclopédie* rappelle que dans la mythologie gréco-latine l'Elysée représentait un lieu dans les enfers, plein de campagnes admirables, de prairies charmantes et de bois délicieux qui faisaient le séjour des âmes vertueuses après leur mort. Or l'Elysée de Julie est un verger reconstruit, 'métamorphosé'. Son épanouissement correspond à celui de Julie qui s'est métamorphosée en deve-nant épouse 'chaste', 'vertueuse' et 'tendre mère'. Bernard Guyon explique en ces termes la raison du choix d'un tel nom:

> L'accent est placé sur la valeur symbolique et poétique de cette lettre, à la fois description précise, réaliste d'un lieu de la terre et recréation mythique du paradis terrestre, équivalent d'un 'autre monde', d''une autre vie', qui est au delà de la vie présente, et dont celle-ci ne peut être que la préparation (il s'agit de l'Elysée et non d'Eden).[8]

Explication tout à fait corroborée par la déclaration de Julie même sur la valeur symbolique de ce nom: 'En vérité, mon ami, me dit-elle d'une voix émue, des jours ainsi passés tiennent du bonheur de l'autre vie, et ce n'est pas sans raison qu'en y pensant j'ai donné d'avance à ce lieu le nom d'Elisée' (*Nouvelle Héloïse*, IV, lettre XI, ii.485-86). Par conséquent en concevant le jardin de Julie, Rousseau entreprend principalement la reconstitution du paradis perdu, celui qui permet un retour aux origines, à l'état de nature, ce qui signifie du même coup le retour à l'innocence, à la bonté. Ce jardin revêt les charmes d'un site originel où se mêlent intimement 'le beau' et 'le bon', 'l'éthique' et 'l'esthétique' en offrant un 'ravissant tableau d'innocence et d'honnêteté!' (ii.487).

Ainsi apparaît chez Rousseau cette aspiration à un monde où règnent la pureté, la bonté, la vertu, marques des temps reculés, de l'âge d'or. L'originalité de ce jardin par rapport aux diverses conceptions de l'époque semble alors ne plus se situer au seul plan technique et esthétique, mais mettre le débat sur un autre niveau beaucoup plus philosophique et moral.

iii. L'originalité du jardin de Julie par rapport aux autres jardins de l'époque

Sa description dans l'Elysée du jardin idéal donne l'occasion à Rousseau de formuler une critique sévère de certains jardins de l'époque et notamment des

8. Ed. de la Pléiade, ii.1613-14.

jardins français. Le procès que leur fait Rousseau exprime en même temps certains traits de sa philosophie sur l'être et le paraître, la nature et l'art, la richesse et la simplicité; il dénonce la vanité du propriétaire d'un tel jardin, celle de l'artiste qui l'a conçu et finalement, l'ennui de ceux qui le contemplent.

'Des allées droites, bordées de plates-bandes de fleurs entourant des gazon plans ou des bassins, des avenues, des bosquets caractérisent le jardin français, dont le parc de Versailles est en grand la splendide expression.'[9] Le créateur de ce genre est le célèbre jardinier Le Nôtre. En revanche, dans les jardins anglais, appelés aussi 'jardins paysagers', les allées sinueuses, les contours gracieux, les gazons vallonnés semés de corbeilles de fleurs, de bosquets, de grandes plantes d'ornement isolées ou groupées remplacent 'le tracé raide'[10] et symétrique du jardin français. Ces deux conceptions firent l'objet d'une querelle qui avait commencé au début du dix-huitième siècle entre ceux qui prisaient l'aspect classique du jardin français et les novateurs qui préféraient l'aspect naturel du jardin anglais. La plus ancienne protestation des partisans d'un retour à la nature est celle d'Addison dans le *Spectator*, traduit en 1720 et proposant une nouvelle formule de jardin. D'ailleurs Rousseau l'avait lu pendant sa jeunesse, comme il le précise dans les *Confessions*: 'Le *Spectator* surtout me plut beaucoup et me fit du bien' (III, i.111).

Au jardin français de Le Nôtre et de ses successeurs, on reprochait, selon Ingrid Kisliuk (p.309), sa composition ennuyeuse, stérile et dénaturée, dépourvue d'imagination et de sensibilité. Pour s'attaquer au goût régnant, le jardinier qui jusque là était architecte allait devenir paysagiste, afin de mieux répondre aux besoins psychologiques et esthétiques d'un esprit nouveau. Tout se passe comme si la rigidité du classicisme commençait à rebuter certains amoureux du 'naturel'. Tant et si bien qu'entre 1720 et 1740, certains architectes anglais et parmi eux William Kent et Brown avaient opéré, selon Daniel Mornet,[11] une réforme radicale en substituant le modèle des jardins anglais à celui des jardins français, dont on déplorait l'ennuyeuse monotonie. La réforme de Kent visait à instaurer le 'naturel'.[12] Ainsi à l'implacable symétrie, Kent substitua l'irrégularité qu'il justifiait en ces termes:

Il faut laisser faire la souveraine nature: elle refuse de porter des chaînes; elle rejettera toutes les beautés que tu chercheras à lui donner, si elles sont étrangères à sa position

---

9. *La Grande encyclopédie: inventaire raisonné des sciences, des lettres et des arts* (Paris 1885-1902), xxi.48.

10. *La Grande encyclopédie*, xxi.48.

11. Daniel Mornet, 'Influence de Rousseau au dix-huitième siècle', *Annales de la société J. J. Rousseau* 8 (1912), p.39.

12. Gustave Charlier, *Le Sentiment de la nature chez les romantiques français* (Bruxelles 1912), p.111.

et son terrain; elle se permet de l'orner, et il t'appartient seulement de corriger, non de changer ses traits.[13]

Or Rousseau se situe dans le courant qui s'imposait, puisque le jardin de Julie s'inscrit dans le goût nouveau des jardins anglais. En effet, l'auteur s'en prend à l'uniformité des jardins français dont il déplore les allées droites et symétriques: 'Que signifient ces allées si droites, si sablées qu'on trouve sans cesse' (*Nouvelle Héloïse*, IV, lettre XI, ii.482). Elles n'offrent aucun agrément car la symétrie défigure la nature: 'La nature employe-t-elle sans cesse l'equerre et la règle?' Les chemins de l'Elysée quant à eux ignorent cette rigidité des allées rectilignes des jardins français. Comme l'explique M. de Wolmar, il s'agissait avant tout de fuir la régularité (*Nouvelle Héloïse*, IV, lettre XI, ii.479):

Vous ne voyez rien d'aligné, rien de nivelé; jamais le cordeau n'entra dans ce lieu; la nature ne plante rien au cordeau; les sinuosités dans leur feinte irrégularité sont ménagées avec art pour prolonger la promenade, cacher les bords de l'Isle, et en aggrandir l'étendue apparente, sans faire des détours incomodes et trop fréquens.

C'est que la ligne serpentine, la sinuosité et l'imprécision propres aux sentiers de l'Elysée sont plus conformes à la nature humaine. Le chemin naturel, estime Rousseau, doit comporter 'je ne sais quoi de vague comme la démarche d'un homme oisif qui erre en se promenant' (*Nouvelle Héloïse*, IV, lettre XI, ii.483). L'irrégularité et la diversité favorisent l'essor de l'imagination, et 'tout ce qui donne prise à l'imagination excite les idées et nourrit l'esprit'. En revanche, les allées droites et régulières des jardins français offrent des perspectives lointaines et empêchent le spectateur de jouir des effets de la variété. Pour attirer le promeneur, l'art doit mimer les fantaisies de la nature. Pour cela, il est nécessaire qu'il se rende imperceptible. L'artiste doit s'effacer au bénéfice du naturel. Car si l'on n'aperçoit nulle trace de l'effort humain, 'aucuns pas d'hommes', dans l'Elysée, 'c'est qu'on a pris grand soin de les effacer' (*Nouvelle Héloïse*, IV, lettre XI, ii.479). Le véritable goût consiste en une parfaite imitation de la nature et c'est ce que les riches ne conçoivent point pour leurs jardins: 'L'erreur des prétendus gens de goût est de vouloir de l'art par tout, et de n'être jamais contens que l'art ne paroisse; au lieu que c'est à le cacher que consiste le véritable goût; surtout quand il est question des ouvrages de la nature' (*Nouvelle Héloïse*, IV, lettre XI, ii.482). Dans l'Elysée le travail humain s'efface derrière celui de la nature en le secondant. Par la subtilité de Julie, l'art s'est appliqué à y respecter la nature, bien loin de la défigurer: le culturel épouse les exigences du naturel. De plus, les jardins français, fort coûteux, sont l'ouvrage de ceux qui cherchent le luxe, le paraître et la beauté conventionnelle. Pour Rousseau, la beauté et l'élégance résident au contraire dans la simplicité et la liberté

13. Charlier, *Le Sentiment de la nature*, p.109.

laissées à la nature de mieux s'exprimer. Aussi critiquera-t-il les jardins chinois. D'après Gustave Charlier,[14] ces jardins que les missionnaires et les voyageurs peignaient comme une sorte d'Eden, avaient reçu un accueil assez favorable du public français de l'époque. Mais Rousseau reproche aux jardins chinois leur aspect baroque et leur entretien dispendieux. Il les décrit ainsi (*Nouvelle Héloïse*, IV, lettre XI, ii.484):

C'étoient des roches, des grotes, des cascades artificielles dans des lieux plains et sabloneux où l'on n'a que de l'eau de puits; c'étoient des fleurs et des plantes rares de tous les climats de la Chine et de la Tartarie rassemblées et cultivées en un même sol. On n'y voyoit à la vérité ni belles allées ni compartimens réguliers; mais on y voyoit entassées avec profusion des merveilles qu'on ne trouve qu'éparses et séparées. La nature s'y présentoit sous mille aspects divers, et le tout ensemble n'étoit point naturel.

Mais le prodige de l'art qui se cache sous la profusion naturelle de l'Elysée tient aussi à une étonnante économie de moyens: l'auteur veut montrer par le jardin de Julie qu'avec des moyens modestes, des plantes communes, mais beaucoup d'art et de soins, l'homme est capable d'imiter la nature vierge, primitive, seule nature idéale aux yeux de Rousseau. D'où l'originalité de l'Elysée où tout est combiné pour donner l'impression d'un ailleurs très lointain. C'est bien la toute première impression de St-Preux lorsqu'il découvre le jardin de Julie: il se sent immédiatement saisi, transporté dans des îles désertes de la mer du sud: 'O Tinian! ô Juan Fernandez! Julie, le bout du monde est à votre porte!' (*Nouvelle Héloïse*, IV, lettre XI, ii.471).

Cet émerveillement de St-Preux semble surtout destiné à montrer combien Julie a su jouer de son art pour représenter la nature. Que dès l'entrée du jardin le visiteur s'imagine découvrir des îles lointaines, c'est bien la meilleure preuve que Julie a su combiner toutes les règles de l'illusionnisme. L'étonnement de St-Preux signifie aussi qu'il juge impossible de restituer la nature à partir du moment où l'homme est entré dans l'histoire. Dès qu'il sera à l'intérieur du jardin, et qu'il en aura commencé l'exploration, il comprendra que l'homme social ne peut parvenir à cette restitution de la nature que par des procédés d'illusioniste.

Le jardin de Julie n'est donc pas une nature laissée à elle-même. Pour restituer la nature, Julie a dû lui faire violence, comme elle l'avoue clairement: 'Ceux qui l'aiment et ne peuvent l'aller chercher si loin sont réduits à lui faire violence, à la forcer en quelque sorte à venir habiter avec eux, et tout cela ne peut se faire sans un peu d'illusion' (*Nouvelle Héloïse*, IV, lettre XI, ii.479-80). La Lettre sur le jardin de Julie pose donc le problème des rapports entre nature et artifice. A partir du moment où l'homme a pu exercer son activité sur la

14. *Le Sentiment de la nature*, p.111.

nature pour la modifier, la nature a été pour lui définitivement perdue. Le jardin de Julie ne saurait jamais être le jardin d'Eden, il ne saurait être nature. Julie sait que tout ce qui lui est donné, c'est seulement d'essayer 'd'imiter', de 'représenter' la nature, de donner l'illusion de la réalité. Il reste la possibilité à l'homme social, au moyen d'un art consommé, de retrouver les apparences du naturel. St-Preux n'est donc pas dupe quand il s'émerveille à l'entrée du jardin et dit qu'il croit aborder dans des îles lointaines. Il a tout simplement cherché par le biais de cette 'naïveté' feinte à souligner le génie de Julie et non à manifester, comme on pourrait le croire, un goût pour l'exotisme.

Rousseau situe à Clarens, dans la campagne suisse et au voisinage de la ville corrompue, ce qui n'est que l'apparence d'une île déserte du bout du monde. En se posant en adversaire de l'exotisme, il condamne l'évasion par le dépaysement, ce 'penchant qu'ont la plupart des hommes à ne se plaire qu'où ils ne sont pas' (*Nouvelle Héloïse*, IV, lettre XI, ii.483).

L'Elysée renferme donc toutes les beautés que d'autres vont inutilement chercher ailleurs, dans les contrées lointaines. C'est un lieu où se combinent les fleurs les plus vives, les plantes les plus variées, les parfums les plus suaves, et où l'on peut trouver la fraîcheur, l'ombrage, le refuge. Et comme le remarque judicieusement Jean Starobinski: 'Par une bienheureuse illusion l'Elysée nous fait posséder ce qui est au commencement des temps et ce qui se trouve au bout du monde.'[15] Le critique ajoute: 'Qui souhaitera désormais voyager? La suffisance de Clarens va jusqu'à reproduire la parfaite image de l'origine.'

Le jardin idéal de Rousseau représente ainsi, et c'est là l'essentiel de son originalité par rapport aux autres jardins, une ferme volonté de recréation d'un paysage quasi-originel: d'où cet aspect 'sauvage' que le promeneur découvre par endroits dans un chemin tortueux ou sous un bosquet entrelacé de lianes et auquel notre réflexion va maintenant s'attacher.

15. Jean Starobinski, *La Transparence et l'obstacle* (Paris 1971), p.137.

8. Aspects du paysage rousseauiste: de l'inventaire descriptif aux présupposés idéologiques

i. Aspect sauvage

L'ANALYSE des éléments du paysage rousseauiste révèle la recherche quasi obsessionnelle d'un paysage brut, d'aspect primitif, seule nature idéale selon Rousseau. En effet tant *La Nouvelle Héloïse* que l'expérience vécue de l'auteur témoignent de cette constante aspiration à une nature non altérée par l'homme et éloignée de la civilisation factice. Les traits fondamentaux du site 'sauvage' se caractérisent essentiellement par la richesse, la variété, la densité et le contraste. Ce sont ces qualités qui séduisent le regard de Rousseau: une beauté naturelle, conforme à l'image de la nature-Providence; un goût marqué pour tout espace géographique qui offre le caractère d'un 'site originel' ou du moins remis en cet état.

Ce qui par ailleurs ressort fréquemment de l'analyse du paysage rousseauiste, du moins tel qu'on a pu l'observer dans *La Nouvelle Héloïse*, est la combinaison étroite de trois aspects essentiels: le brut, le sauvage et le solitaire.

Le brut renvoie à l'idée d'une organisation physique des divers éléments du paysage qui restaure ou suggère l'ordre géographique originel, issu de la volonté du Créateur. Quant au sauvage, il dépasse le simple aspect physique, puisqu'il renvoie de manière implicite à l'idée de Création ou à celle du temps primordial, le temps des origines des choses. Dans *La Nouvelle Héloïse* cet aspect est très présent. Le solitaire enfin est un aspect du paysage immédiatement lié au 'non profané' par l'homme, à l''intact' au sens étymologique; il constitue presque un espace placé dans une 'proximité éloignée', c'est à dire 'hors de l'atteinte des méchants', selon l'expression même des *Confessions* (XII, i.643).

C'est très probablement le croisement heureux des deux premiers aspects qu'a voulu signifier Rousseau en employant plus tard et pour la première fois dans les *Rêveries* l'adjectif romantique. On ne saurait considérer que ce mot ait pris sous sa plume une signification identique à celle que lui donnera le siècle suivant. Il semble que Rousseau qualifie de romantique ce qui laissera à un spectateur placé dans un cadre 'brut' (au sens qui vient d'être défini) une impression de paix, de solitude et de sérénité, alors qu'au siècle suivant ce terme évoquera beaucoup plus l'idée de mélancholie, de tristesse, d'ennui, et même, plus physiologiquement, de spleen.

En analysant les qualifications de 'sauvages' et 'romantiques' données par Rousseau aux rives du lac de Bienne, Ingrid Kisliuk fait les mêmes remarques (p.338):

Il est donc important de noter que les deux adjectifs 'sauvages et romantiques' expriment des degrés d'impressions très individuelles. Il en émane des sensations, des images et des idées. Nous sommes loin des impressions qu'évoque le mot 'romantique' au XIXe siècle, quand l'aspect primitif du paysage comporte souvent des éléments de l'angoisse, de l'oppression, ou de la mélancolie. Le romantique de Jean-Jacques suggère la sérénité et la sympathie. Ces rives sont 'sauvages', c'est à dire visiblement non altérées par la main de l'homme, d'aspect primitif, donc naturelles. Elles inspirent au solitaire des sentiments rassurants, paisibles et même réjouissants. En fait, elles sont 'riantes', adjectif souvent antonyme de 'sauvage' pour les Romantiques du XIXe siècle.

Notre propos n'est évidemment pas d'établir une comparaison entre Rousseau et les écrivains Romantiques, mais bien plutôt de découvrir à quel point l'auteur de *La Nouvelle Héloïse* a voulu que ses paysages apparussent comme 'sauvages' dans les trois sens de 'brut', 'solitaire' et 'romantique'.

Les cadres géographiques qui composent *La Nouvelle Héloïse* sont le Valais, les bocages de Vevey, Meillerie, le jardin de Julie, et Clarens. Or la qualification de 'sauvage' est appliquée par l'auteur à chacun de ces cadres géographiques. C'est d'abord le Valais: l'aspect contrasté et quasi-primitif de ce paysage où dominent un 'bois sombre', des 'précipices', des 'torrents', des 'chutes', inspire à St-Preux le désir de 'pouvoir m'égarer à mon aise dans les lieux sauvages qui forment à mes yeux les charmes de ce pays' (*Nouvelle Héloïse*, I, lettre XVIII, ii.69). Il ne manque pas de détailler à Julie les raisons de son émerveillement (lettre XXIII, ii.77):

Ce n'étoit pas seulement le travail des hommes qui rendoit ces pays étranges si bizarrement contrastés; la nature sembloit encore prendre plaisir à s'y mettre en opposition avec elle-même, tant on la trouvoit différente en un même lieu sous divers aspects. Au levant les fleurs du printems, au midi les fruits de l'automne, au nord les glaces de l'hiver: elle réunissoit toutes les saisons dans le même instant, tous les climats dans le même lieu, des terrains contraires sur le même sol, et formoit l'accord inconnu par tout ailleurs des productions des plaines et de celles des Alpes.

Un tel passage, on le voit, exprime au mieux cet aspect sauvage que l'écrivain souhaite donner à ses paysages. Il met en valeur l'idée de variété ou mieux encore celle de totalité. Ainsi 'sauvage' sera le paysage qui offre des possibilités de surprises, de découvertes, de rebondissements, le paysage capable de donner aux sens de celui qui le contemple l'occasion d'expériences multiples. La description de St-Preux révèle un écrivain pour le moins complexe, voulant à la fois le printemps et l'hiver, l'automne et l'été, le soleil et la pluie, en un mot tout en même temps. Le 'sauvage' semble alors atteint quand tous les éléments sont ainsi entremêlés et saisi dans un seul mouvement de perception sensorielle. C'est sans doute là la raison du profond amour de Rousseau pour le paysage montagneux: rempli de rochers et de multiples accidents de relief, il donne l'impression de pouvoir offrir une multiplicité indéfinie de sensations. On s'explique aussi l'enthousiasme éprouvé par St-Preux quand il débarque à Meillerie dont il dira: 'J'ai pris tant de goût pour ce lieu sauvage' (*Nouvelle Héloïse*, I, lettre XXVI, ii.90-91). 'Ce lieu sauvage' en effet était composé, on l'a montré, de 'cascades', de 'torrents', de 'bois de sapins' touffus, de 'précipices', avec au loin, vers le haut, des 'glaciers' et en bas 'l'éternel' lac Léman. Ainsi Meillerie donne comme le Valais, une impression de variété et même de totalité. Ce n'est pas tout encore.

Quand Julie décrit le lieu de son rendez-vous à Vevey avec St-Preux, elle le fait en un langage utilisant des éléments descriptifs qui lui confèrent l'aspect que Rousseau tend habituellement à donner à ses paysages: 'Des bois épais offrent au delà des aziles plus déserts et plus sombres. [...] L'art ni la main des hommes n'y montrent nulle part leurs soins inquiétans; on n'y voit par tout que les tendres soins de la Mere commune' (*Nouvelle Héloïse*, I, lettre XXXVI, ii.113). Le Valais, Meillerie, et Vevey ne sont pas les seuls à être considérés par l'auteur comme des paysages aux aspects sauvages. Il y a aussi Clarens. St-Preux ne manque pas de le relever à son arrivée chez les Wolmar: 'La campagne, la retraite, le repos, la saison, la vaste plaine d'eau qui s'offre à mes yeux, le sauvage aspect des montagnes, tout me rappelle ici ma délicieuse Isle de Tinian' (*Nouvelle Héloïse*, IV, lettre X, ii.441). Mais avec l'exemple de Clarens le concept de 'paysage sauvage' se charge d'une signification supplémentaire: à l'idée du solitaire s'ajoute celle du lointain: un lointain qui peut d'abord paraître géographique (comme en témoignerait la première réaction de St-Preux à son entrée dans l'Elysée) mais qui tient en fait à l'impression laissée par un paysage précis échappant à toute vulgarité ou banalité. C'est ainsi que le jardin de Julie peut être présenté non seulement comme un paysage 'lointain', mais aussi et surtout comme le modèle du paysage aux aspects sauvages. Il est significatif que St-Preux le compare aux îles lointaines du Pacifiques, et en fasse par moments des descriptions qui ne vont pas sans évoquer les forêts vierges de l'Amazonie ou de l'Afrique Equatoriale, par la présence inextricable et désordonnée des lianes et par l'aspect touffu des futaies appelées ici 'berceaux' (*Nouvelle Héloïse*, IV, lettre XI, ii.473):

Je rencontrois de tems en tems des touffes obscures, impénétrables aux rayons du soleil comme dans la plus épaisse forêt [...]. Je suivois des allées tortueuses et irrégulieres bordées de ces boccages fleuris, et couvertes de mille guirlandes de vigne de Judée, de vigne vierge [...]. Ces guirlandes sembloient jettées négligemment d'un arbre à l'autre, comme j'en avois remarqué quelquefois dans les forêts [...]

Toute cette description semble justifier dans une certaine mesure la surprise de St-Preux dès l'entrée du jardin (*Nouvelle Héloïse*, IV, lettre XI, ii.471):

En entrant dans ce prétendu verger, je fus frappé d'une agréable sensation de fraicheur que d'obscurs ombrages, une verdure animée et vive, des fleurs éparses de tous côtés, un gazouillement d'eau courante et le chant de mille oiseaux porterent à mon imagination du moins autant qu'à mes sens; mais en même tems je crus voir le lieu le plus sauvage, le plus solitaire de la nature, et il me sembloit d'être le premier mortel qui jamais eut pénétré dans ce desert. Surpris, saisi, transporté d'un spectacle si peu prévu, je restai un moment immobile et m'écriai dans un enthousiasme involontaire: O Tinian! ô Juan Fernandez! Julie le bout du monde est à votre porte!

On ne peut pas ne pas être ici frappé par d'étranges correspondances avec la vie réelle de l'auteur dont par exemple la *Lettre à Malesherbes* offre un témoignage éloquent. Certains passages de ce texte reprennent presque les mêmes termes, sinon le même style ou la même coloration que le discours de St-Preux sur le jardin de Julie. Par exemple, Rousseau raconte comment une fois à l'Ermitage délivré de ses visiteurs, il cherchait une nature qui ne lui offrît aucune trace de civilisation et de travail humain, un cadre où il pût nouer un contact immédiat avec la nature:

J'allois alors d'un pas plus tranquille chercher quelque lieu sauvage dans la forêt, quelque lieu desert où rien ne montrant la main des hommes n'annonçat la servitude et la domination, quelque asile où je pusse croire avoir penetré le premier et où nul tiers importun ne vint s'interposer entre la nature et moi.[1]

Ce passage paraît bien d'une importance capitale dans la compréhension ou dans l'interprétation de l'homme et de l'œuvre. Cette importance vient d'une volonté obsessionnelle, se manifestant dans la vie aussi bien que dans l'œuvre, de faire corps avec la nature, ou au moins d'être seul face à elle. Il y a chez Rousseau une sorte de peur de l'autre qui le porterait à vouloir posséder seul l'univers, comme pour se mettre à l'abri du regard de l'autre, c'est à dire des 'méchants'.

L'envie d'être seul, la préférence pour des paysages non envahis par les hommes ressortent aussi de quelques passages des *Rêveries*; ainsi apparaît ce qu'on pourrait appeler une certaine volonté d'adhésion de l'œuvre à la vie: tout se passe comme si *La Nouvelle Héloïse* se réduisait à une 'photocopie' romanesque de la vie antérieure ou postérieure de l'auteur. Dans des passages de la septième promenade qui évoque le séjour à Môtiers et à Val de Travers, on perçoit ce goût très vif de la solitude sauvage:

1. Troisième *Lettre à Malesherbes*, i.1139.

J'étois seul, je m'enfonçai dans les anfractuosités de la montagne et de bois en bois, de roche en roche je parvins à un réduit si caché que je n'ai vu de ma vie un aspect plus sauvage.[2]

Le plaisir d'aller dans un desert chercher de nouvelles plantes couvre celui d'échaper à mes persécuteurs et parvenu dans des lieux où je ne vois nulles traces d'hommes je respire plus à mon aise comme dans un azyle où leur haine ne me poursuit plus.[3]

Ainsi, le 'sauvage' et le 'solitaire' sont l'objet, aussi bien dans le vécu que dans le romanesque, d'une même obsession et d'un même amour. On dirait que les *Rêveries du promeneur solitaire* forment en fait un ensemble de rêveries d'un paysage 'sauvage' et 'solitaire'. On en vient même parfois à se demander si ce caractère sauvage est dans le paysage ou dans l'auteur. S'établit en fait une sorte de dialectique entre l'auteur et le paysage: il semble y avoir un rapport secret entre le besoin de solitude éprouvé par l'un et l'aspect solitaire offert par l'autre. Nous pouvons encore nous référer aux *Rêveries* pour le montrer:

Les rives du lac de Bienne sont plus sauvages et romantiques que celles du lac de Genève, parce que les rochers et les bois y bordent l'eau de plus près; [...]. S'il y a moins de culture de champs et de vignes, moins de villes et de maisons, il y a aussi plus de verdure naturelle, plus de prairies, d'azyles ombragés de boccages, des contrastes plus fréquens et des accidens plus rapprochés. [...] le pays est peu fréquenté par les voyageurs; mais il est intéressant pour des contemplatifs solitaires qui aiment à s'enivrer à loisir des charmes de la nature, et à se recueillir dans un silence que ne trouble aucun autre bruit que le cri des aigles, le ramage entrecoupé de quelques oiseaux, et le roulement des torrens qui tombent de la montagne.[4]

Ces quelques lignes rappellent étrangement les passages du roman où, principalement à Meillerie ou à Vevey, nous percevons l'organisation brute du paysage, par l'impression qu'il nous laisse d'une 'déchirure': par exemple, la rupture du silence par les torrents qui descendent des montagnes, le passage furtif des aigles à Meillerie, le chant de mille oiseaux de l'Elysée ... Toutes ces similitudes portent à s'interroger sur les véritables frontières entre le rêve et la réalité ...

Ce qu'on ne saurait toutefois mettre en doute, c'est que le recours obsessionnel aux paysages d'aspect 'sauvage' réponde au besoin irrépressible non seulement de se consoler des imperfections de la vie réelle, mais aussi et surtout de se mettre à l'écart de ses semblables, parce qu'on croit en avoir été mal compris, ou encore parce que l'expérience du luxe des villes vous a laissé dans la déception la plus profonde. Ce caractère compensatoire du paysage a été bien mis en lumière par Daniel Mornet:

Le rêve et la solitude sont les remèdes trop chers qui trompent ses angoisses et ses

2. *Les Rêveries*, septième promenade, i.1070.
3. *Les Rêveries*, septième promenade, i.1070.
4. *Les Rêveries*, cinquième promenade, i.1040.

désespoirs: solitudes du Valais, solitudes de Meillerie, solitudes de Tinian et de Juan Fernandez, solitudes de l'Elysée de Clarens; rêves amoureux dans les bocages du château de Vevey; rêves d'idylle dans les routes sauvages du Valais; rêves mélancoliques sur le lac, au clair de lune. A ses amours comme à ses mélancolies la nature associe constamment ses pures et enivrantes suggestions. C'est elle qui encadre les jeunes et coupables tendresses; c'est elle qui accueille dans ses roches et ses torrents limoneux le désespoir de l'amant, dans la joie des vendanges et la paix de l'Elysée les résignations de l'amour qui sera paternel, sur le lac harmonieux et baigné de lune les souvenirs tour à tour déchirantes et calmes. Tous les troubles du cœur et toutes les sérénités cherchent dans les beautés des choses ce qui les reflète et les prolonge.[5]

Mais Rousseau 'le sauvage' se veut avant tout un sauvage bon et cette bonté ne saurait se satisfaire de la pure solitude; il manque quelque chose au côté brut du paysage. L'amour de solitude n'est nullement chez Rousseau l'envers d'une haine quelconque des hommes. Il s'est au contraire attaché à définir le cadre idéal où ceux-ci puissent exprimer leur désir naturel d'être heureux. Ce cadre proposé par le roman, c'est le monde éloigné des villes, celui des champs: la campagne.

ii. Aspect champêtre et rustique

La synthèse des éléments du paysage rousseauiste peut avoir une importante fonction écologique. Or l'univers dont il s'est fait le chantre et l'apologiste le plus ardent dans *La Nouvelle Héloïse*, demeure celui de la 'campagne'. L'œuvre romanesque de Rousseau s'inscrit dans un cadre essentiellement rustique, puisque d'innombrables pages du roman sont consacrées à l'évocation de la vie pastorale et campagnarde. En situant son roman au bord du lac Léman, dans les campagnes suisses, Jean-Jacques a pu joindre au décor alpestre et lacustre celui de la vie rustique, primitive et naturelle.

L'auteur de *La Nouvelle Héloïse* nous propose la représentation idéalisée d'une collectivité heureuse vivant à la campagne. M. et Mme de Wolmar sont des propriétaires fonciers retirés sur leurs terres, et dont la principale activité est l'agriculture. Ces châtelains rassemblent autour d'eux des serviteurs fidèles avec qui ils mènent une existence harmonieuse. On se souvient que St-Preux revenu de son tour du monde est invité par Julie et M. de Wolmar à faire un séjour à Clarens. Dans une série de lettres à son ami Milord Edouard, il livre ses observations sur l'art de vivre à la campagne.

Cet art est évoqué par la peinture d'un vaste tableau de bonheur campagnard et provincial, où l'auteur fait intervenir ses théories philosophiques, morales et économiques sur la campagne et la vie agreste. Il importe dès lors de bien saisir

5. Daniel Mornet, *Le Romantisme en France au XVIIIe siècle* (Paris 1912), p.106-107.

comment le caractère bucolique de ce paysage apparaît aussi comme une conséquence nécessaire de ces convictions idéologiques. Car la vivacité de l'intérêt que porte Rousseau à la nature champêtre procède aussi, pour une bonne part, de son dégoût de la vie urbaine, de son opposition au luxe corrupteur qui bien souvent s'y déploie et, par réaction, de son goût décidé pour une économie rurale et les vertus de la vie rustique. Par conséquent, pour être complète et se voir ainsi donner sa pleine assise, notre étude du paysage rousseauiste doit passer de l'inventaire et de la caractérisation de ses composantes à leur rapport étroit avec la pensée même de l'auteur de *La Nouvelle Héloïse*. Elle ne peut donc pas ne pas prendre maintenant en compte ce refus de la ville et du luxe, comme la franche option qu'il détermine pour les bienfaits de l'économie rurale et pour les vertus de la vie champêtre.

a. Le dégoût de la ville

L'organisation spatiale de Clarens se fonde sur le contact direct avec la nature. Les évocations des paysages champêtres, des divertissments rustiques, de la vie paisible et familiale, simple et naturelle, forment autant de tableaux que Rousseau a brossés dans *La Nouvelle Héloïse* à l'intention de ceux qui aspirent à la paix et au bonheur. La construction romanesque du paysage champêtre obéit aussi au désir de marquer une opposition, de lancer un défi à la grande ville, en l'occurrence Paris, qui représente à ses yeux la cité corruptrice dont la civilisation donne à l'existence un caractère trépidant qui l'éloigne de la nature originelle.

Etant donné qu'elle représente la négation du naturel, cette création artificielle née de l'esprit humain qu'est la ville s'oppose radicalement au naturalisme campagnard. C'est d'abord comme séjour de paix, de détente et de repos que la campagne est perçue, comme l'opposé du milieu urbain dont le caractère factice et artificiel est vivement dénoncé par St-Preux. Au cours de sa visite à Paris, il adresse à Julie des lettres qui exposent ses jugements sur la capitale et ses habitants. Voici comment l'une d'elles exprime son dégoût de la société qui l'entoure (*Nouvelle Héloïse*, II, lettre XVII, ii.245):

Ce n'est pas que cette vie bruyante et tumultueuse n'ait aussi quelque sorte d'attraits, et que la prodigieuse diversité d'objets n'offre de certains agrémens à de nouveaux débarqués; mais pour les sentir il faut avoir le cœur vuide et l'esprit frivole; l'amour et la raison semblent s'unir pour m'en dégoûter: comme tout n'est que vaine apparence et que tout change à chaque instant, je n'ai le tems d'être ému de rien, ni celui de rien examiner.

L'agitation et le tumulte de la capitale forment le plus vif contraste avec la vie communautaire du château de Clarens ou celle de la petite ville de Vevey. La vie solitaire prônée par Rousseau dans son roman est celle d'une société restreinte, où les échanges sociaux, sans être totalement supprimés, laissent à chacun des moments de calme, de silence et de contemplation au sein de la nature. Et si Vevey est considéré comme une ville, elle reste une petite ville de province, aux dimensions d'un village sans aucune ressemblance avec les grandes cités. Ce à quoi Rousseau s'oppose dans *La Nouvelle Héloïse*, c'est à la 'société de masse', aux capitales cosmopolites et aux conséquences néfastes sur l'homme et les mœurs des concentrations qu'elles entraînent pour la population (*Nouvelle Héloïse*, II, lettre XVI, ii.242):

Je n'ignore pas que les Capitales différent moins entre elles que les Peuples, et que les caracteres nationnaux s'y effacent et confondent en grande partie, tant à cause de l'influence commune des Cours qui se ressemblent toutes, que par l'effet commun d'une société nombreuse et ressérrée, qui est le même à peu près sur tous les hommes, et l'emporte à la fin sur le caractere originel.

Ainsi la préférence donnée à Vevey sur Paris signifie la contestation de l'extension des villes et des dangers qu'elle représenterait. L'urbanisation de la société isole l'individu et conduit à la dépravation des mœurs, supprime les différences régionales et par conséquent les originalités nationales. A Julie qui lui reproche son excès de sévérité pour les Français, St-Preux répond que ce n'est pas eux qu'il a voulu peindre mais les Parisiens, parce que ce n'est pas dans les grandes villes que l'on peut étudier les mœurs d'un peuple, mais 'dans les provinces reculées où les habitans ont encore leurs inclinations naturelles' (*Nouvelle Héloïse*, II, lettre XVI, ii.242).

Ces réflexions d'ordre ethnologique et sociologique illustrent bien la doctrine de Rousseau sur la bonté originelle de l'homme et le retour à la nature, ainsi que son opposition à la civilisation corrompue des grandes villes dont les *Discours sur les sciences et les arts* et sur l'*Origine de l'inégalité parmi les hommes* avaient déjà annoncé la teneur. Il n'est donc guère étonnant que Julie écrive à Claire d'Orbe sa répulsion pour la Ville et sa prédilection pour la campagne: 'Tu connois mon aversion pour la ville, mon goût pour la campagne, pour les travaux rustiques, et l'attachement que trois ans de séjour m'ont donné pour ma maison de Clarens' (*Nouvelle Héloïse*, IV, lettre I, ii.404). Il est tentant de rapprocher cette déclaration de celle de Rousseau lui-même exprimant son regret de quitter la campagne des Charmettes pour regagner Chambéry avec Mme de Warens: 'Nous vimes arriver l'hiver avec grand regret et nous retournames à la Ville comme nous serions allés en exil' (*Confessions*, VI, i.231). Mais l'arrivée de St-Preux à Paris et son impression immédiate de la capitale traduisent mieux encore ce sentiment de dégoût pour la ville et la Société urbaine: 'J'entre avec une secrete horreur dans ce vaste desert du monde. Ce cahos ne m'offre qu'une solitude affreuse, où regne un morne silence' (*Nouvelle Héloïse*, II, lettre

XIV, ii.231). Passage du plus grand intérêt, car on est frappé par l'étrange correspondance entre cette vision qu'a St-Preux de Paris et celle qu'avait eue Rousseau lui-même en le découvrant pour la première fois en 1731. Il l'a consignée dans les *Confessions* (IV, i.159):

Combien l'abord de Paris démentit l'idée que j'en avois! [...] En entrant par le fauxbourg St. Marceau je ne vis que de petites rues sales et puantes, de vilaines maisons noires, l'air de la malpropreté, de la pauvreté, des mendians, des chartiers, des ravaudeuses, des crieuses de tisanne et de vieux chapeaux.

L'accord de jugement est donc entier entre St-Preux et le jeune Rousseau. Il témoigne de la transposition de ce souvenir vécu dans le roman et permet de constater à quel point le même dégoût se manifeste dans le vie et dans l'œuvre. Mais on notera davantage encore la différence de ton qui intervient dans le jugement porté sur Paris quand Rousseau y revient en 1742: 'Autant à mon précédent voyage j'avais vu Paris par son côté défavorable, autant à celui-ci je le vis par son côté brillant' (*Confessions*, VII, i.282). Cette évolution ne signifie pas que l'attitude de Rousseau à l'égard de la ville ait changé. Elle fait plutôt partie des nombreux paradoxes que l'auteur a répandus çà et là dans ses œuvres. La ville demeure l'enfer, l'univers qu'il faut fuir avant qu'on ne tombe dans le piège de ses vices. A cet égard, il faut remarquer que Rousseau tient pour entièrement négligeables les divers séjours qu'il a pu faire dans les grandes villes depuis le moment où il a quitté Paris pour l'Ermitage, départ qui a marqué à ses yeux sa rupture définitive avec la ville (*Confessions*, IX, i.403):

Ce fut le 9 Avril 1756 que je quittai la Ville pour n'y plus habiter; car je ne compte pas pour habitation quelques courts séjours que j'ai faits depuis tant à Paris qu'à Londres et dans d'autres villes mais toujours de passage ou toujours malgré moi.

Une telle remarque révèle à quel point la ville demeure bannie, proscrite, rejetée de l'univers de l'auteur de *La Nouvelle Héloïse*. Au reste, une année plus tard, le 13 mars 1757 Rousseau devait s'écrier devant Mme d'Epinay: 'Je ne remettrai de ma vie les pieds à Paris; pour le coup je l'ai juré.'

Tout cela confirme bien dans *La Nouvelle Héloïse* un rejet de la ville qui opposait déjà Rousseau à Diderot, ce dernier estimant que la ville n'était pas nécessairement un mal ou un lieu de douleur. Diderot se plaisait autant à la ville qu'à la campagne; s'il s'isole à la campagne, c'est pour mieux apprécier la ville et inversement.

Ainsi, qu'il s'agisse de St-Preux, de Julie ou de Rousseau, la ville comme entité géographique et sociale demeure un objet de dégoût. D'autre part, son organisation socio-économique favorise un mode de vie qui se situe aux antipodes de l'existence simple et naturelle: le procès de la ville débouche tôt ou tard sur celui du luxe.

8. De l'inventaire descriptif aux présupposés idéologiques

b. Rousseau contre le luxe

Dans *La Nouvelle Héloïse*, la dévalorisation de la ville a aussi pour but de dénoncer certaines pratiques mensongères et corruptrices observées chez les mondains et dans la société qu'ils forment. Rousseau dénonce dans son roman la haute société parisienne dont les règles projettent une image dénaturée de la morale. Il se pose en adversaire du luxe, à ses yeux générateur de vices ou quintessence des pratiques frivoles. Il réaffirme ainsi une position déjà exprimée dans le *Discours sur les sciences et les arts* en faveur de 'l'authenticité', valeur suprême. La vertu majeure est 'd'être soi'. Mais Paris, que visite St-Preux, l'interdit: cette ville est le triomphe du 'masque'. Introduit par son ami, Milord Edouard, dans la société des riches, St-Preux déplore auprès de Julie l'absence de sincérité des parisiens, dénonce avec amertume une société dont les valeurs sont fondées sur l'hypocrisie, le paraître, la vanité. Et il demande: 'Jusqu'ici j'ai vû beaucoup de masques; quand verrai-je des visages d'hommes?' (*Nouvelle Héloïse*, II, lettre XIV, ii.236).

A ses yeux, le danger de la contamination et des tentations corruptrices est d'autant plus menaçant pour le campagnard qu'il ignore totalement les règles artificielles qui régissent la société urbaine, un monde où les valeurs humaines ne sont plus respectées puisque la vertu qui doit être le fondement de toute société et de toute civilisation s'y trouve bafouée. C'est en ce sens que St-Preux s'interroge: 'Que reste-t-il à blâmer où la vertu n'est plus estimée, et dequoi médiroit-on quand on ne trouve plus de mal à rien?' (*Nouvelle Héloïse*, II, lettre XVII, ii.248).

Au lieu de demeurer une règle du comportement, la morale s'est dégradée en parole vaine (*Nouvelle Héloïse*, II, lettre XVII, ii.249):

> [...] le philosophe qui veut agir comme il parle, y regarde à deux fois; mais ici où toute la morale est un pur verbiage, on peut être austére sans conséquence, et l'on ne seroit pas fâché, pour rabatre un peu l'orgueil philosophique, de mettre la vertu si haut que le sage même n'y put atteindre.

Cette condamnation de la duplicité, du penchant au mensonge et à la mystification observés chez les philosophes de son temps, avait déjà fait bien avant le roman, l'objet d'une réflexion de l'auteur de la *Préface de Narcisse*: 'Le goût de la philosophie relâche tous les liens d'estime et de bienveillance qui attachent les hommes à la société, et c'est peut être le plus dangereux des maux qu'elle engendre.'[6] Un tel propos ne vise évidemment pas à exprimer une aversion pour la philosophie comme 'quête de sens', 'amour de la sagesse', ou même comme recherche des premiers 'principes' et des derniers 'pourquoi'. La

---

6. *Préface de Narcisse*, ii.967.

philosophie visée ici est plutôt celle qui pervertit la communication sincère et vertueuse d'homme à homme. Rousseau déteste en réalite 'la philosophie tapageuse' des salons qui ne cherchait qu'à briller d'un faux éclat. L'aspect purement formel de cette philosophie des salons n'a pas échappé à St-Preux (*Nouvelle Héloïse*, II, lettre XVII, ii.249):

Malgré cette avilissante doctrine, un des sujets favoris de ces paisibles entretiens c'est le sentiment; mot par lequel il ne faut pas entendre un épanchement affectueux dans le sein de l'amour ou de l'amitié; cela seroit d'une fadeur à mourir. C'est le sentiment mis en grandes maximes générales et quintessencié par tout ce que la métaphisique a de plus subtil. Je puis dire n'avoir de ma vie ouï tant parler du sentiment, ni si peu compris ce qu'on en disoit. Ce sont des rafinemens inconcevables [...] Ils dépensent ainsi tout leur sentiment en esprit, et ils s'en exhale tant dans le discours qu'il n'en reste plus pour la pratique.

Il semble que les principes qui sous-tendent les pratiques sociales du milieu urbain soient opposés à ceux du milieu paysan qui demeurent très respectueux des données de la nature humaine. La vie à Paris se présente ainsi pour St-Preux comme un danger. Et les rapports sociaux basés sur l'intérêt et l'orgueil y favorisent la naissance de sentiments de haine. On peut établir une correspondance entre l'attitude de St-Preux et celle qu'a eue l'écrivain en quittant Paris pour retrouver à l'Ermitage les bienheureux loisirs champêtres. Voici comment il exprime dans les *Confessions* la métamorphose qui se produit en lui (IX, i.417):

Ce changement commença sitot que j'eus quitté Paris, et que le spectacle des vices de cette grande Ville cessa de nourrir l'indignation qu'il m'avoit inspirée. Quand je ne vis plus les hommes, je cessai de les mépriser: quand je ne vis plus les méchans je cessai de les haïr.

Cette méfiance de la ville et de ses effets pernicieux montre à quel point la situation de l'auteur se reflète dans le roman: entre Jean-Jacques ayant vécu plusieurs années à Paris dans le cercle des philosophes et le héros de son roman visitant la capitale, les analogies sont multiples et évidentes.

Il apparaît en toute clarté que la position de Rousseau dans *La Nouvelle Héloïse* est celle d'un anti-mondain à qui la fiction romanesque servira à révéler à un public habitué à vivre dans l'apparence une autre manière de vivre, plus favorable, qui conduit l'homme à une existence plus proche de la nature, mieux adaptée à la condition humaine. Le roman met en jeu deux univers totalement différents dont l'un doit servir de leçon à l'autre. Jean Starobinski a relevé cette opposition:

Le contraste traditionnel de la fiction et de la réalité est ici mis en œuvre de façon à s'inverser: ce sont les gens du monde, les Parisiens qui vivent dans l'illusion, dans le mensonge, dans la vaine apparence. La fiction romanesque prétend figurer un univers de la vérité: une société plus étroite, régie par des vertus sincères, et capables de connaître les grandes évidences du sentiment.[7]

On ne saurait soutenir d'autre part que l'écrivain réprouve toute forme de luxe. Celui qu'il exècre n'est pas le luxe qui implique l'idée de 'confort', de 'sécurité' et de 'plénitude matérielle', mais celui qui renvoie à l'idée de 'vice', 'd'artifice', de 'simulacre'. Rousseau s'élève en réalité contre les fausses apparences, contre toute forme de possession matérielle qui ne correspondrait pas à une nécessité vitale, car 'l'abondance du seul nécessaire ne peut dégénérer en abus, parce que le nécessaire a sa mesure naturelle, et que les vrais besoins n'ont jamais d'excès' (*Nouvelle Héloïse*, v, lettre II, ii.550).

Le confort selon lui semble renvoyer au strict nécessaire parce que la recherche qui va au-delà du nécessaire engage les hommes organisés en société dans une guerre sans fin où le plus fort finit par écraser le plus faible, où le plus riche finit par étouffer le plus pauvre, où la soif de l'argent, la nécessité d'en posséder toujours davantage, introduit des clivages sociaux. Ainsi le luxe conduit à la suprématie de l'argent et cette suprématie conduit elle-même à l'antagonisme des classes sociales. Ce que Rousseau ne saurait admettre, puisqu'il fait dire à son héros au sujet de Paris: 'c'est peut-être la ville du monde où les fortunes sont les plus inégales, et où regnent à la fois la plus somptueuse opulence et la plus déplorable misere' (*Nouvelle Héloïse*, II, lettre XIV, ii.232).

Rousseau s'oppose à toute forme d'excès qui aboutirait au déséquilibre, au désordre. L'accumulation de l'argent par les uns ne peut mener qu'à l'appauvrissement des autres. L'opulence est détestable en ce qu'elle offre précisément cette image de l'injustice (*Nouvelle Héloïse*, v, lettre II, ii.547):

Je défie aucun homme sensé de contempler une heure durant le palais d'un prince et le faste qu'on y voit briller sans tomber dans la mélancolie et déplorer le sort de l'humanité. Mais l'aspect de cette maison et de la vie uniforme et simple de ses habitans répand dans l'ame des spectateurs un charme secret qui ne fait qu'augmenter sans cesse.

Dans ces propos de St-Preux se lit la volonté de l'écrivain de se contenter du strict nécessaire et de s'imposer des règles évitant de se laisser aller au gaspillage. Il peut même s'agir d'un souci de mettre de l'ordre dans ses goûts, dans ses besoins et dans ses désirs, comme Julie en a le secret, à en croire St-Preux (*Nouvelle Héloïse*, v, lettre II, ii.542):

Un objet plus noble qu'elle se propose encore en cela, est de rester maitresse d'elle même, d'accoutumer ses passions à l'obéissance, et de plier tous ses desirs à la règle. C'est un nouveau moyen d'être heureuse, car on ne jouït sans inquiétude que de ce qu'on peut perdre sans peine, et si le vrai bonheur appartient au sage, c'est parce qu'il est de tous les hommes celui à qui la fortune peut le moins ôter.

7. Jean Starobinski, *La Transparence et l'obstacle*, p.409.

Cette déclaration est porteuse d'une signification très importante. D'un côté, il semble que la nature humaine ne s'exprime mieux que dans 'l'essentiel', c'est à dire dans la simplicité qu'implique l'ordre introduit dans les goûts; de l'autre, il semble qu'une existence humaine authentique ne puisse trouver son accomplissement qu'au travers d'un certain nombre de renoncements aux artifices, aux plaisirs passagers, aux possessions artificielles. C'est ici que la philosophie de Rousseau mise en pratique par Julie évoque étrangement celle d'Epicure affirmant: 'pour mieux jouir, il faut moins jouir'. Voltaire ne disait autre chose: 'Ma retraite est trop belle pour un philosophe: il faut savoir jouir et savoir se passer.'[8]

Mais il y a loin, on s'en doute, d'un Voltaire à un Rousseau. Le premier semble pencher plutôt pour une recherche mesurée du plaisir ou pour sa suspension temporaire, alors que le second exclut carrément toute possibilité d'égarement, ou toute hypothèse de jouissance matérielle superflue. Il semble se ranger plutôt parmi ceux pour qui pour mieux jouir, il faut moins jouir. On peut alors se demander ce que serait devenu l'auteur de *La Nouvelle Héloïse* dans ce monde-ci s'il n'avait pas eu le génie de construire un monde idéal peuplé d'antithèses parfaites de la hideuse société parisienne (*Nouvelle Héloïse*, v, lettre II, ii.693):

Malheur à qui n'a plus rien à desirer! Il perd pour ainsi dire tout ce qu'il possede. On jouït moins de ce qu'on obtient que de ce qu'on espere, et l'on n'est heureux qu'avant d'être heureux. En effet, l'homme avide et borné, fait pour tout vouloir et peu obtenir, a reçu du ciel une force consolante qui rapproche de lui tout ce qu'il desire, qui le soumet à son imagination, qui le lui rend présent et sensible, qui le lui livre en quelque sorte, et pour lui rendre cette imaginaire propriété plus douce, le modifie au gré de sa passion. Mais tout ce prestige disparoit devant l'objet même; rien n'embellit plus cet objet aux yeux du possesseur; on ne se figure point ce qu'on voit; l'imagination ne pare plus rien de ce qu'on possede, l'illusion cesse où commence la jouïssance. Le pays des chimeres est en ce monde le seul digne d'être habité, et tel est le néant des choses humaines, qu'hors l'Etre existant par lui-même, il n'y a rien de beau que ce qui n'est pas.

Ainsi, si Rousseau n'aime pas le luxe, c'est bien parce qu'il confine à la laideur matérielle de ce monde-ci. Tout se passe comme si la jouissance matérielle empêchait de saisir les rapports harmoniques entre l'homme et les choses, entre l'esprit et la matière, entre la nature et Dieu. L'idée du beau et de la vertu apparaît ainsi dans un rapport harmonique, comme si le Beau était nécessairement bon et juste. Il y a chez Rousseau l'intuition ou même la conviction qu'il existe une dialectique entre le beau et le bon, l'esthétique et l'éthique (*Nouvelle Héloïse*, v, lettre II, ii.546-47):

8. Lettre à Darget, 5 août 1755, *Correspondence and related documents* [ci-apres Best.D], éd. Th. Besterman, dans *The Complete works of Voltaire* 85-135 (Genève, Banbury, Oxford 1968-1977), Best.D6386.

8. De l'inventaire descriptif aux présupposés idéologiques

A ne consulter que l'impression la plus naturelle, il sembleroit que pour dédaigner l'éclat et le luxe on a moins besoin de modération que de goût. La simétrie et la régularité plait à tous les yeux. L'image du bien-être et de la félicité touche le cœur humain qui en est avide: mais un vain appareil qui ne se rapporte ni à l'ordre ni au bonheur et n'a pour objet que de frapper les yeux, quelle idée favorable à celui qui l'étale peut-il exciter dans l'esprit du spectateur? L'idée du goût? Le goût ne paroit-il pas cent fois mieux dans les choses simples que dans celles qui sont offusquées de richesse. L'idée de comodité? Y a-t-il rien de plus incomode que le faste? L'idée de la grandeur? C'est précisément le contraire.

Chez Rousseau, naturel et simplicité sont les principes supérieurs de toute création artistique. La nature doit demeurer le modèle de tout ce qui est bon. Tout art doit consister en une imitation fidèle du naturel. Il doit respecter le vrai, l'authentique: St-Preux, considérant le portrait de Julie, se plaint de l'absence de naturel dans la reproduction picturale et reproche au peintre d'avoir estompé les irrégularités du visage, omis ses défauts. Il déplore dans le portrait de Julie une fausse perfection: le peintre l'a embelli au point de le rendre infidèle à l'original. Les commentaires de St-Preux permettent de mieux saisir les préoccupations esthétiques de son créateur (*Nouvelle Héloïse*, II, lettre XXV, ii.291-92):

Passons au Peintre d'avoir omis quelques beautés; mais en quoi il n'a pas fait moins de tort à ton visage, c'est d'avoir omis les défauts. Il n'a point fait cette tâche presque imperceptible que tu as sous l'œil droit, ni celle qui est au cou du côté gauche. Il n'a point mis ... ô Dieux, cet homme étoit-il de bronze? ... il a oublié la petite cicatrice qui t'est restée sous la lèvre. Il t'a fait les cheveux et les sourcils de la même couleur, cc qui n'est pas: Les sourcis sont plus châtains, et les cheveux plus cendrés. [...]

Il a fait le bas du visage exactement ovale. Il n'a pas remarqué cette légere sinuosité qui séparant le menton des joues, rend leur contour moins régulier et plus gracieux. Voila les défauts les plus sensibles, il en a omis beaucoup d'autres, et je lui en sais fort mauvais gré; car ce n'est pas seulement de tes beautés que je suis amoureux, mais de toi tout entiere telle que tu es. Si je ne veux pas que le pinceau te prête rien, moi je ne veux pas qu'il t'ôte rien, et mon cœur se soucie aussi peu des attraits que tu n'as pas, qu'il est jaloux de ce qui tient leur place.

Rousseau rejette le goût classique qui est foncièrement aristocratique, et voudrait que dans l'art la bourgeoisie fût davantage présente. Sur les théâtres par exemple, il souhaite voir représenter la vie quotidienne des bourgeois plutôt que les sujets traditionnels de la tragédie classique tirés de la mythologie antique ou de l'histoire des princes et traités selon des règles qui faussent le naturel, y compris celles des bienséances. St-Preux déplore donc l'absence de bourgeois au théâtre: 'les Auteurs d'aujourd'hui qui sont des gens d'un autre air, se croiroient deshonorés s'ils savoient ce qui se passe au comptoir d'un Marchand ou dans la boutique d'un ouvrier' (*Nouvelle Héloïse*, II, lettre XVII, ii.252). Il déplore aussi que les français ne cherchent pas le 'naturel' (ii.254) ni le 'vrai' et qu'on soit forcé de changer 'ainsi l'ordre de [s]es affections', de 'donner un prix à des chimeres, et d'imposer silence à la nature et à la raison' (ii.255). Ce que Rousseau rejette là, ce sont les artifices et l'embellissement scéniques. Il voudrait qu'au théâtre on tentât de représenter les choses telles qu'elles sont. Diderot a tenu des propos semblables dans *De la poésie dramatique*:

Une actrice courageuse vient de se défaire du panier, et personne ne le trouvait mauvais. Elle ira plus loin, j'en réponds. Ah! si elle osait un jour se montrer sur la scène avec toute la noblesse et la simplicité d'ajustement que ces rôles demandent! Disons plus, dans le désordre où doit jeter un événement aussi terrible que la mort d'un époux, la perte d'un fils et les autres catastrophes de la scène tragique, que deviendraient, autour d'une femme échevelée, toutes ces poupées poudrées, frisées, pomponnées? Il faudrait bien que tôt ou tard, elles se missent à l'unisson. La nature, la nature! on ne lui résiste pas. Il faut ou la chasser, ou lui obéir.[9]

Voltaire au contraire soutient les conventions classiques.

Du drame bourgeois préconisé par Diderot et Rousseau, il demande: 'En effet, que serait-ce qu'une intrigue tragique entre des hommes du commun? Ce serait seulement avilir le cothurne [...] ce serait une espèce bâtarde, un monstre'.[10]

Il rejette donc le réalisme qu'ils réclament. Dans la seconde épître dédicatoire de *Zaïre*, il critique ainsi des propos amoureux de la reine dans *l'Antoine et Cléopâtre* de Dryden (M.ii.552-53):

Il est très-vraisemblable que Cléopâtre parlait souvent dans ce goût, mais ce n'est point cette indécence qu'il faut représenter devant une audience respectable.

Quelques uns de vos compatriotes ont beau dire: 'C'est là la pure nature'; on doit leur répondre que c'est précisément cette nature qu'il faut voiler avec soin. [...] C'est ce voile qui fait le charme des honnêtes gens; il n'y a point pour eux de plaisir sans bienséance.

On voit que l'esthétique de Voltaire obéit principalement à un souci d'embellissement de la nature. En d'autres termes, l'art doit être plutôt une 'imitation de la pure nature'. La conception de Rousseau et de Diderot est tout autre. Ils demandent à l'art de respecter la règle de la vraisemblance, d'être une 'imitation parfaite de la nature' dont on a trouvé l'exemple le plus significatif dans 'le jardin de Julie', reproduction fidèle et intégrale de la nature. Au théâtre et en peinture, Rousseau rejette donc la beauté conventionnelle, mensongère et par conséquent immorale.

Le rejet du luxe avec ce qu'il implique de mensonge et d'immoralité explique le plaidoyer rousseauiste pour une qualité de vie simple et naturelle à la

---

9. Diderot, *Œuvres esthétiques* (Paris 1959), p.267.

10. Préface de *Nanine* (1750), Voltaire, *Œuvres complètes*, éd. Moland (Paris 1877-1885) [ci-après M.], v.6.

campagne, loin de la vie mondaine, source de divertissements et de tensions perpétuelles. Rousseau est hostile au divertissement au sens pascalien du terme, peut-être parce que celui-ci nous détourne de la véritable connaissance, de la contemplation et de la vertu. Il est clair que cette thèse s'oppose radicalement à l'exaltation et à l'activité frénétique que Voltaire chantait dans son *Mondain*, puisque le 'luxe' qu'il y définissait 'représentait les superfluités dont un petit nombre d'individus peuvent jouir'. Et André Morize[11] reconnaissait que la vie mondaine et aristocratique vécue par Voltaire dans les salons de Paris correspondait à celle qu'il chantait dans ses vers.

Mais au-delà de cette divergence, faut-il trouver à l'attitude de Rousseau d'autres mobiles en relation avec son expérience vécue? Les origines modestes de l'écrivain peuvent expliquer en partie son mépris pour la vie mondaine et le luxe. La haine du luxe relève ici d'un ensemble de convictions philosophiques, d'un caractère, d'une histoire individuelle et surtout d'une psychologie. Cette haine peut aussi être imputée à son extrême timidité, obstacle à la sociabilité. Ces facteurs n'expliquent qu'en partie les positions de Rousseau face à la société mondaine. Car il y a aussi la réaction d'un homme blessé par les échecs et les difficultés d'entrer en relations harmonieuses et durables avec les hommes de son temps. Cependant, d'autres facteurs que nous étudierons plus loin expliquent son amour de la campagne et son aversion pour la vie artificielle de la ville.

c. Pour une économie rurale

L'activité économique qui participe à l'organisation de la vie matérielle des hommes ne semble pas chez Rousseau être dissociable de la philosophie, de l'histoire, de la sociologie et de la psychologie qui font agir les hommes organisés en société. En effet, tout semble indiquer que la vie matérielle ne saurait être séparable de l'anthropologie sociale ou de l'anthropologie de 'l'habiter'. On entend ici par 'l'habiter' tout un système d'espaces, de pratiques, de représentations, et d'investissements imaginaires qui sous-tendent les relations homme/chose, homme/homme, homme/Dieu.

Les penseurs des siècles précédents s'étaient surtout consacrés 'à l'étude du cœur humain en soi'.[12] Rousseau pour sa part a beaucoup plus cherché à comprendre les conditions des rapports entre les hommes. Il a sans doute bien vu que l'une des plus importantes de ces conditions était le type d'activité économique, peut-être parce qu'il n'influence pas seulement la qualité de ces rapports, mais celle aussi de l'environnement géographique.

11. André Morize, *L'Apologie du luxe au XVIIIe siècle: le Mondain et ses sources* (Paris 1909).
12. Jean-Louis Lecercle, *Jean-Jacques Rousseau* (Paris 1973), p.106.

C'est dire à quel point pour un naturiste comme Rousseau le problème du choix d'une activité matérielle était primordial. C'est à partir de toutes ces considérations qu'il faut comprendre les raisons pour lesquelles dans le cadre choisi pour *La Nouvelle Héloïse* il propose l'organisation d'une économie domestique fondée sur l'agriculture. La célébration de la vie à Clarens n'a pour but que d'offrir le tableau d'une existence champêtre qui s'efforce de reproduire la simplicité économique du monde néolithique.

On comprend du même coup, l'intérêt que porte souvent le roman à la terre, à ses travaux et à leurs effets bénéfiques sur les rapports sociaux. On s'explique d'autant mieux que M. et Mme de Wolmar considèrent leur domaine de Clarens comme étant à tout point de vue leur véritable source de richesse. Il s'agit surtout pour l'écrivain de porter, à travers une certaine idéalisation de la vie rustique, un regard critique sur la vie oisive de la grande ville et les désordres sociaux et moraux que déjà occasionne l'industrie naissante. Il n'est pas douteux que pour l'auteur de *La Nouvelle Héloïse*, l'agriculture apparaisse comme l'activité économique fondamentale, s'inscrivant dans l'ordre naturel des choses.

Cependant les réflexions et les positions exprimées et prises dans le roman en matière d'économie coïncident étrangement avec un vaste mouvement de pensée qui a traversé le siècle. C'est ce qu'il importe maintenant de vérifier en rappelant successivement ce qu'a été ce mouvement en faveur de l'agriculture, les grandes lignes de la pensée de Rousseau sur ce sujet, et ce qui fait son originalité par rapport au mouvement en général.

1. *Le mouvement en faveur de l'agriculture*

Le siècle des Lumières apparaît aux yeux de beaucoup de critiques[13] comme celui qui a vu se former le plus vaste consensus sur l'économie agraire: 'l'agronomie devient un centre d'intérêt. Les académies lui consacrent des sujets de concours. Des sociétés d'agriculture se forment'.[14] Lorsqu'il rédigeait l'article 'blé' des *Questions sur l'Encyclopédie*, Voltaire était amené à remarquer en 1770: 'Vers l'an 1750, la nation rassasiée de vers, de tragédies [...] se mit enfin à raisonner sur les blés' (M.xviii.11).

Ce consensus s'explique par les grandes famines de l'époque et la volonté de ramener des propriétaires à considérer la terre comme source d'enrichissement, et l'agriculture comme principal moyen d'assurer au pays son indépendance alimentaire. D'autres raisons peuvent y contribuer: la France des Lumières était une France essentiellement rurale et il semble que les penseurs aient voulu simplement tirer parti de cette réalité socio-démographique. La campagne apparaissait dès lors comme le principal levier du développement des villes et

---

13. Georges Weulersse, *Le Mouvement physiocratique au XVIIIe siècle* (Paris 1910).
14. Jean-Louis Lecercle, *Jean-Jacques Rousseau* (Paris 1973), p.9.

donc de l'industrie naissante. Cette situation semble avoir engendré au sein de la société de l'époque une contradiction essentielle: l'opposition ville/campagne non seulement en termes géographiques, mais aussi en termes de rapports de production économique.

Cela peut signifier que des rapports de domination s'instauraient entre deux espaces économiques ou mieux encore entre deux modes de production, l'un imposant sa loi à l'autre et puisant en lui l'essentiel de sa prospérité,[15] ce qui peut avoir pour effet de pervertir l'ordre social traditionnel. Il n'est pas impossible que ce soit à partir des possibilités d'une telle perversion socio-économique ou socio-politique, se manifestant déjà par des inégalités flagrantes, des famines et des émeutes populaires, que divers penseurs et surtout les physiocrates aient cherché à proposer des plans de développement rural. Les réflexions en matière d'économie agraire exprimées dans *La Nouvelle Héloïse*, arrivent ainsi à point nommé, quand toute une littérature économique avait déjà entrepris de faire l'éloge de l'agriculture.

Avant de voir ce qu'ont pensé certains philosophes contemporains de Rousseau, il convient de rappeler l'essentiel des thèses physiocrates. Elles reposent sur cette idée fondamentale que 'l'agriculture est seule productrice',[16] que 'l'industrie est stérile' (ii.261), que 'la terre est l'unique source de richesses et que c'est l'agriculture qui les multiplie' (ii.261). Toutes ces propositions tendent à établir que la prospérité d'un pays dépend directement de sa production agricole. Derrière cette conviction s'en profile une autre: que le véritable producteur de biens est le seul cultivateur. Autrement dit, l'agriculteur est le seul à avoir une activité authentiquement patriotique, il est le seul à être un citoyen dans la pleine acception du terme parce que par son activité qui le distingue déjà des classes oisives il contribue à affermir l'indépendance de l'Etat. Car les physiocrates gardent toujours à l'esprit l'axiome 'qu'une nation est toujours tributaire et dépendante de celles qui lui vendent les denrées de premier besoin' (ii.252).

Ces considérations économiques des physiocrates axées sur l'idée d'indépendance économique et de rentabilité de l'activité agricole font écho aux opinions déjà exprimées dans l'*Encyclopédie*. Ainsi Diderot reconnaissait: 'la terre, la terre seule donne les véritables richesses'.[17]

Mais au-delà des considérations purement économiques Diderot trouvait à l'activité agraire un intérêt à la fois anthropologique et moral, comme il apparaît dans ce texte de définition en 1751:

---

15. Jean-Louis Lecercle, *Jean-Jacques Rousseau*, p.7.
16. Georges Weulersse, *Le Mouvement physiocratique*, p.243.
17. *Encyclopédie*, art. 'Laboureur'.

L'agriculture est, comme le mot le fait assez entendre, l'art de cultiver la terre. Cet art est le premier, le plus utile, le plus étendue, et peut-être le plus essentiel de tous les arts. L'agriculture fut presque l'unique emploi des patriarches, les plus respectables de tous les hommes par la simplicité des mœurs, la bonté de leur âme et l'élévation de leurs sentiments.[18]

Dans son article 'Economie domestique' des *Questions sur l'Encyclopédie* (1771), Voltaire pour sa part avait marqué la primauté de l'agriculture: 'La première économie, celle par qui subsistent toutes les autres, est celle de la campagne. C'est elle qui fournit les trois seules choses dont les hommes ont un vrai besoin: le vivre, le vêtir et le couvert' (M.xviii.454). Enfin Mirabeau dans *L'Ami des hommes* n'a pas manqué de relever le caractère vertueux qui s'attache à l'activité agricole: 'L'agriculture est un art d'institution divine, il est visiblement à notre existence ce qu'est la respiration [...]; c'est l'art universel, l'art de l'innocence et de la vertu, l'art de tous les hommes et de tous les rangs.'[19] Voyons maintenant comment se situe Rousseau par rapport à ce courant d'engouement pour l'agriculture.

2. *Les positions de Rousseau*

Les opinions économiques de Rousseau se distinguent de celles des Enclyclopédistes et des physiocrates par leurs profondeurs anthropologiques et sociologiques: si l'auteur de *La Nouvelle Héloïse* souscrit à la formulation des idées rapportées plus haut, il semble leur accorder une tout autre portée dont les conséquences retentiront sur l'aspect du paysage.

Les principales idées de Rousseau sur l'agriculture s'organisent le long de trois grands axes complémentaires. Car le souci de conserver au paysage son aspect primitif ou rustique le porte à trois sortes de considérations sur l'organisation du paysage idéal: l'agriculture est une activité naturelle et primitive; l'agriculture assure l'autosuffisance alimentaire; l'activité agricole empêche la dépopulation des campagnes.

Tout comme Diderot, Mirabeau ou Voltaire qu'on a vu exalter l'agriculture, Rousseau la reconnaît et même la revendique comme l'activité naturelle par excellence de l'homme. On lit dans *La Nouvelle Héloïse*: 'La condition naturelle à l'homme est de cultiver la terre et de vivre de ses fruits' (*Nouvelle Héloïse*, v, lettre II, ii.534). Quelques lignes plus loin, Rousseau ajoute à propos du laboureur (ii.535):

Cet état est le seul nécessaire et le plus utile. Il n'est malheureux que quand les autres le tirannisent par leur violence, ou le séduisent par l'exemple de leurs vices: C'est en lui que consiste la véritable prospérité d'un pays, la force et la grandeur qu'un peuple tire

18. *Encyclopédie*, art. 'Agriculture'.
19. Cité par Georges Weulersse dans *Le Mouvement physiocratique*, p.245.

de lui-même, qui ne dépend en rien des autres nations, qui ne contraint jamais d'attaquer pour se soutenir, et donne les plus sûrs moyens de se deffendre.

Il faut retenir de ces affirmations que pour Rousseau l'agriculture comme activité naturelle de l'homme n'est telle que parce qu'elle lui permet d'assurer son autosuffisance et du même coup de se libérer de toute dépendance des produits alimentaires importés. Voilà ce qui justifie essentiellement à ses yeux l'incitation à un retour à la vie agricole. Mais l'agriculture qu'il recommande ne sera nullement asservie à un idéal de production intensive: celle que souhaite Rousseau en est une d'autosuffisance. L'idéal d'économie rurale proposé dans *La Nouvelle Héloïse* demeure aussi éloigné de l'opulence que de la pauvreté. C'est une agriculture autarcique, le pays devant lui-même produire les denrées dont il a besoin. L'idéal serait de régler ses besoins en quantité et en nature selon les opportunités offertes par le milieu naturel et en fonction de ses capacités productives. Les propos de St-Preux sur la table des Wolmar illustrent bien ce principe (*Nouvelle Héloïse*, v, lettre ii, ii.543):

Que croiriez-vous que sont ces mets si sobrement ménagés? Du gibier rare? du poisson de mer? des productions étrangeres? Mieux que tout cela. Quelque excellent légume du pays, quelqu'un des savoureux herbages qui croissent dans nos jardins, certains poissons du lac apprêtés d'une certaine maniére, certains laitages de nos montagnes, quelque patisserie à l'allemande, à quoi l'on joint quelque piece de la chasse des gens de la maison; voila tout l'extraordinaire qu'on y remarque; voila ce qui couvre et orne la table, ce qui excite et contente notre appetit les jours de réjouïssance […].

On sent là la volonté de régler ses besoins sur les possibilités du milieu, le souci de ne pas contrevenir à l'ordre naturel des choses mais de s'y conformer. Ainsi économie et géographie s'appellent et se répondent dans une relation essentielle et dialectique qui seule peut préserver l'homme de la tentation des besoins superflus, régler ses besoins sur la nécessité, l'adapter à son milieu, pour en faire un élément intégrant et intégré du paysage. Rousseau rejette ainsi tout appétit d'acquisition ou d'accumulation (*Nouvelle Héloïse*, v, lettre ii, ii.551):

En y réfléchissant le contentement augmente, parce qu'on voit que la source en est intarissable et que l'art de goûter le bonheur de la vie sert encore à le prolonger. Comment se lasseroit-on d'un état si conforme à la nature? Comment épuiseroit-on son héritage en l'améliorant tous le jours? Comment ruineroit-on sa fortune en ne consomant que ses revenus? Quand chaque année on est sûr de la suivante, qui peut troubler la paix de celle qui court? Ici le fruit du labeur passé soutient l'abondance présente, et le fruit du labeur présent annonce l'abondance à venir; on jouït à la fois de ce qu'on dépense et de ce qu'on recueille, et les divers tems se rassemblent pour affermir la sécurité du présent.

Ici s'affirme l'originalité de l'auteur de *La Nouvelle Héloïse* par rapport aux Encyclopédistes: Rousseau s'oppose à toute idée de commercialisation et d'importation de produits. Aussi préconise-t-il des habitudes alimentaires conformes aux productions internes ou locales. Contrairement aux Encyclopédistes et aux physiocrates, Rousseau non seulement prend parti contre le 'libre échange', mais s'oppose même à la commercialisation des produits. Il est hostile à l'usage de l'argent. A Clarens, les échanges avec l'extérieur sont réduits au strict minimum. Chaque pays doit se suffire. Et à l'intérieur d'une localité ou d'un pays, il est souhaitable que les échanges s'effectuent sous forme de troc. A ses yeux, l'argent ne devrait pas constituer un intermédiaire indispensable à la circulation et à la distribution des biens. Les Wolmar sont bien pénétrés de ce principe (*Nouvelle Héloïse*, v, lettre ii, ii.548):

Notre grand secret pour être riches, me dirent-ils, est d'avoir peu d'argent, et d'éviter autant qu'il se peut dans l'usage de nos biens les échanges intermédiaires entre le produit et l'emploi. [...] Le transport de nos revenus s'évite en les employant sur le lieu, l'échange s'en évite encore en les consomant en nature, et dans l'indispensable conversion de ce que nous avons en trop en ce qui nous manque, au lieu des ventes et des achats pécuniaires qui doublent le préjudice, nous cherchons des échanges réels où la comodité de chaque contractant tienne lieu de profit à tous deux.

Les conséquences de cette politique retentissent immédiatement sur le mode d'exploitation agricole et par-delà sur l'aspect global du paysage. C'est son option résolue pour une économie fermée devant subvenir aux seuls besoins internes que pousse Rousseau à s'opposer à l'idée d'une exploitation agricole extensible, qui risquerait d'aboutir à un certain monopole foncier et par conséquent à une dépossession des petits propriétaires. Jean-Louis Lecercle écrit à ce propos (p.14):

L'œuvre de Rousseau, sans nier le droit de propriété, bat en brèche l'idée de progrès tel que la présentent les Encyclopédistes. Elle exprime les craintes des petits producteurs indépendants des villes et des campagnes devant les premiers développements de la production qui les condamne à disparaître.

La Nouvelle Héloïse fournit l'exemple d'une exploitation agricole dont la productivité ne va jamais au-delà du nécessaire. Les Wolmar ont mis tous leurs soins dans une exploitation intensive mais non extensive de leur domaine (*Nouvelle Héloïse*, v, lettre ii, ii.529):

Ils se sont donc appliqués à l'améliorer plutôt qu'à l'étendre; ils ont placé leur argent plus surement qu'avantageusement; au lieu d'acheter de nouvelles terres, ils ont donné un nouveau prix à celles qu'ils avoient déja, et l'exemple de leur conduite est le seul trésor dont ils veuillent accroître leur héritage.

La formule de l'exploitation intensive permet de multiplier non seulement le nombre des cultivateurs mais même celui des propriétaires fonciers. En rendant disponibles les terres cultivables elle empêche les paysans de fuir vers les villes.

8. De l'inventaire descriptif aux présupposés idéologiques

Dans *La Nouvelle Héloïse*, Rousseau dénonce le danger de l'exode rural.

Si la survie d'un pays repose sur l'activité agricole, il est impératif que les campagnes ne soient pas vidées des forces vives de la nation. Plus il y a d'hommes à la campagne, plus l'agriculture a des chances d'être prospère: 'moins un pays produit d'hommes, moins il produit de denrées: C'est le défaut d'habitans qui l'empêche de nourrir le peu qu'il en a, et dans toute contrée qui se dépeuple on doit tôt ou tard mourir de faim' (*Nouvelle Héloïse*, IV, lettre X, ii.442-43). Mais on ne manquera probablement pas de relever ici un paradoxe: le même Rousseau qui s'oppose à la dépopulation des campagnes ne s'oppose pas à l'idée de salarier l'activité agricole. Son hostilité aux procédés de fermage ne l'empêche pas d'admettre le principe du salariat puisque les Wolmar ont des ouvriers agricoles. Il ne semble pas que cette apparente contradiction puisse être levée par la seule obligation que fait Rousseau au propriétaire d'assumer en personne la gestion de ses terres (*Nouvelle Héloïse*, V, lettre II, ii.549):

si d'autres cultivoient nos terres, nous serions oisifs; il faudroit demeurer à la ville, la vie y seroit plus chere, il nous faudroit des amusemens qui nous coûteroient beaucoup plus que ceux que nous trouvons ici, et nous seroient moins sensibles. Ces soins que vous appellez importuns sont à la fois nos devoirs et nos plaisirs; grace à la prévoyance avec laquelle on les ordonne, ils ne sont jamais pénibles; ils nous tiennent lieu d'une foule de fantaisies ruineuses dont la vie champêtre prévient ou détruit le goût, et tout ce qui contribue à notre bien-être devient pour nous un amusement.

On notera toutefois que cette participation du propriétaire peut lui faire mieux connaître la condition de ses ouvriers et l'amener non seulement à éviter la vie oisive qui serait la sienne à la ville mais aussi à établir avec ses semblables des rapports plus humains. Par conséquent le salariat agricole, l'implication du propriétaire dans l'exploitation de ses terres, le fait que Rousseau rejette dans les échanges l'intermédiaire de l'argent transforment une nécessité en plaisir et favorisent une meilleure compréhension entre les hommes.

d. Les vertus de la vie rustique

L'une des quêtes de l'auteur de *La Nouvelle Héloïse* semble axeé sur l'idée de la vertu de la vie simple et du bonheur procuré aux hommes sur cette terre. La question qui semble avoir hanté l'écrivain est celle d'une organisation des rapports sociaux de production économique qui lui permette de concrétiser son idéal de bonheur et de faire de la terre des hommes un paradis, un lieu de paix et de générosité où le plus riche n'écraserait pas le plus pauvre, où le plus fort n'étoufferait pas le plus faible. Autrement dit, comment organiser les rapports sociaux de production de telle sorte que l'homme ne perçoive plus son semblable comme un élément déplaisant de son environnement? Problème auquel *La*

Nouvelle Héloïse propose une solution qui mérite à plus d'un titre de retiner l'attention:

1. *Des rapports socio-économiques harmonieux*

Si les Wolmar ont des domestiques ou des serviteurs, s'ils ont des ouvriers agricoles, les rapports qu'ils établissent avec eux sont bien éloignés de ceux que l'on vit à Paris. En effet, la société de Clarens constitue une petite communauté 'tranquille' et 'heureuse'. C'est donc à juste titre que Jean Terrasse écrit:

> Clarens est un monde fermé, autarcique, et une communauté modèle; mais au surplus, ses habitants vivent comme des hommes des premiers âges dans une union intime avec la nature et avec Dieu qui a mis ses créatures à portée de savourer tant de joies simples, sans désirer d'autre bonheur que celui d'exister, d'admirer, de sentir. L'organisation de ce monde n'emprunte rien aux structures de la société civile: l'amitié, la confiance remplacent l'autorité et la force qui, dans les Etats, préviennent le désordre et l'anarchie. De ce fait, les habitants de Clarens sèment l'espoir d'une renouveau moral qui, s'il n'était plus limité à un petit groupe, permettrait d'entreprendre la construction d'une société juste et pacifique, où l'amour de la loi suppléerait à la contrainte dont sont obligés d'user les gouvernements despotiques pour en imposer le respect.[20]

A Clarens, si l'on en croit certains passages des lettres de St-Preux, les maîtres ne sont plus des maîtres, ni les domestiques des domestiques, ni les ouvriers de simples ouvriers. On a l'impression que les maîtres se sont transformés en 'pères' et les domestiques et ouvriers en 'fils'. Des domestiques St-Preux affirme: 'Ils doivent la [la maison] regarder comme leur maison paternelle où tout n'est qu'une même famille' (*Nouvelle Héloïse*, IV, lettre X, ii.462).

De tels rapports ne sont pas sans rappeler la complexité dialectique de ceux du maître et du valet dans *Jacques le Fataliste*: le maître de Jacques ne saurait pas plus se passer de Jacques que Jacques ne saurait se passer de son maître. Ils sont liés par un rapport d'interdépendance qui les mène à prendre conscience l'un et l'autre de leur fraternité, comme de la nécessité d'une amitié entre les hommes. Dans *La Nouvelle Héloïse* on lit bien entre 'maître' et 'serviteur' la 'fatalité d'une commune destinée', d'un 'destin commun'. La hiérarchie que comporte la société de Clarens ne repose pas pour autant sur les notions d'autorité et de soumission aveugle: y être maître ou serviteur implique des devoirs avant de donner des droits. Il y a chez Rousseau une antériorité du devoir au droit, si bien que dans le monde rural tel qu'il le conçoit il devient plus malaisé d'être maître que serviteur. Car dans *La Nouvelle Héloïse*, le maître a, par exemple, le devoir de former ses serviteurs. Et ce n'est pas une mince affaire (*Nouvelle Héloïse*, IV, lettre X, ii.445-46):

> C'est ainsi qu'en formant et dressant ses propres Domestiques on n'a point à se faire

20. Jean Terrasse, *J. J. Rousseau et la quête de l'âge d'or* (Bruxelles 1970), p.210.

cette objection si commune et si peu sensée: je les aurai formés pour d'autres. Formez-les comme il faut, pourroit-on répondre, et jamais ils ne serviront à d'autres.

A Paris au contraire on engage des valets déjà formés, c'est à dire déjà corrompus (*Nouvelle Héloïse*, IV, lettre X, ii.444-45):

> On n'a point ici [chez les Wolmar] la maxime que j'ai vû regner à Paris et à Londres, de choisir des Domestiques tout formés, c'est à dire des Coquins déja tout faits, de ces coureurs de conditions qui dans chaque maison qu'ils parcourent prennent à la fois les défauts des valets et des maitres, et se font un métier de servir tout le monde, sans jamais s'attacher à personne. Il ne peut regner ni honnêteté, ni fidélité, ni zele au milieu de pareilles gens, et ce ramassis de canaille ruine le maitre et corrompt les enfans dans toutes les maisons opulentes.

En proposant ainsi un modèle idéal de rapports entre les hommes, Rousseau est amené à suggérer la nécessité d'une éducation conforme à l'harmonie de la communauté. Si le serviteur doit vivre avec le maître un rapport de fils à père, cette paternité prend aussi une dimension pédagogique. Ce qui ne va pas sans présenter le danger certain d'un conditionnement éducatif des serviteurs par les maîtres, avec l'unique profit de mieux exploiter la force de travail des plus pauvres et des moins favorisés par le destin. Mais pareille vue cadrerait en fait bien mal avec l'idéal pédagogique de l'*Emile*, ou même du *Contrat social*. Dans l'*Emile*, il s'agit de former 'tout homme', alors qu'on peut dire que dans le *Contrat social*, il s'agit de former 'tous les hommes'. En résumé, car il n'entrerait pas ici dans notre propos de l'établir plus longuement, chez Rousseau, pédagogie, sociologie et politique s'appellent et se répondent. On le voit clairement dans *La Nouvelle Héloïse*. Il reste que Rousseau y insiste un peu trop sur ce rôle conféré au maître de précepteur de ses serviteurs.

On se demande alors ce que devient l'idéal d'une 'éducation nationale' cher à certains hommes des Lumières. On peut dire qu'au niveau de *La Nouvelle Héloïse*, il n'apparaît guère comme tel; mais dans quelques passages on l'y perçoit comme en gestation, puisque les Wolmar ont su donner à leurs domestiques tous les enseignements propres à en faire des 'citoyens'. Cette singularité a frappé St-Preux: 'je n'ai jamais vu qu'ici des maitres former à la fois dans les mêmes hommes de bons domestiques pour le service de leurs personnes, de bons paysans pour cultiver leurs terres, de bons soldats pour la deffense de la patrie, et des gens de bien pour tous les états où la fortune peut les apeller' (*Nouvelle Héloïse*, IV, lettre X, ii.455). Mais il s'agit certainement de la formation de citoyens bien particuliers! L'auteur de *La Nouvelle Héloïse* paraît donner beaucoup plus d'importance et de valeur aux riches qu'à leurs serviteurs, qui semblent n'exister ou survivre que grâce à ceux-là, comme si entre les pauvres et Dieu, il fallait bien des riches. Les domestiques du roman vont même jusqu'à louer Dieu 'd'avoir mis des riches sur la terre pour le bonheur de ceux qui les servent, et pour le soulagement des pauvres' (*Nouvelle Héloïse*, IV, lettre X, ii.460).

L'état de richesse et de pauvreté apparaît ainsi comme la manifestation d'une volonté divine. Il y a là l'expression d'un fatalisme évident qui, selon l'écrivain, doit conduire chacun à conserver ou à accepter sa condition. Il serait toutefois injuste envers l'auteur de *La Nouvelle Héloïse* de s'en tenir là. On doit toujours garder à l'esprit l'image qui est donnée du maître d'un 'père de famille', avec tout ce que cela implique pour lui de devoirs et de responsabilités. La société de Clarens vit dans une sorte de 'paternalisme communautaire' qui se manifeste de plusieurs manières. On est d'abord frappé par le profond intérêt et la vive attention que les Wolmar portent à leurs serviteurs (*Nouvelle Héloïse*, IV, lettre I, ii.402):

M. de Wolmar quite souvent la compagnie et fait volontiers seul des promenades aux environs; il cause avec les paysans; il s'informe de leur situation; il examine l'état de leurs terres; il les aide au besoin de sa bourse et de ses conseils.

C'est là qu'on voit combien il est plus difficile d'être maître que serviteur. Les Wolmar ont banni de leur cœur tout égoïsme. En outre leur autorité est dépourvue de toute forme de despotisme, d'exploitation et de violence. La distance entre maître et serviteur se trouve ainsi réduite au minimum. Les relations sont plus directes. Les problèmes de chacun sont mieux pris en compte par les uns et les autres. On est là aux antipodes de la solitude sociale et morale de Paris. A Clarens, maîtres et serviteurs vivent en parfaite symbiose, sans que leur respect mutuel en soit altérée. On le sent particulièrement dans les rapports que Julie a établis avec ses servantes (*Nouvelle Héloïse*, IV, lettre X, ii.452):

Fondée sur la confiance et l'attachement, la familiarité qui regnoit entre les servantes et la maitresse ne faisoit qu'affermir le respect et l'autorité, et les services rendus et reçus ne sembloient être que des témoignages d'amitié réciproque.

Les rapports sociaux à Clarens semblent avoir pour objectif principal d'établir la paix et l'amour entre les habitants. Rousseau en a probablement senti la nécessité plus que bien d'autres de ses contemporains, ce qui l'a amené à faire de *La Nouvelle Héloïse* un ouvrage d'amour, d'entraide, de dialogue, et surtout de bienfaisance (*Nouvelle Héloïse*, IV, lettre X, ii.470):

Tout se fait par attachement: l'on diroit que ces ames venales se purifient en entrant dans ce séjour de sagesse et d'union. L'on diroit qu'une partie des lumieres du maitre et des sentimens de la maitresse ont passé dans chacun de leurs gens; tant on les trouve judicieux, bienfaisants, honnêtes et supérieurs à leur état. Se faire estimer, considérer, bien vouloir, est leur plus grande ambition, et ils comptent les mots obligeans qu'on leur dit, comme ailleurs les étrennes qu'on leur donne.

Quoi qu'on dise, les positions de Rousseau révèlent une foi solide en l'homme, l'espoir de voir un jour changer la société, le respect de la morale. Certes, elles ne sont pas exemptes de naïveté. Mais cette naïveté provient d'une trop grande générosité. Comment échapper autrement à la honte pesante de cynisme? La naïveté est encore préférable! Les antagonismes sociaux qui transparaissent dans le *Contrat social* ne sont pas encore, au niveau de *La Nouvelle Héloïse*, une revendication politique. Pendant la période des vendanges, 'l'égalité' qui semble s'établir entre les individus relève plutôt de l'ordre moral des choses (*Nouvelle Héloïse*, v, lettre VII, ii.608):

A cela près, depuis le moment qu'on prend le métier de vendangeur jusqu'à celui qu'on le quite, on ne mêle plus la vie citadine à la vie rustique. Ces saturnales sont bien plus agréables et plus sages que celles des Romains. Le renversement qu'ils affectoient étoit trop vain pour instruire le maitre ni l'esclave: mais la douce égalité qui regne ici rétablit l'ordre de la nature, forme une instruction pour les uns, une consolation pour les autres et un lien d'amitié pour tous.

L'auteur de *La Nouvelle Héloïse* prêche encore des valeurs stoïciennes dans l'endurance et la soumission à l'ordre social préexistant. Déjà avant *La Nouvelle Héloïse*, dans une lettre de 1742 au comte de Charmettes, il remarquait: 'des besoins réciproques lient le maître et le domestique sans les rendre égaux pour cela'.[21] L'égalitarisme n'est pas encore dans *La Nouvelle Héloïse* l'ardente revendication qui animera le *Contrat social*. Il n'est pas encore certain que pour ramener le bonheur sur la terre, il faille renverser les châteaux de la noblesse. Pour l'auteur de *La Nouvelle Héloïse*, il suffit de croire en des valeurs nécessaires telles que la fraternité, la justice, la bienfaisance, et la solidarité naturelle.

2. Les vertus morales de la campagne

Pour bâtir dans l'imaginaire romanesque son monde idéal, Rousseau ne fait pas seulement appel à une certaine nature du paysage, à un certain modèle de rapports économiques, mais aussi à un ensemble de qualités morales dont il dote ses personnages. Parmi ces qualités nécessaires à la réalisation du projet qu'il s'est fixé, on distingue l'humanité, la bienfaisance, la transparence et la simplicité.

La simplicité. Selon le dictionnaire Robert, la simplicité est une qualité morale en rapport avec une 'sincérité sans détour'. Simple est celui dont le comportement reste naturel et spontané, le naturel étant ici aussi éloigné de l'hypocrisie, que du cérémonial. La simplicité renvoie donc à l'idée de modestie. Quel que soit leur rang social, les personnages de *La Nouvelle Héloïse* sont modestes, vivent avec simplicité, sans prétention, sans ornements superflus, sans orgueil.

Ce roman pastoral est aussi un roman de la simplicité, mot qui revient souvent

21. Lettre inédite de Rousseau datée du 17 janvier 1742 au comte de Conzié des Charmettes découverte par Jean Nicolas aux archives de l'Académie chablaisienne (Thonon).

sous la plume de l'auteur. Sans prétendre en faire un inventaire exhaustif, relevons la multiplicité de ses occurrences: page 36, 'l'amour et l'amitié, amis de la simplicité rustique'; page 532, à propos de Julie:

Ses parens, ses amis, ses domestiques, tous heureusement nés, étoient faits pour l'aimer et pour en être aimés. Son pays étoit le seul où il lui convint de naitre, la simplicité qui la rend sublime, devoit regner autour d'elle [...]

[p.541:] Elle veut plaire à son mari qui aime à la voir contente et gaye; elle veut inspirer à ses enfans le goût des innocens plaisirs que la modération, l'ordre et la simplicité font valoir, et qui détournent le cœur des passions impétueuses.

[p.603:] La simplicité de la vie pastorale et champêtre a toujours quelque chose qui touche.

[p.604:] O tems de l'amour et de l'innocence, où les femmes étoient tendres et modestes, où les hommes étoient simples et vivoient contens! Non, jamais ta beauté ne regne avec plus d'empire qu'au milieu des soins champêtres. C'est là que les graces sont sur leur trône, que la simplicité les pare, que la gaité les anime, et qu'il faut les adorer malgré soi.

A la page 609, l'écrivain parle encore de la 'simplicité' des occupations rustiques ...

Or il n'est pas ici sans intérêt de constater le glissement des considérations éthiques vers les considérations esthétiques. Aux yeux de Rousseau, le simple est nécessairement naturel et le naturel à son tour est nécessairement beau. *La Nouvelle Héloïse* semble prôner la suprématie du naturel, c'est à dire de la simplicité. On aura noté dans la citation de la page 604 comment l'appel à l'idée de simplicité suscite la métaphore du pouvoir, avec l'emploi des mots 'règne', 'empire', 'trône' et celui de l'expression 'adorer malgré soi'.

La transparence. La simplicité suppose l'existence d'une autre qualité morale qui est la transparence. La transparence en morale, c'est une clarté dans la conduite qui s'oppose au caractère flou du mensonge, à l'aspect obscur du double jeu. Avoir une conduite transparente, c'est prendre à chaque occasion le parti de la vérité contre la duplicité et le mensonge. Par conséquent dire de quelqu'un qu'il a une conduite transparente, c'est bien évidemment assurer de sa droiture, de sa rectitude morale, du souci qui est le sien de faire toujours correspondre ses actions à ses intentions.

Pour l'auteur de *La Nouvelle Héloïse*, la vie rustique favorise l'éclosion et le développement d'une telle qualité. Les habitants de Clarens, qu'il s'agisse des Wolmar ou de leurs serviteurs, sont des êtres honnêtes, droits, francs, en un mot transparents.

Le romancier assure des Wolmar que leur 'grand art' est de se montrer à leurs serviteurs 'tels qu'ils sont. Leur conduite est toujours franche et ouverte,

8. De l'inventaire descriptif aux présupposés idéologiques

parce qu'ils n'ont pas peur que leurs actions démentent leurs discours' (*Nouvelle Héloïse*, IV, lettre X, ii.468).

D'autre part l'exigence première de leurs maîtres envers les ouvriers de Clarens est 'l'honnêteté' (*Nouvelle Héloïse*, IV, lettre X, ii.445). Pour l'obtenir les maîtres se doivent d'être transparents eux-mêmes, de se montrer tels qu'ils sont.

La règle de l'authenticité semble être pour Rousseau le fondement de tous les rapports entre personnes devenues membres de la même société, règle qui lui paraît plus applicable en milieu rustique que dans les grandes villes. Il n'est donc pas étonnant qu'à la morale citadine faite d'hypocrisie et de mensonge, il oppose constamment la morale paysanne respectueuse de l'authenticité et de l'honnêteté.

Tout se passe comme si Rousseau percevait une dialectique entre géographie, écologie, économie et morale. La simplicité des mœurs, la candeur et la probité se rencontrent beaucoup plus naturellement dans un environnement rustique que dans un environnement urbain. Si les habitants de Clarens ont conserver leur état de première simplicité, ou si ailleurs dans le roman on peut apprécier l'innocence et la simplicité de mœurs des montagnards du Haut-Valais, c'est essentiellement parce que l'environnement économique et géographique des personnages y est éminemment favorable. 'L'ordre', 'la paix', 'l'innocence', qui règnent à Clarens sont opposés au désordre et à l'aventurisme moral du monde parisien. Dans *La Nouvelle Héloïse*, les campagnards restent 'bons', tant que la campagne n'est pas contaminée par les vices des grandes villes. L'espace villageois dans le roman est avant tout un espace 'd'innocence' et de 'transparence'. C'est la transparence des conduites et des actes qui assure au monde paysan davantage de diversité et d'étoffe (V, lettre II, ii.554):

Le judicieux Wolmar trouve dans la naiveté villageoise des caracteres plus marqués, plus d'hommes pensans par eux-mêmes que sous le masque uniforme des habitans des villes, où chacun se montre comme sont les autres, plutôt que comme il est lui-même.

Le paysan est l'homme de la nature. Il est au citadin ce que le sauvage est au civilisé.[22] Moins ambitieux et moins prétentieux que le citadin, il donne moins d'importance aux possessions chimériques, mais consacre sa vie à l'essentiel, c'est à dire à la recherche de l'harmonie et du dialogue entre lui et les autres hommes, entre lui et la nature, entre lui et Dieu.

Le lecteur de *La Nouvelle Héloïse* ne tarde pas à découvrir chez les habitants de Clarens les manifestations de la transparence du cœur, l'innocence dans les comportements, et la dialectique de l'être et du paraître. Le passage sur la fête

---

22. Jean Terrasse, *J. J. Rousseau et la quête de l'âge d'or*, p.204.

des vendanges est à cet égard de la plus haute signification, comme l'a fort bien montré Jean Terrasse (p.209):

Cette fête est le triomphe de la 'transparence' ou de la communion de toutes les consciences dans un même élan vital dont Julie est à la fois l'origine et l'aboutissement. Chacun se montre tel qu'il est. Tous sont réunis dans un même sentiment de fraternité qui abolit les différences de classe.

La campagne est donc perçue par Rousseau comme un espace doué d'une vertu pédagogique, dans la mesure où elle peut exercer sur le comportement une influence morale bénéfique. Ce roman rustique qu'est *La Nouvelle Héloïse* a été écrit par quelqu'un qui se veut avant tout un écrivain de l'innocence et de la transparence.

Dès 1751, dans la lettre qu'il adressait à Mme Dupin de Francueil pour se justifier d'avoir abandonné ses enfants à l'assistance publique, Rousseau affirmait une préférence décidée pour le mode de vie des paysans (Leigh 157):

Quand j'en serais le maître, je n'en ferais ni des auteurs, ni des gens de bureau, je ne les exercerais point à manier la plume mais la charrue, la lime ou le rabot, instruments qui font mener une vie saine, laborieuse, innocente […]

L'idéal moral de Rousseau est que les hommes apprennent à s'aimer et à s'entraider, afin que l'existence terrestre leur apparaisse moins pénible. Or le milieu campagnard favorise l'entraide, la bienfaisance.

La bienfaisance et l'humanité. La bienfaisance est l'action de faire du bien dans un intérêt social. On dit de quelqu'un qu'il est bienfaisant quand il est charitable, généreux, bon. La bienfaisance apparaît donc comme le contraire de l'égoïsme. Elle est synonyme d'assistance, d'aide.

Les personnages de *La Nouvelle Héloïse* se portent au secours les uns des autres. Les plus riches aident les plus pauvres et les plus forts les plus faibles. Il y a chez les Wolmar une disposition favorable envers leurs serviteurs et vice versa. St-Preux compare Julie à une 'bienfaisante fée' à la page 607 du roman. Jean Terrasse dit d'elle qu'elle est une 'belle âme'.[23] Elle apparaît en effet comme un personnage bon et charitable. Elle se sent concernée par la souffrance des paysans de Clarens. Sa pitié pour eux est une pitié active, positive. Elle semble souffrir avec tous ceux qui souffrent. Et elle éprouve pour chacun une profonde bienveillance (*Nouvelle Héloïse*, V, lettre II, ii.532):

Elle n'a point cette pitié barbare qui se contente de détourner les yeux des maux qu'elle pourroit soulager. Elle les va chercher pour les guerir; c'est l'existence et non la vue des malheureux qui la tourmente: il ne lui suffit pas de ne point savoir qu'il y en a, il faut pour son repos qu'elle sache qu'il n'y en a pas, du moins autour d'elle: car ce seroit

23. Jean Terrasse, *J. J. Rousseau et la quête de l'âge d'or*, p.209.

sortir des termes de la raison que de faire dépendre son bonheur de celui de tous les hommes.

Si Rousseau juge la 'bienfaisance' éloignée de l'amour propre, sentiment égoïste et vil, il la considère comme une autre forme de l'amour de soi: elle porte à voler au secours d'autrui, parce qu'autrui nous renvoie notre propre image, celle de la condition humaine. Ainsi faire du bien autour de soi, voler au secours de ses semblables, c'est améliorer sa propre condition d'homme, c'est donner un sens à sa présence sur la terre. Les bonnes actions que Julie fait autour d'elle se retournent en sa faveur pour la combler de joie: 'elle voit par tout ce qui plait à son cœur, et cette ame si peu sensible à l'amour-propre apprend à s'aimer dans ses bienfaits' (*Nouvelle Héloïse*, v, lettre II, ii.533).

Rousseau tient donc qu'aimer autrui, c'est s'aimer soi-même. Le personnage de Julie est à saisir comme l'illustration même de cette vérité. Elle s'installe dans ce roman auquel elle donne son sens comme une 'divinité'. Jean Terrasse voit en elle 'l'idée du bien matérialisée', 'la divinité incarnée dans l'éternel féminin'.[24]

Le côté 'féminin' de cette 'divinité incarnée' vient du fait que le personnage n'a 'd'autre regle que son cœur' (*Nouvelle Héloïse*, v, lettre II, ii.530). Julie a bon cœur. La place centrale qu'elle occupe dans le roman lui vient, non pas de son statut de maîtresse, mais de la qualité morale des rapports qu'elle tisse avec tous ceux qui l'entourent. Et St-Preux dira d'elle (v, lettre VII, ii.607):

Julie! femme incomparable! vous exercez dans la simplicité de la vie privée le despotique empire de la sagesse et des bienfaits: vous êtes pour tout le pays un dépot cher et sacré que chacun voudroit deffendre et conserver au prix de son sang, et vous vivez plus sûrement, plus honorablement au milieu d'un peuple entier qui vous aime, que les Rois entourés de tous leurs soldats.

C'est Julie principalement qui donne au roman et surtout à la fête des vendanges l'atmosphère fraternelle que nous leur connaissons. Grâce à ce personnage, nature et culture s'appellent et se répondent en ce temps privilégié des vendanges. La capacité qu'elle a d'établir avec ses semblables des rapports cordiaux, sa bonté spontanée et naturelle, ne créent pas seulement dans le roman un climat de paix; elles suggèrent aussi la nécessité d'une commune appartenance de tous les hommes à un même destin. Grâce à son intuition que favorise d'ailleurs la nature campagnarde, Julie accède aisément à l'idée d'une familiarité qui s'établisse entre elle et les paysans. On comprend alors qu'indépendamment du rôle qui est le leur, maître ou maîtresse ont un statut qui signifie beaucoup moins un privilège de l'autorité, que le devoir de soulager l'existence chétive des pauvres.

24. Jean Terrasse, *J. J. Rousseau et la quête de l'âge d'or*, p.207.

En peignant la conduite des Wolmar, Rousseau a voulu exprimer la nécessité de la solidarité entre les hommes, qui sont du fait de leur nature et de leur condition des 'frères'. Selon lui, le bonheur terrestre ne peut s'atteindre que par cette fraternité et cette solidarité. Malheureusement les citadins s'étant laissé enfermer par leur égoïsme dans l'indifférence et la malveillance, se sont privés de toute possibilité de bonheur innocent. Si *La Nouvelle Héloïse* est un roman du bonheur, ce bonheur semble n'être concevable et ne pouvoir s'exprimer que parmi les paysans dont les activités sont demeurées nobles et naturelles.

3. *Le bonheur de la vie rustique*

Si *La Nouvelle Héloïse* est un roman du bonheur, il s'agit avant tout d'un bonheur que favorise un environnement à la fois géographique, économique, social et psychologique. Le paysage rustique suscite chez l'écrivain un ensemble de sensations agréables dont l'effet peut être de faire apprécier positivement la présence en ce monde.

Tout montre dans *La Nouvelle Héloïse* qu'il fait bon vivre à la campagne. En effet, les sensations très varieés qu'ils y éprouvent concourent toutes au contentement du spectateur ou du promeneur. La variété du relief montagneux, le moutonnement au loin des collines verdoyantes, les bruits monotones des rivières, le spectacle des cascades, le gazouillement des oiseaux, l'air pur des montagnes, la senteur des fleurs et des terreaux ne vont pas sans plonger le promeneur dans une atmosphère de douce félicité et de joie indescriptible comparables à celles qu'ont connues autrefois les ancêtres. La campagne, par cet ensemble d'excitations sensorielles, offre plus que d'autres cadres les possibilités d'évocation d'un ailleurs dans le temps ou dans l'espace: 'La campagne, la retraite, le repos, la saison, la vaste plaine d'eau qui s'offre à mes yeux, le sauvage aspect des montagnes, tout me rappelle ici ma délicieuse Isle de Tinian' (*Nouvelle Héloïse*, IV, lettre X, ii.441). Cette évocation peut se faire aussi par le biais des pratiques culinaires, respectueuses des certitudes traditionnelles. On mange beaucoup dans *La Nouvelle Héloïse*, mais on ne mange pas n'importe comment ni n'importe quoi. Ce qu'on mange et ce qu'on boit ne contreviennent pas aux 'lois du naturel'. En effet, le bonheur du paysan lui vient surtout de ce sentiment de ne pas blesser la Nature dans l'acte même qui lui permet de soutenir sa vie (*Nouvelle Héloïse*, IV, lettre X, ii.453):

Julie elle même pourroit me servir d'exemple: car quoique sensuelle et gourmande dans ses repas, elle n'aime ni la viande, ni les ragoûts, ni le sel et n'a jamais goûté de vin pur. D'excellens légumes, les œufs, la crème, les fruits; voilà sa nourriture ordinaire, et sans le poisson qu'elle aime aussi beaucoup, elle seroit une véritable pitagoricienne.

En effet, Pythagore était végétarien. Pour lui, manger de la chair était un 'crime' contre la vie. Si *La Nouvelle Héloïse* parle beaucoup de la nourriture et de l'acte de manger, on remarque que le plaisir qu'on y prend dépend de ce qu'on mange. En général, ce qu'on mange à Clarens, c'est ce que le pays peut produire, ce que les paysans sont capables de faire pousser, c'est le fruit de leur travail. Ainsi l'acte de manger s'inscrit dans une relation vitale entre la Nature nourricière et le cultivateur, et l'harmonie de cette relation procure à ce dernier le plaisir qu'il prend à l'acte de manger. On se rappelle le plaisir qu'éprouve St-Preux à manger les mets produits par Julie à partir des cultures de Clarens (*Nouvelle Héloïse*, IV, lettre x, ii.452):

Je fis un goûter délicieux. Est-il quelques mets au monde comparables aux laitages de ce pays? Pensez ce que doivent être ceux d'une laiterie où Julie préside, et mangés à côté d'elle. La Fanchon me servit des grus, de la céracée, des gauffres, des écrelets. [...] Je vois, dit-elle en me donnant encore une assiéte de crême, que votre estomac se fait honneur par tout, et que vous ne vous tirez pas moins bien de l'écot des femmes que de celui des Valaisans; [...]
Il regnoit dans cette petite assemblée un certain air d'antique simplicité qui me touchoit le cœur; je voyois sur tous les visages la même gaité et plus de franchise, peut-être, que s'il s'y fut trouvé des hommes.

Il est souvent question de déjeuner, de dîner et de souper chez les Wolmar. Mais on notera que la façon de manger est aussi importante que ce que l'on mange. Ainsi, on ne mange jamais seul, comme si l'acte de manger était un acte essentiellement communautaire. Les femmes se rassemblent avec Julie et mangent dans une atmosphère d'innocente gaieté (*Nouvelle Héloïse*, IV, lettre x, ii.451):

Tous les Dimanches après le prêche du soir les femmes se rassemblent encore dans la chambre des enfans avec quelque parente ou amie qu'elles invitent tout à tour du consentement de Madame. Là en attendant un petit régal donné par elle, on cause, on chante, on joue au volant, aux onchets, ou à quelque autre jeu d'addresse propre à plaire aux yeux des enfans. La colation vient, composée de quelques laitages, de gauffres, d'échaudés, de merveilles,[25] ou d'autres mets du goût des enfans et des femmes. Le vin en est toujours exclus, et les hommes qui dans tous les tems entrent peu dans ce petit Gynécée ne sont jamais de cette colation, où Julie manque assés rarement.

Manger est une occasion de fête, où se manifestent des plaisirs partagés, des joies collectives. A Clarens, il y a comme une espèce de honte à être heureux tout seul. L'auteur de *La Nouvelle Héloïse* ne croit pas à la possibilité d'un bonheur individuel. Ici, tout se partage. Le plaisir que comporte l'acte de manger provient surtout qu'il est collectif. On est loin ici du Rousseau amoureux de la solitude et fuyant la société des hommes. On prendra garde toutefois que la société de Clarens est une communauté dont les membres se connaissent bien et pratiquent une solidarité restreinte à eux-mêmes comme des villageois.

25. Rousseau précise que les Merveilles sont des gâteaux du pays (de la Suisse).

On se souvient que l'assemblée des femmes qui se réunit chez Julie reçoit 'quelque parente ou amie', détail attestant un souci d'intimité de la part de l'auteur. Nous sommes ici aux antipodes de la société de masse propre à la ville. Les préférences de Rousseau vont à une communauté réduite. S'il aime la campagne et son mode de vie, c'est aussi parce qu'ils offrent cette possibilité.

A Clarens, on ne mange pas seulement: on mange en s'amusant. On joue, on cause, on chante, mais les divertissements sont fonction du sexe. Rousseau a voulu préserver les libertés individuelles attachées à chacun d'eux: les causeries, les chants et certains amusements sont réservés aux femmes; certains jeux sont réservés aux hommes dans des espaces bien spécifiques. Rousseau garde le souci d'une division sexuelle et ludique de l'espace (*Nouvelle Héloïse*, IV, lettre X, ii.450):

la femme et le mari son bien destinés à vivre ensemble, mais non pas de la même maniere; ils doivent agir de concert sans faire les mêmes choses. La vie qui charmeroit l'un seroit, dit-elle, insuportable à l'autre; les inclinations que leur donne la nature sont aussi diverses que les fonctions qu'elle leur impose; leurs amusemens ne different pas moins que leurs devoirs; en un mot, tous deux concourent au bonheur commun par des chemins différens, et ce partage de travaux et de soins est le plus fort lien de leur union.

Mais aucun jeu ne sauroit comporter l'usage de l'argent. L'écrivain a sans doute peur que le recours à l'argent n'opère une sélection et ne prive les plus démunis des joies simples des jeux. C'est pourquoi les Wolmar recourent, pour récompenser les meilleurs, aux objects utiles et naturels. D'une manière générale, les plaisirs doivent s'inscrire dans un ordre naturel des choses. Les jeux et les amusements du printemps et de l'été ne sont jamais identiques à ceux de l'automne et de l'hiver. Par exemple, durant l'hiver, il est surtout question de bals. Les bals ne semblent pas avoir ici un simple intérêt ludique, mais aussi et surtout un intérêt à la fois sociologique et psychologique. Alors que dans les autres jeux les sexes sont séparés, dans les bals les hommes et les femmes se rencontrent en public. Cette rencontre ne porte nulle atteinte à l'ordre moral de l'innocence primitive, comme l'assure Mme de Wolmar qui organise de nombreux bals: 'toutes les fois qu'il y a concours des deux sexes tout divertissment public devient innocent par cela même qu'il est public, au lieu que l'occupation la plus louable est suspecte dans le tête à tête' (*Nouvelle Héloïse*, IV, lettre X, ii.456).

Dans *La Nouvelle Héloïse*, les occasions de jouissances et de plaisirs relèvent de la nature des choses. Toute joie est saine et innocente: 'la vie rustique et campagnarde de Clarens procure des plaisirs purs et doux' (IV, lettre X, ii.441). Si ces plaisirs sont à la fois purs et doux, c'est en raison de l'équilibre entre le travail et le divertissement, entre 'l'utile' et 'l'agréable', si bien que l'utile devient l'agréable et vice versa.

C'est le tableau des vendanges qui achève de persuader de cette vérité. A Clarens, les vendanges constituent une fête, comme si le travail était un plaisir. Pour Rousseau tout ce qui s'inscrit dans l'ordre naturel des choses procure le bonheur. A travers le tableau des vendanges, le lecteur doit comprendre que toute activité liée à la nature des choses est nécessairement un divertissement, comme si le travail des champs était à la fois un devoir et un droit, une donnée de la nature et un délassement (*Nouvelle Héloïse*, v, lettre vii, ii.607):

Vous ne sauriez concevoir avec quel zele, avec quelle gaité tout cela se fait. On chante, on rit toute la journée, et le travail n'en va que mieux. Tout vit dans la plus grande familiarité; tout le monde est égal, et personne ne s'oublie.

St-Preux nous invite à découvrir l'allégresse générale au début des vendanges (v, lettre vii, ii.604):

Toutes les vignes chargées de ce fruit bienfaisant que le Ciel offre aux infortunés pour leur faire oublier leur misere; le bruit des tonneaux, des Cuves, des Légrefass qu'on relie de toutes parts; le chant des vendangeuses dont ces côteaux retentissent; la marche continuelle de ceux qui portent la vendange au pressoir; le rauque son des instrumens rustiques qui les anime au travail; l'aimable et touchant tableau d'une allégresse générale qui semble en ce moment étendu sur la face de la terre; enfin le voile de brouillard que le soleil éleve au matin comme une toile de théatre pour découvrir à l'œil un si charmant spectacle; tout conspire à lui donner un air de fête, et cette fête n'en devient que plus belle à la réflexion, quand on songe qu'elle est la seule où les hommes aient su joindre l'agréable à l'utile.

On voit donc que la période des vendanges, ou plutôt la fête des vendanges, est un spectacle de la nature à un double titre: la nature en est le cadre et les acteurs de ce spectacle restent, par leur simplicité pastorale, ses enfants authentiques. C'est à la fois une période de labeur et de détente. On travaille le jour, on veille la nuit. On chante de vieilles romances, la joie et la vie sont répandues dans les chaumières.

Ainsi, par son aspect, par les types d'activités qu'on y pratique et par la nature des relations qu'elle favorise entre les individus, la campagne n'est pas seulement un lieu où l'on chante, mais aussi un lieu qui enchante.

Rousseau semble vouloir par là attirer l'attention sur les avantages qu'offre la vie rustique de son époque. Selon lui (*Nouvelle Héloïse*, v, lettre vii, ii.603):

Le travail de la campagne est agréable à considérer, et n'a rien d'assés pénible en lui-même pour émouvoir à compassion. L'objet de l'utilité publique et privée le rend intéressant; et puis, c'est la premiere vocation de l'homme, il rapelle à l'esprit une idée agréable, et au cœur tous les charmes de l'âge d'or.

On conviendra pourtant qu'il reste bien difficile d'affirmer en toute objectivité que pour le paysan du siècle des Lumières le travail des champs ait été un réel plaisir. En effet, on sait par bien des historiens et philosophes, que le dix-huitième siècle a connu la famine et la misère paysanne principalement en France. Diderot parlera de la famine de la région de Langres: le *Voyage à Langres et à Bourbonne* évoque la misère paysanne et le spectacle des bandits qui hantent les routes. *Jacques le fataliste* l'expose aussi dans une certaine mesure. Recueilli dans une pauvre chaumière, à cause de sa blessure à la guerre, Jacques entend le paysan reprocher à sa femme la charité 'hors de saison' dont elle a pris l'intitiative:

L'année est mauvaise; à peine pouvons nous suffire à nos besoins et aux besoins de nos enfants. Le grain est d'une chereté. Point de vin! encore si l'on trouvait à travailler mais les riches se retranchent; les pauvres gens ne font rien; pour une journée qu'on emploie, on en perd quatre. Personne ne paye ce qu'il doit; les créanciers sont d'une âpreté qui désespère.[26]

Il n'est pas douteux que *Jacques le fataliste* offre un ensemble de témoignages sur la misère et la pauvreté paysannes au dix-huitième siècle. Rousseau lui-même a bien senti que son tableau était quelque peu idyllique. La paysannerie de Clarens qu'il a dépeinte dans son roman est une construction utopique. Dans la réalité concrète, les choses sont tout autres. St-Preux en convient lui-même à demi-mot: 'J'avoue que la misere qui couvre les champs en certains pays où le publicain dévore les fruits de la terre, l'âpre avidité d'un fermier avare, l'inflexible rigueur d'un maitre inhumain ôtent beaucoup d'attrait à ces tableaux' (*Nouvelle Héloïse*, v, lettre VII, ii.603). En présentant donc les choses non pas telles qu'elles sont, mais telles qu'elles devraient être, *La Nouvelle Héloïse* comporte un message pédagogique et moral certain, qui semble suppléer aux réalités vécues par l'auteur, en même temps qu'elle constitue le reflet d'influences diverses.

L'idéal de bonheur peint dans *La Nouvelle Héloïse* ne peut trouver sa source profonde que dans certaines périodes heureuses de l'expérience vécue de l'auteur à la campagne. Les jours heureux et paisibles passés à Bossey, dans la campagne genevoise, les délices des Charmettes, les joies printanières de l'Ermitage, avec ses bois, ses ruisseaux, et ses rossignols, tout ce passé agreste explique dans une certaine mesure le choix et la place privilégiée du cadre pastoral de *La Nouvelle Héloïse*. L'aspect champêtre du paysage romanesque procède donc de cet ensemble de paysages connus autrefois.

Au reste, le goût de la campagne s'est éveillé chez Rousseau dès son jeune âge: 'La campagne étoit pour moi si nouvelle que je ne pouvois me lasser d'en jouir. Je pris pour elle un goût si vif qu'il n'a jamais pu s'éteindre' (*Confessions*, I, i.12). Ainsi parle Rousseau de son séjour à Bossey, dans la demeure rustique du pasteur Lambercier. Ce premier contact décide à jamais de son amour pour

26. Diderot, *Œuvres romanesques*, éd. Henri Bénac (Paris 1951), p.510.

la vie des champs. Dès ce moment, la campagne devient pour Rousseau une nécessité et un bienfait à la fois physique et moral. Il découvre non seulement les beautés de la nature champêtre, mais aussi les charmes de l'amitié et de la simplicité rustique: 'la simplicité de cette vie champêtre me fit un bien d'un prix inestimable en ouvrant mon cœur à l'amitié'.

Rousseau a goûté aussi les charmes de la campagne au cours des multiples voyages effectués durant sa jeunesse. Dans la suite de sa vie, de multiples exemples attestent que la présence de la campagne lui procurait à chaque fois les mêmes joies, la même jubilation. Ce qui l'émerveille dans la nature champê-tre, c'est cette union intime du 'beau' et du 'bon'. Dans le voyage pédestre qui le conduit à Paris, Rousseau décrit l'effet bénéfique et salutaire qu'il ressent de la campagne (*Confessions*, IV, i.162):

La vue de la campagne, la succession des aspects agréables, le grand air, le grand appetit, la bonne santé que je gagne en marchant, la liberté du cabaret, l'éloignement de tout ce qui me fait sentir ma dépendance, de tout ce qui me rappelle à ma situation, tout cela dégage mon ame, me donne une grande audace de penser, me jette en quelque sorte dans l'immensité des êtres pour les combiner, les choisir, me les approprier à mon gré sans gêne et sans crainte.

De la même manière, à Annecy, la présence de la campagne lui fait dire: 'Combien cette nouveauté me fut sensible et douce!' (*Confessions*, III, i.105). Mais c'est surtout l'idylle des Charmettes qui traduit de manière significative l'influence du milieu rustique sur l'auteur. Le séjour aux Charmettes qualifié de période de 'bonheur et de l'innocence' (*Confessions*, V, i.224), a sans doute joué un rôle décisif dans l'acquisition de son goût pour la vie simple et rustique. Le site des Charmettes à la fois 'retiré et solitaire' représentait un vallon couvert de plusieurs maisons éparses. Celle de Rousseau et de Mme de Warens entourée d'un jardin, d'un verger, d'une vigne, d'un 'bois de Chataigners' et de 'prés pour l'entretien du bétail' (*Confessions*, V, i.224), peut évoquer, sans pour autant s'y identifier, le domaine rustique des Wolmar avec leur jardin, leurs vignobles. D'autre part, la vie de Rousseau aux Charmettes n'était nullement faite d'une solitude totale. Le style de vie qui était le sien dès cette époque était celui d'une société intime qui permettait de goûter les charmes de l'intimité dans les tête-à-tête avec Mme de Warens ou de partager certains de ses moments avec les paysans des environs. D'ailleurs, Rousseau lui-même indique quel type de société il appréciait lorsqu'au moment de son installation aux Charmettes il dit sa satisfaction d'y trouver 'enfin tout ce qu'il falloit pour le petit ménage champêtre que nous y voulions établir' (*Confessions*, V, i.224). On retiendra donc que le séjour de Rousseau aux Charmettes marque une étape importante dans la formation de son goût pour les vertus de la vie simple et rustique. L'auteur lui-même avoue qu'il y jouissait de 'plaisirs simples et innocents' (*Confessions*,

V, i.224) en veillant avec les ouvriers, en fêtant les vendanges et la récolte des fruits, ou en se régalant de soupers et de dîners frugaux.

Dans son poème, *Le Verger de Mme de Warens*, publié en 1739, Rousseau en parlant de son bonheur aux Charmettes évoque les plaisirs 'doux' et 'purs'[27] dont il jouissait. Or, ces termes sont à retenir puisque ce sont, on s'en souvient, ceux-là mêmes qu'utilisait St-Preux pour définir les plaisirs et les joies des habitants de Clarens. De par la nature et la qualité de leurs divertissements, cette douceur et cette pureté qui les caractérisent trouvent en partie leur origine dans les souvenirs de l'auteur.

C'est pourquoi la rupture avec la vie rustique et l'aventure parisienne ne pouvaient que renforcer en lui la nostalgie de la campagne et de la vie pastorale. Peu avant son arrivé à l'Ermitage, il l'évoque en ces termes: 'Depuis que je m'étois malgré moi jetté dans le monde je n'avois cessé de regretter mes chéres Charmettes et la douce vie que j'y avois menée. Je me sentois fait pour la retraite et la campagne; il m'étoit impossible de vivre heureux ailleurs' (*Confessions*, IX, i.401).

L'Ermitage 'plus solitaire que sauvage' lui a offert enfin cette retraite qu'il désirait. Ce lieu, malgré sa proximité de Paris, le transportait 'au bout du monde. Il avoit une de ces beautés touchantes qu'on ne trouve guére auprès des villes' (i.403-404). Or Clarens aussi transporte au bout du monde un St-Preux qui s'écrie: 'tout me rappelle ici ma délicieuse Isle de Tinian' (*Nouvelle Héloïse*, IV, lettre X, ii.441).

Ainsi, qu'il s'agisse de l'Ermitage, des Charmettes ou de Bossey, la campagne demeure pour Rousseau un besoin et une nécessité: ce n'est qu'à son contact qu'il peut trouver la paix, le délassement, la jouissance, la simplicité, bref le bonheur. Elle devient même sous sa plume synonyme de 'paradis': il a l'impression d'avoir été chassé du 'paradis terrestre' en l'ayant été de Bossey (*Confessions*, I, i.20); aux Charmettes, revoir le printemps est pour lui 'ressusciter au paradis' (*Confessions*, VI, i.233). Même vision dans les *Rêveries du promeneur solitaire*: 'sitot que je me vois sous les arbres au milieu de la verdure je crois me voir dans le paradis terrestre et je goute un plaisir interne aussi vif que si j'étois le plus heureux des mortels'.[28] Il était dès lors inéluctable que les habitants du 'monde idéal' vécussent dans un cadre champêtre et que le 'paradis de Clarens' fût un univers rustique et campagnard.

On n'oubliera pas non plus l'influence qu'ont pu exercer certaines lectures de Rousseau aux Charmettes dans la formation de son goût pour les vertus de la vie rustique et campagnarde: il cite (*Confessions*, VI, i.242) les *Eglogues* de

27. *Le Verger de Mme de Warens*, ii.1124.
28. *Les Rêveries*, huitième promenade, i.1083.

8. De l'inventaire descriptif aux présupposés idéologiques

Virgile et le *Télémaque* de Fénelon, œuvres qui évoquent la simplicité de la vie patriarcale et rustique. Dans *Le Verger de Madame de Warens*, il loue Pope, le moraliste anglais, et Epictète[29] comme les défenseurs des valeurs stoïques. Dans la quatrième Epître de l'*Essai sur l'homme* de Pope, il est en effet question de préoccupations morales fondamentales s'organisant autour de la triade: Nature, Vertu, Bonheur. On peut dire que c'est à partir de janvier 1742 que date sa découverte de Pope, puisqu'à Conzié des Charmettes, Rousseau écrit: 'Je vous suis bien obligé, Monsieur, de la bonté que vous avez eue de me prêter Pope avec les "sentiments critiques". Cette feuille contient d'assez bonnes choses' (Leigh 43). Rousseau toutefois n'adhère pas à toutes les idées exprimées par Pope. Il ne partage pas son déisme implicite. Il réfute sa théorie de la 'chaîne des êtres'. Il propose la foi chrétienne. Cependant cette rencontre avec Pope est une étape importante. C'est l'occasion d'un retour sur lui-même. C'est l'éveil de sa sensibilité morale. Et selon Jean Nicolas, 'c'est la découverte d'un idéal éthique auquel il restera fidèle tout au long de son œuvre'.[30]

Par ailleurs, dans sa lettre de décembre 1757 à Sophie d'Houdetot, Rousseau remarquait: 'l'objet de la vie de l'homme est la félicité humaine, mais qui de nous sait comment on y parvient'. Mais dans *La Nouvelle Héloïse*, à travers la vie de la communauté de Clarens, Rousseau proposera la définition de cette vie qui peut mener au véritable bonheur et dont la source réside dans la vie domestique et retirée: 'Il faut une ame saine pour sentir les charmes de la retraite; on ne voit guere que des gens de bien se plaire au sein de leur famille et s'y renfermer volontairement; s'il est au monde une vie heureuse, c'est sans doute celle qu'ils y passent' (v, lettre II, ii.528).

Il nous est donné une fois de plus de constater l'intrusion de la vie dans l'œuvre, le prolongement du paysage vécu dans le paysage rêvé. Ce prolongement n'est toutefois possible qu'au prix d'un certain nombre d'artifices ou de détours nécessaires qu'il faudra maintenant identifier dans la dernière partie de cet ouvrage.

29. Rousseau cite dans *La Nouvelle Héloïse*, le nom d'Epictète à la page 181.
30. Jean Nicolas, 'Une lettre inédite de Rousseau', *Annales historiques de la Révolution française* 34 (1962), p.389.

III
Du paysage extérieur au paysage intérieur

9. Les rapports du moi et de la nature

L'ANALYSE des aspects et des éléments du paysage rousseauiste révèle que ceux-ci cherchent à signifier au-delà d'eux-mêmes, débordent le cadre de simples représentations géographiques ou pittoresques. Le paysage prend en effet dans *La Nouvelle Héloïse* une valeur psychologique, dans la mesure où Rousseau incorpore ses personnages à la nature. Curieusement, l'homme devient inséparable du monde matériel qui l'entoure. En ce sens, l'établissement d'un lien entre les sites romanesques et l'univers mental des personnages tend à refléter des rapports de réciprocité entre les variations des sentiments et l'état d'âme du spectateur dans son milieu. D'où le rôle fonctionnel du paysage dans l'expression du 'moi' le plus profond. Il est donc difficile d'interpréter le paysage romanesque, sans prendre en considération le caractère subjectif et affectif de la perception qu'en ont ceux qui le contemplent. On doit dès lors déterminer comment s'exprime chez l'auteur de *La Nouvelle Héloïse* la corrélation entre l'univers inanimé et le monde interne, entre le dehors et le dedans, entre l'environnement physique et l'état psychique des héros de son roman.

Le paysage y demeure le lieu privilégié dans lequel les personnages se meuvent au gré de leurs sentiments. Ces sentiments de nature variée tendent à s'extérioriser, à se répandre en quelque sorte sur le paysage pour créer ou modifier l'atmosphère de telle façon qu'elle réponde aux émotions éprouvées: les objets deviennent comme le miroir des sentiments de Julie et de St-Preux, le paysage réflète un état-d'âme. Les paysages qui organisent *La Nouvelle Héloïse* sont des 'paysages état-d'âme' auxquels conviendrait la définition que formulait G. Charlier du paysage état-d'âme chez les romantiques: 'Les sites modifiés par l'imagination et teints de nuances plus sombres ou plus claires selon les dispositions intimes du spectateur.'[1]

Dans *La Nouvelle Héloïse*, 'ces dispositions intimes' sont nombreuses: la mélancolie, la joie, la rêverie amoureuse, l'extase … Le paysage prend en effet la forme changeante des émotions qui emplissent le cœur de Julie et de St-Preux. Selon les vissicitudes de leur âme, leur 'moi' se projette vers l'univers inanimé et l'assimile à l'impression vécue, lui donnant ainsi une couleur personnelle, passionnelle. La beauté ou la laideur du paysage, son aspect riant ou triste ne sauraient donc que traduire cette transfiguration de l'espace externe par l'espace interne, le 'moi' répandant alors sa propre substance sur les choses.

1. Gustave Charlier, *Le Sentiment de la nature*, p.386.

Cette fonction créatrice ou recréatrice des émois du cœur relative aux paysages, nul ne saurait mieux l'exprimer que St-Preux qui, au temps de sa plus vive passion pour Julie et parcourant seul les montagnes du Valais, l'évoque dans ces termes (I, lettre XXIII, ii.83):

Je n'ai jamais mieux remarqué avec quel instinct je place en divers lieux notre existence commune selon l'état de mon ame. Quand je suis triste, elle se réfugie auprès de la votre, et cherche des consolations aux lieux où vous êtes; c'est ce que j'éprouvois en vous quitant. Quand j'ai du plaisir, je n'en saurois jouir seul, et pour le partager avec vous, je vous appelle alors où je suis.

Manifestement, les sentiments que nous éprouvons déterminent la qualité du paysage. Il devient alors normal que celui-ci prenne à son tour les couleurs de nos sentiments et traduise notre joie et notre peine. Du paysage alpestre, lacustre et rustique, Julie et St-Preux ne perçoivent les composantes qu'à travers les mouvements de leur âme. Parfois, ce mouvement devient l'exaltation amoureuse. Le sentiment alors dominant est celui de la joie et du plaisir. L'univers extérieur se trouve modifié sous l'effet de cette sensation. La valeur esthétique du paysage reste ainsi fortement dépendante de l'état psychologique du sujet. On sait déjà que pour St-Preux 'une vue exquise n'est qu'un sentiment délicat et fin' (I, lettre XII, ii.59). Ce qui témoigne de la relativité du jugement esthétique.

Le joie et le plaisir qu'éprouve St-Preux à l'annonce de son rendez-vous champêtre avec Julie transfigurent le paysage aux yeux du bienheureux amant et la campagne prend alors les couleurs de son âme. Elle s'anime sous l'effet de sa jouissance interne. Elle ne se pare des couleurs les plus vives et des formes les plus pures, elle n'apparaît dans toute sa beauté et sa fraîcheur que parce qu'elle reflète l'exaltation amoureuse de St-Preux, l'espoir qu'il pourra se trouver seul avec Julie et s'unir à elle (*Nouvelle Héloïse*, I, lettre XXXVIII, ii.116-17):

Je trouve la campagne plus riante, la verdure plus fraiche et plus vive, l'air plus pur, le Ciel plus serain; le chant des oiseaux semble avoir plus de tendresse et de volupté; le murmure des eaux inspire une langueur plus amoureuse; la vigne en fleurs exhale au loin de plus doux parfums; un charme secret embellit tous les objets ou fascine mes sens, on diroit que la terre se pare pour former à ton heureux amant un lit nuptial digne de la beauté qu'il adore et du feu qui le consume. O Julie! ô chere et précieuse moitié de mon ame, hâtons-nous d'ajouter à ces ornemens du printems la présence de deux amans fidelles: Portons le sentiment du plaisir dans des lieux qui n'en offrent qu'une vaine image; alons animer toute la nature, elle est morte sans les feux de l'amour.

N'est-il pas clair que la ferveur sentimentale, la présence espérée de l'être aimé sont au principe de la beauté éclatante que le paysage a soudain revêtue? Ainsi, pour l'auteur de *La Nouvelle Héloïse*, le paysage ne trouve de véritable signification qu'au regard de la psychologie humaine. Sans l'action transformatrice du paysage mental exerçant sur les objets sa puissance souveraine, l'univers extérieur demeurerait neutre et dépourvu d'intérêt. Ici, l'effervescence affective vécue par le héros du roman est bien le ressort secret de son appréciation des choses et des êtres. Cette possible influence des sentiments sur le paysage, Rousseau l'avait non seulement expérimentée au cours de sa vie, mais aussi clairement exprimée dans sa lettre du 20 janvier 1763 adressée au maréchal de Luxembourg. A l'occasion d'une description du Jura neuchâtelois, il y déclare que le paysage n'existe pas hors de nous, qu'il 'dépend de l'état où nous Sommes en le contemplant'. Et il poursuit: 'nos rélations Se rapportent toujours plus à nous qu'aux choses' (Leigh 2440). Le propos montre bien l'importance accordée au sentiment dans la vision des choses. La même idée revient sous la plume de l'auteur dans l'*Art de jouir*:

Solitude chérie où je passe encore avec plaisir les restes d'une vie livrée aux souffrances, forest sans bois, marais sans eaux, genets, roseaux, tristes bruyères, objets inanimés qui ne pouvez ni me parler ni m'entendre, quel charme secret me ramene sans cesse au milieu de vous? Etres insensibles et morts, ce charme n'est point en vous, il n'y sauroit être, il est dans mon propre cœur qui veut tout rapporter à lui.[2]

Il est manifeste que pour Rousseau, le monde des choses subit l'influence de notre état affectif. Selon l'état de son âme l'homme façonne le paysage à sa propre image, le colore de ses propres sentiments. A ce titre, le bonheur que trouvait Rousseau aux Charmettes auprès de Mme de Warens, ou dans ses occupations champêtres, ou dans ses promenades à travers bois et coteaux, ne résidait pas dans l'unique présence des choses; 'il n'était dans aucune chose assignable, il était en moi-même', dit-il dans les *Confessions* (VI, i.226). Cet état de plénitude d'une âme se projetant sur tout ce qui l'entoure détermine la qualité du regard chez Rousseau, comme l'a bien établi Georges Poulet:

Dans sa plénitude du monde extérieur se trouve donc la plénitude de l'être intime. Du centre du moi jusqu'aux points ultimes du paysage embrassé par le regard, un même milieu s'étend, que parcourt la pensée sensible. Partout au dehors l'être se reconnaît tel qu'il est au-dedans.[3]

Cette perception des choses à travers le 'moi intérieur' transforme ainsi le contenu et la totalité de l'espace extérieur. La personnalité de Julie est à cet égard particulièrement significative: sa seule présence, son 'âme expansive' embellit et illumine le domaine de Clarens, comme le remarque St-Preux: 'c'était Julie elle-même qui répandoit son charme invincible sur tout ce qui l'environnoit' (*Nouvelle Héloïse*, I, lettre XXXVIII, ii.115).

2. *Art de jouir*, i.1173.
3. Georges Poulet, *Les Métamorphoses du cercle* (Paris 1960), p.105.

Cette action des sentiments sur l'univers inanimé s'observe aussi dans la vision qui nous est proposée des paysages du Valais. Durant sa course solitaire sur les montagnes de ce pays, St-Preux est absorbé dans sa rêverie amoureuse. Il lui semble qu'il mène partout avec lui celle qu'il aime. Tous les arbres qu'il rencontre lui prêtent leur ombre, tous les gazons lui servent de siège. Si bien que tous les objets qui s'offrent à sa vue deviennent la projection de l'image de Julie (*Nouvelle Héloïse*, I, lettre XXIII, ii.83):

Tout me rappelloit à vous dans ce séjour paisible; et les touchans attraits de la nature, et l'inaltérable pureté de l'air, et les mœurs simples des habitans, et leur sagesse égale et sûre, et l'aimable pudeur du sexe, et ses innocentes graces, et tout ce qui frapoit agréablement mes yeux et mon cœur leur peignoit celle qu'ils cherchent.

Constatons ici aussi que la rêverie amoureuse de St-Preux transforme le paysage qu'elle auréole de splendeur. Puisqu'il y a comme un épanchement du sentiment amoureux sur le monde extérieur, le paysage s'identifie à son tour au moi de l'amant. Ce mouvement d'expansion de l'âme peut même aller jusqu'à une sorte de fusion du sujet aimé et de l'objet contemplé: le sentiment d'extase qu'éprouve St-Preux au contact du paysage du Valais tient au fait que celui-ci prend en quelque sorte le visage de Julie, puisque les objets qui frappent la vue de St-Preux dans le Valais, les merveilles qui l'entourent, lui renvoient l'image de Julie et s'identifient à elle. Ainsi le moi s'identifie au non-moi dans la fusion de l'un et de l'autre.

Cette communion avec le paysage, cette fusion de l'être avec l'espace semble trouver sa source dans l'expérience vécue de l'auteur. En effet, évoquant son séjour à Annecy, Rousseau établit un rapport étroit entre le sentiment de bonheur qu'il éprouve auprès de Mme de Warens et celui que lui procure la beauté du paysage. De même qualité et de même origine, ils sont bien près de se confondre (*Confessions*, III, i.105):

Je faisois de ce charmant paysage encore un des bienfaits de ma chere patronne: il me sembloit qu'elle l'avoit mis là tout exprès pour moi; je m'y plaçois paisiblement auprès d'elle; je la voyois par tout entre les fleurs et la verdure; ses charmes et ceux du printems se confondoient à mes yeux. Mon cœur jusqu'alors comprimé se trouvoit plus au large dans cet espace, et mes soupirs s'exhaloient plus librement parmi ces vergers.

Pareillement au retour de St-Preux en Suisse, la vue de son pays natal, du lac de Genève et de ses rivages qu'il observe depuis les sommets du Jura lui procure un 'instant d'extase et de ravissement'.[4] L'intensité de ce bonheur vient du fait de retrouver enfin sa patrie. La beauté dont s'auréole alors le paysage, répond à la tonalité du sentiment éprouvé à son contact.

L'expérience d'une extase où s'identifient le moi et le non-moi, conduit

4. *Nouvelle Héloïse*, IV, lettre VI, ii.419.

parfois à l'idée de l'infini, à celle de l'immensité, bref à la spiritualisation de l'espace. Dans sa *Lettre à Malesherbes*, Rousseau définit ce mouvement d'expansion totale de l'âme vers le cosmos dans lequel le sujet s'assimile à l'objet. Dans cette lettre qui décrit son état de bonheur à l'Ermitage, il rapporte ses rêveries romanesques dans la forêt de Montmorency. Son imagination en peuplant la terre d'êtres, dit-il, 'selon mon cœur', atteignait le stade de l'extase cosmique. Dans la plénitude de l'extase, l'esprit de Rousseau s'élance vers 'le système universel des choses'. Son âme exaltée se perd dans l'infini du cosmos (i.1141):

Alors l'esprit perdu dans cette immensité, je ne pensois pas, je ne raisonnois pas, je ne philosophois pas; je me sentois avec une sorte de volupté accablé du poids de cet univers, je me livrois avec ravissement à la confusion de ces grandes idées, j'aimois à me perdre en imagination dans l'espace, mon cœur resserré dans les bornes des etres s'y trouvoit trop à l'étroit, j'étouffois dans l'univers, j'aurois voulu m'elancer dans l'infini.

Cette fusion de l'être et du cosmos éprouvée dans l'extase permet à l'âme de Rousseau de saisir dans sa totalité l'objet de sa contemplation, de se détacher du monde des vivants pour s'élever jusqu'à 'l'être qui embrasse tout'. L'extase conduit ici au panthéisme. Le paysage prend sous le regard du contemplateur un visage cosmique, surnaturel où l'être devient un élément infime qui s'intègre dans l'ordre universel des choses. Le même mouvement d'extase se rencontre dans les *Rêveries* où, face à l'objet unifié par l'accord des trois règnes animal, végétal et minéral, le contemplateur 'se perd avec une délicieuse ivresse dans l'immensité de ce beau sistème avec lequel il se sent identifié'.[5]

Il semble que Rousseau se remémore ici une expérience ancienne qui remonte à la période des Charmettes. L'auteur affirme qu'il gravissait la colline et suivait le chemin des Charmettes à Chambéry pour y faire sa prière du matin, tout en contemplant 'avec intérest et volupté' les objets champêtres dont il était entouré. Et cette prière consistait 'dans une sincére elévation de cœur à l'auteur de cette aimable nature dont les beautés étoient sous mes yeux' (*Confessions*, VI, i.236). Mais il n'en va pas de même pour l'athée qu'est M. de Wolmar: 'le spectacle de la nature, si vivant, si animé pour nous, est mort aux yeux de l'infortuné Wolmar, et dans cette grande harmonie des êtres, où tout parle de Dieu d'une voix si douce, il n'apperçoit qu'un silence éternel' (*Nouvelle Héloïse*, v, lettre v, ii.591-92).

Ainsi, de l'âme aux choses, Rousseau établit un lien. L'homme devient inséparable de l'univers entier ou plutôt l'âme communique aux choses son essence même, afin de les animer ou de les modeler selon ses dispositions intimes. Basil Montéano a fort bien décelé chez Rousseau une 'faculté psychophysique, à support intérieur, mais à référence sensorielle, délibérément orien-

5. *Les Rêveries*, septième promenade, i.1062-63.

tée vers l'extérieur et chargé d'insérer le "moi" dans le circuit universel'.[6]

La joie, la rêverie amoureuse ou l'extase ne sont pas toutefois les seuls ressorts de cette transfiguration de l'univers inanimé: la mélancolie, la solitude, l'isolement dus à l'absence de l'être aimé peuvent aussi attrister le paysage, lui donner un aspect sombre et pathétique. Ainsi Julie parcourant seule les bocages de Clarens, mène partout avec elle l'image de St-Preux et s'étonne pourtant dans la lettre qu'elle lui adresse ensuite 'de n'y avoir point remarqué seule les beautés que j'y trouvois avec toi' (*Nouvelle Héloïse*, I, lettre XIII, ii.62). Il a suffi de son absence pour que ce paysage revu sans lui se ternît et prît un aspect mélancolique. C'est le même effet qui fait dire à St-Preux: 'Le monde n'est jamais divisé pour moi qu'en deux régions, celle où elle est, et celle où elle n'est pas' (*Nouvelle Héloïse*, IV, lettre VI, ii.419). Selon que Julie est présente ou non, les données du paysage, voire de l'univers entier, se modifient pour St-Preux, phénomène auquel Lamartine fera plus tard écho dans un vers célèbre de *L'Isolement*: 'Un seul être vous manque et tout est dépeuplé.'[7]

L'intervention du sentiment dans la perception des choses est donc à la source de multiples transformations du paysage. Autrement dit, le paysage se trouve intimement lié aux états d'âme du spectateur et la diversité des situations extérieures n'est que la manifestation de celle de nos situations mentales.

Si la perception qu'il a et qu'il donne du paysage dépend des conditions mentales de l'observateur, il arrive aussi qu'une certaine connivence s'établisse entre l'être et son environnement géographique. Ce phénomène peut s'observer dans *La Nouvelle Héloïse* où Rousseau établit de subtiles analogies entre l'état d'âme de ses personnages et l'aspect des sites romanesques. Le site de Meillerie est à cet égard significatif. Le séjour qu'y fait St-Preux lui paraît 'triste et horrible', mais il le juge 'plus conforme à l'état de mon ame' (I, lettre XXVI, ii.90): livré à la solitude et aux frimas de l'hiver, il trouve dans cet environnement la même horreur qui règne au-dedans de lui. En effet, la neige, la glace, les arbres dépouillés de leur feuillage, les rochers stériles, la présence des oiseaux funèbres qui l'environnent sont ici des objets qui lui renvoient sa propre image: celle de la mélancolie, du désarroi, du desespoir, de l'exil. Ce paysage en même temps qu'il reflète le désespoir du héros, ne participe pas moins en retour à l'entretien chez lui du sentiment d'une profonde solitude. Le chant de désespoir de St-Preux semble témoigner de cette interaction de l'objet et du sujet: 'toute la nature est morte à mes yeux, comme l'espérance au fond de mon cœur' (*Nouvelle Héloïse*, I, lettre XXVI, ii.90). Il s'établit ici une réciprocité entre

6. Basil Munteano, 'La solitude de J. J. Rousseau', *Annales de la société J. J. Rousseau* 31 (1946-1949), p.154.
7. Lamartine, *Méditations poétiques* (Paris 1968), p.4.

l'extérieur et l'intérieur, une concordance entre l'être et les choses, bref une communion du moi et du non-moi. S'instaure une sorte de dialogue, d'harmonie entre St-Preux et son environnement qui le porte même à goûter 'l'horrible' et 'l'affreux'. L'horreur même des lieux devient presque aimable parce qu'elle répond à la mélancolie de St-Preux, à son état d'âme. De ce lieu, il dit même qu'il 'n'en habiterait pas si patiemment un plus agréable' (I, lettre XXVI, ii.90). Gustave Charlier a bien relevé l'importance de cette idée d'une convenance (p.72):

Ce qu'il cherche dans le monde extérieur, ce n'est plus la conformité à un idéal abstraitement conçu, c'est, avant tout, la convenance du site à l'état d'âme du spectateur. Cette convenance existe-t-elle, le paysage quel qu'il soit, charmera ce dernier.

Tout se passe comme si le paysage était révélateur d'un monde et d'un drame tout intérieur. Seul ce drame des profondeurs peut lui donner son intérêt véritable. Il peut dès lors être considéré comme le prolongement psychologique et moral d'un homme esseulé. Cette recherche perpétuelle de l'harmonie entre l'ordre des choses et l'ordre moral se manifeste aussi dans un autre passage du roman où Rousseau en ramenant ses personnages dans les mêmes lieux établit une correspondance entre le mouvement de leur âme et le cosmos. St-Preux revient à Meillerie accompagné de Julie. Le paysage prend alors une autre couleur non seulement en raison de la présence de l'été, mais aussi du fait de celle de Julie et de St-Preux. Encerclé par le lac, les montagnes et les rochers, leur refuge bordé de bois et couvert de fleurs, de verdure et de ruisseaux clairs, offre toutes les beautés d'un 'asile paradisiaque'. Isolés du reste du monde, les sites alpestre et lacustre se combinent pour établir un lien entre le cosmos et les 'deux amans échappés seuls au bouleversement de la nature' (*Nouvelle Héloïse*, IV, lettre XVII, ii.518): la grandeur cosmique du paysage s'harmonise avec l'ampleur des émotions de Julie et de St-Preux, avec les mouvements de leur âme. Enfin leur promenade nocturne doit sa mélancolique beauté non seulement aux 'doux rayons de la lune', au 'frémissement argenté' de l'eau et au 'bruit égal et mesuré des rames', mais aussi aux douloureux souvenirs dont les amants sentent leur âme envahie (ii.520).

Cette corrélation entre le paysage et l'état d'âme se trouve évoquée dans les *Rêveries*. Vers la fin de sa vie, décrivant une promenade aux environs de Paris, Rousseau observe:

La campagne encor verte et riante, mais défeuillée en partie et déja presque deserte, offroit par tout l'image de la solitude et des approches de l'hiver. Il résultoit de son aspect un mélange d'impression douce et triste trop analogue à mon age et à mon sort pour que je ne m'en fisse pas l'application.[8]

8. *Les Rêveries*, deuxième promenade, i.1004.

L'aspect triste du paysage et la mélancolie de l'auteur paraissent presque interchangeables, en tout cas se répondent. La nature devient à la fois 'douce' parce qu'elle s'harmonise avec son état, et 'triste' parce qu'elle lui renvoie sa propre image: le physique et le psychique confinent ainsi dans un équilibre qui symbolise d'autant mieux le drame de la condition humaine.

Mais il peut arriver aussi que l'objet exerce son influence sur le sujet: Rousseau se posant en homme de la sensation étroitement soumis à l'action du milieu, le paysage peut à son tour créer en lui un état d'âme. L'homme devient dépendant du monde extérieur capable de l'asservir ou de le libérer. Dans une lettre à Julie, St-Preux dit de celui qui a une âme sensible: 'Vil jouet de l'air et des saisons, le soleil ou les brouillards, l'air couvert ou serein regleront sa destinée, et il sera content ou triste au gré des vents' (*Nouvelle Héloïse*, I, lettre XXVI, ii.89). L'objet, ou le paysage, modifie les dispositions intérieures, le comportement social. Il étend sur l'homme son empire, lui impose son pouvoir. Par conséquent, l'homme ne fait que subir les variations d'un environnement physique capable de le métamorphoser.

Ainsi sur les montagnes du Valais, les objets inanimés exercent sur St-Preux une influence salvatrice, bénéfique qu'il attribue à l'air pur de la montagne. Le calme et la sérénité qu'il éprouve résultent de la condition atmosphérique. L'altitude apaise ses désirs et sa passion, le conduit à la paix (*Nouvelle Héloïse*, I, lettre XXIII, ii.78):

Il semble qu'en s'élevant au dessus du séjour des hommes on y laisse tous les sentimens bas et terrestres, et qu'à mesure qu'on approche des régions éthérées l'ame contracte quelque chose de leur inaltérable pureté.

Il est clair qu'entre la pureté des sommets et la purification de ses sentiments Rousseau établit un lien direct, voulant par là nous montrer que l'âme demeure perméable aussi aux influences extérieures. Dans ce cas c'est le paysage qui agit et qui détermine l'état d'âme du spectateur. Robert Osmont a relevé l'importance de ce rapport: 'Nos états d'âme, notre destin sont liés à des paysages. Cette intuition, qui est à la source de tous les grands symboles, illumine souvent les pensées de Julie et de St-Preux.'[9]

On a en effet déjà bien constaté l'influence bénéfique du paysage rustique et champêtre sur les habitants de Clarens. L'atmosphère de bonheur, de paix et de sérénité qui y règne résulte bien de cette action du milieu naturel sur le mode de vie et le comportement des habitants (*Nouvelle Héloïse*, V, lettre VII, ii.603):

La simplicité de la vie pastorale et champêtre a toujours quelque chose qui touche.

9. Robert Osmont, 'Remarques sur la genèse et la composition de la *Nouvelle Héloïse*', *Annales de la société J. J. Rousseau* 33 (1953-1955), p.105.

9. *Les rapports du moi et de la nature*

Qu'on regarde les prés couverts de gens qui fanent et chantent, et des troupeaux épars dans l'éloignement: insensiblement on se sent attendrir sans savoir pourquoi. Ainsi quelquefois encore la voix de la nature amolit nos cœurs farouches, et quoiqu'on l'entende avec un regret inutile, elle est si douce qu'on ne l'entend jamais sans plaisir.

L'idée exposée dans ce roman d'une action des causes extérieures sur la psychologie individuelle hantait Rousseau au moment où il composait *La Nouvelle Héloïse* à l'Ermitage. Il méditait le projet d'un traité qui se serait intitulé la 'Morale sensitive', qu'il a finalement abandonné, mais qui a laissé des traces explicites dans le roman. Ce que St-Preux dit des cimes du Valais, n'est pas sans analogie avec ce que Rousseau affirmait à cette époque (*Confessions*, IX, i.409):

En sondant en moi-même et en recherchant dans les autres à quoi tenoient ces diverses manieres d'être je trouvai qu'elles dépendoient en grande partie de l'impression antérieure des objets exterieurs, et que modifiés continuellement par nos sens et par nos organes, nous portions sans nous en appercevoir, dans nos idées, dans nos sentimens, dans nos actions mêmes l'effet de ces modifications. [...] Les climats, les saisons, les sons, les couleurs, l'obscurité, la lumiere, les élemens, les alimens, le bruit, le silence, le mouvement, le repos, tout agit sur notre machine et sur notre ame par consequent [...].

Ces relations mutuelles et réciproques du 'moi' et du 'non-moi', du monde matériel et des êtres montrent à quel point l'homme fait partie intégrante des choses. Par conséquent, le choix d'un certain type de paysage signifierait une soif d'adhésion de la part de Rousseau à l'ordre des choses.

A ce niveau de l'analyse, on comprend déjà pourquoi Rousseau, quand il s'est agi de concevoir pour ses personnages un cadre propre à inspirer la douceur et la générosité a opté pour un paysage rustique, pour un monde rural, à ses yeux le support par excellence des certitudes millénaires capables d'organiser le bonheur du 'bon sauvage'.

Tout se passe alors comme si le cadre urbain, son architecture, son économie et sa société étaient frappés de l'incapacité de provoquer en l'homme l'expression des bons sentiments, et par conséquent d'assurer son bonheur dans ce monde-ci et dans l'au-delà. Si pour Rousseau, c'est la société qui corrompt l'homme, il s'agit avant tout de la société de 'masse', de celle de la ville. La campagne non industrialisée reste le seul lieu où se puisse lire la beauté de la nature et rêver l'utopie d'un âge d'or du passé. C'est pourquoi le roman, nous a paru être par certains aspects, une expérience du souvenir. Les paysages qui y sont dépeints, ont en général des liens secrets avec le passé des personnages. Ils apparaissent dans certains cas comme les reflets ou les témoins d'un passé qui 'recommence'.

10. Fusion du souvenir et du paysage

Sɪ l'aspect du paysage prend une telle importance dans *La Nouvelle Héloïse*, c'est parce que certains objets y jouent le rôle de miroirs: ils reflètent souvent des allusions à la vie antérieure ou présente des personnages, et, par delà, à celle de l'écrivain. Le souvenir est dans *La Nouvelle Héloïse* une donnée qui se veut inséparable du paysage et parfois d'une certaine conception du monde et de la vie, des choses et des êtres. Rousseau semble impliquer le paysage dans la signification qu'il convient d'attribuer à l'homme.

Ainsi qu'on l'a vu dans les pages précédentes, les personnages romanesques sont comme inséparables du monde matériel qui les entoure et qui reflète leur destin. L'espace et le temps sont ici impliqués dans une parfaite réciprocité, si bien que le temps n'apparaît plus que comme une virtualité des choses, en même temps que les choses ou le paysage apparaît comme un discours sur le temps. Une telle confusion entre le temps et le paysage, entre le paysage et les personnages, ne traduit pas seulement, comme on l'a montré, un sensualisme exagéré, mais contribue à réveiller l'instinct animiste de l'homme primitif, du 'bon sauvage'.

Le paysage, les objets qui entourent les héros ne sont pas d'abord recherchés pour leur substance intrinsèque, mais pour leur symbolisme exprimé dans une parfaite composition d'éléments par un écrivain qui se sent inconsolé du passé qu'il a perdu. Le paysage portant ainsi un sens psychique profond tend à perdre toute sa signification esthétique, pour se mettre exclusivement à raconter des destinées individuelles ou collectives, en même temps que la nostalgie d'un instant initial qui serait la première séquence dans l'existence, la séquence foetale.

C'est pourquoi on verra dans ce chapitre la nature et le sens des multiples voyages qu'accomplissent les personnages dans les lieux qu'ils ont connus autrefois, pour mesurer à quel point la présence des 'lieux témoins' ressuscite en eux des joies disparues, et comment cette résurrection du passé au contact des choses va permettre à l'écrivain de se guérir ou au contraire de sentir plus vivement encore la morsure du temps, la fugacité de notre existence, et l'angoisse devant la mort.

i. L'obsession du retour vers les lieux témoins

On sait que St-Preux quitte Vevey pour effectuer un voyage autour du monde. Au cours de ce voyage, il découvre des contrées lointaines, les îles désertes du bout du monde que sont Tinian et Juan Fernandez, en même temps que les peuples qui souffrent de la colonisation. Ce déplacement du héros autour du monde répond beaucoup moins à un besoin touristique qu'il ne s'inscrit dans une quête à la fois pédagogique et initiatique. Le contact avec les contrées sauvages, à l'écart de l'urbanisation et de la civilisation occidentale destructrices des vieilles certitudes, marque comme le moment psychologique d'une fusion avec les temps primordiaux, les mythes des origines.

Mais lorsque St-Preux ne se déplace pas vers des lieux évocateurs du passé de l'humanité, il se tourne vers ceux qui sont chargés pour lui de significations individuelles et affectives. C'est ainsi qu'au terme de quatre années de voyage, il revient en Suisse. Or ce retour au pays trouve sa profonde signification dans l'évocation du paysage suisse, du sol natal. En redécouvrant avec 'ravissement' les cimes du Jura, le lac de Genève, et tout l'aspect d'un paysage familier, témoin des moments heureux du passé, il se sent immédiatement saisi et transporté (*Nouvelle Héloïse*, IV, lettre VI, ii.419).

Cette rencontre de son héros avec le paysage de son enfance, Rousseau lui-même en avait fait l'expérience à plusieurs reprises au cours de sa vie: ce ravissement de la découverte de Genève, de son lac et de ses rives avait été éprouvé par l'écrivain à chacun de ses multiples retours au pays natal. Le plus important est celui qu'il a effectué pendant sa jeunesse et qui le conduisit vers le pays de Vaud et les rivages du lac de Genève (*Confessions*, IV, i.152). Un autre, effectué bien des années plus tard à l'occasion d'un tour du lac en bateau, lui laissa un 'vif souvenir' de sites (*Confessions*, VIII, i.393) dont il devait d'ailleurs, précise-t-il, faire la description dans *La Nouvelle Héloïse*. Or le même phénomène se produit au retour de St-Preux à Clarens dont le paysage, ainsi que celui de l'Elysée, semble s'organiser de manière à lui rappeler les îles lointaines visitées à une époque antérieure. Comme ceux de Rousseau à Genève, son séjour à Clarens répond à un désir irrésistible de retour à des lieux connus. L'arrivée de St-Preux à Clarens, ainsi que son départ, peuvent également rappeler les multiples allers et retours de Rousseau auprès de Mme de Warens, à Annecy, à Chambéry ou aux Charmettes.

La scène de profanation du bosquet de Clarens fournit un autre bel exemple de retour aux lieux témoins (*Nouvelle Héloïse*, lettre IV, ii.489). Julie et St-Preux sont conduits dans le bosquet qui jadis a été témoin de leur amour. L'épreuve a été conçue par M. de Wolmar qui observe son effet psychologique sur les anciens amants. Elle l'est d'ailleurs en vain, puisque la profanation du bosquet ne produit pas l'effet escompté, Julie ne cessant pas d'être amoureuse de St-Preux (*Nouvelle Héloïse*, VI, lettre XII, ii.740-41).

Le paysage de Meillerie est lui aussi le théâtre d'une de ces expériences de retour: on sait que pendant l'absence de M. de Wolmar, Julie et St-Preux font une promenade sur le lac et que la tempête les contraint bientôt à accoster au village de Meillerie. St-Preux conduit alors Julie vers les rochers où il soupirait jadis pour elle. Cette promenade est donc d'abord un pèlerinage aux lieux connus autrefois. Comme St-Preux le confie à Milord Edouard (*Nouvelle Héloïse*, IV, lettre XVII, ii.517-18):

L'occasion de visiter ce lieu si chéri, dans une saison plus agréable et avec celle dont l'image l'habitoit jadis avec moi, fut le motif secret de ma promenade. Je me faisois un plaisir de lui montrer d'anciens monumens d'une passion si constante et si malheureuse.

Mentionnons enfin une autre situation romanesque où St-Preux se trouve dans un lieu déjà connu: en allant à Sion, il entre dans la même chambre d'auberge qui lui était destineé autrefois, au temps où il était l'amant de Julie.

Tous ces déplacements sont commandés par la même obséssion de retour vers les théâtres du passé: ces lieux ou ces paysages ne sont pas une donnée purement géographique, ils nous renseignent davantage encore sur la psychologie des personnages. Il y a chez Rousseau une certaine mystique du paysage déjà connu ou supposé tel.

ii. Le paysage, témoin de l'homme qui passe

Les objets et les personnages viennent animer le spectacle d'autrefois, créer une situation semblable à celle qui a déjà été vécue au même endroit. Dès lors, les personnages s'abandonnent à un passé révolu par le moyen d'"objets témoins'. Selon leurs divers modes d'apparition, ils entretiennent avec le passé un rapport intime et profond.

Tout se passe comme si le souvenir était nécessairement lié à un objet ou à un paysage qui porte en lui une charge affective et émotionnelle. D'emblée, sa présence ou sa rencontre peut déclencher une réminiscence. Ce phénomène de reconnaissance caractérise la mémoire affective. L'objet ou la chose agit alors comme un 'signe mémoratif'. C'est ce que Rousseau reconnaît à l'article 'musique' de son *Dictionnaire de musique*: parlant de la mélodie du 'ranz des vaches', il soutient que l'air entendu autrefois peut éveiller, lorsqu'il est entendu de nouveau, des souvenirs anciens, rappeler certaines situations privilégiées et créer ainsi un sentiment de nostalgie: 'La musique alors n'agit point précisément comme "musique", mais comme signe mémoratif,'[1] ajoute-t-il.

L'objet ou le paysage prend au même titre que la musique le caractère de ce signe mémoratif qui correspond selon Jean Starobinski à

une présence partielle qui nous fait éprouver, avec douleur et délice, l'imminence et

---

1. J. J. Rousseau, *Dictionnaire de musique*, art. 'Musique', éd. Ch. Lahure (Paris 1857), p.123.

l'impossibilité de la restitution complète de cet univers qui émerge positivement de l'oubli. Eveillée par le signe mémoratif, la conscience se laisse hanter par un passé à la fois insistant et inaccessible.[2]

Qu'il soit volontairement recherché ou rencontré fortuitement, le paysage rousseauiste semble doté d'une capacité à restituer le passé. Si Rousseau conduit ses personnages vers des lieux familiers, c'est pour mieux nous faire ressentir la puissance évocatrice des objets sur la psychologie humaine. Ce phénomène se manifeste clairement dans le roman, chaque fois qu'on rencontre un objet connu antérieurement.

Grâce au jeu de la mémoire affective, l'espace devient un témoin, un miroir qui favorise le déclenchement de la réminiscence. Il agit alors comme un générateur du temps déjà cristallisé et provoque un rajeunissement affectif. C'est ainsi que saisi et transporté à la vue du paysage suisse, St-Preux déclare: 'mille souvenirs délicieux qui réveilloient tous les sentimens que j'avois goûtés; tout cela me jettoit dans des transports que je ne puis décrire, et sembloit me rendre à la fois la jouïssance de ma vie entière' (*Nouvelle Héloïse*, IV, lettre VI, ii.419). Cette fusion du souvenir et du paysage semble être chez Rousseau au principe de l'acte de retour qui s'inscrit dans une recherche perpétuelle du passé. L'espace affectif apparaît donc comme la voie par laquelle Rousseau remonte le temps pour parvenir aux origines: l'enfance, la jeunesse, et les premiers émois amoureux. Ce qui l'oriente vers le pays de Vaud, le lac de Genève et ses rivages, c'est la recherche de l'enfance disparue qui a pris dans sa mémoire une figure mythique, la forme d'un âge d'or (*Confessions*, IV, i.152):

Toutes les fois qui j'approche du pays de Vaud j'éprouve une impression composée du souvenir de Mad^e de Warens qui y est née, de mon pére qui y vivoit, de Melle de Vulson qui y eut les prémices de mon cœur, de plusieurs voyages de plaisir que j'y fis dans mon enfance, et ce me semble, de quelque autre cause encore, plus secrette et plus forte que tout cela.

On sait déjà que pour Rousseau les souvenirs favoris sont ceux de l'enfance et de la jeunesse, indestructibles dans sa mémoire. C'est pourquoi, à chaque rencontre du paysage familier, l'enfance est retrouvée, la jeunesse revécue, le passé réintroduit dans la pensée actuelle. D'où le choix du cadre romanesque: si le rêve de bonheur se fixe sur les bords du Léman, c'est parce que c'est le lac autour duquel '[s]on cœur n'a jamais cessé d'errer' (*Confessions*, IX, i.431).

Par conséquent, l'objet ou le paysage doit nécessairement correspondre aux images du passé pour séduire Rousseau, attirer son regard. Dans sa lettre au maréchal de Luxembourg, il remarque: 'Je ne Sais voir qu'autant que je Suis

2. Jean Starobinski, 'La nostalgie: théories médicales et expression littéraire', *Studies on Voltaire* 27 (1963), p.1516.

ému; les objets indifférens Sont nuls à mes yeux; je n'ai de l'attention qu'à proportion de l'intérest qui l'excite' (Leigh 2440). Il ressort de cette déclaration que l'intérêt de l'objet réside dans sa force émotionnelle. Il suffit qu'il ait correspondu à une époque heureuse de la vie pour faire renaître à l'intérieur de l'être les mêmes sentiments agréables connus dans le passé.

Ainsi le charme et l'attrait de la maison de Clarens résident dans sa portée affective, car elle rappelle à St-Preux 'des souvenirs intéressans' (*Nouvelle Héloïse*, IV, lettre X, ii.441). Pareillement la charge affective attachée au bosquet de Clarens entraîne Julie et St-Preux à éprouver des émotions intenses. On se souvient que pour guérir les anciens amants des maux de l'amour, M. de Wolmar les a conduits vers les bosquets qui furent autrefois témoins de l'éclosion de leur passion. Malgré l'espèce de profanation que constitue ce retour dans le bosquet, il ressuscite en eux la flamme de leur amour, bouleverse leur état présent. 'Lieu fatal' (*Nouvelle Héloïse*, IV, lettre XII, ii.489), constate Julie, et qui prouve à quel point l'environnement intime stimule la revivification de l'amour vécu.

Le sens du paysage de Meillerie s'inscrit dans le même rapport. En conduisant Julie à Meillerie, St-Preux revoit les lieux où jadis il rêvait à elle. Selon l'ordre psychologique des choses, les rochers de Meillerie ne peuvent que prendre une signification profonde et faire renaître dans la conscience des anciens amants leur amour d'autrefois, leur restituer les bienheureux moments du passé. Les propos de St-Preux relèvent cette influence du paysage, de tous les objets générateurs de la mémoire du passé: 'En les revoyant moi-même après si longtems, j'éprouvai combien la présence des objets peut ranimer puissamment les sentimens violens dont on fut agité près d'eux' (*Nouvelle Héloïse*, IV, lettre XVII, ii.519). L'acte de réminiscence d'un état affectif est causé ici par un paysage qui en interdit l'oubli parce qu'il en fut le cadre. Les objets ne sont ici que le réceptacle du temps pour pouvoir rappeler à St-Preux un passé heureux, lui donner l'illusion de l'autrefois. Par la médiation des objets, le sentiment amoureux jaillit à nouveau dans le cœur avec une intensité qui est même accrue car l'émotion ne révèlera sa vraie 'dimension que lorsqu'elle sera revécue'.[3]

Il n'y a pas que les objets inanimés qui tendent de tout leur poids à ranimer le passé; il y a aussi la présence de l'être aimé pour actualiser ce passé. La présence de Julie au côté de St-Preux semble lui restituer l'image de la femme ancienne. En tant que 'signe mémoratif', Julie présente, mariée et épouse, se fait l'écho de la maîtresse d'autrefois. Elle est à la fois la négation et le rappel de l'être aimé. Wolmar semble avoir bien saisi dans St-Preux ce phénomène de renaissance du passé dans le présent par le biais d'une personne interposée:

3. Jean Starobinski, *Jean-Jacques Rousseau: la transparence et l'obstacle*, p.236.

'Ce n'est pas de Julie de Wolmar qu'il est amoureux, c'est de Julie d'Etange
[...] Il est vrai qu'elle lui ressemble beaucoup et qu'elle en rappelle souvent le
souvenir' (*Nouvelle Héloïse*, IV, lettre XIV, ii.509). L'objet, qu'il s'agisse d'une
personne ou d'une chose, se présente donc comme un lien unificateur avec le
révolu. Georges Poulet l'a fort bien vu à propos de Julie:

Ainsi le sentiment demeure parce qu'il est coupé du présent. Il se continue dans l'âme,
mais en quelque sorte au passé, comme un amour rétrospectif, et lorsque St-Preux
retrouvera Julie, celle qu'il aimera sera la maîtresse perdue, non la femme présente,
encore que ce soit la femme présente qui lui rappelle la maîtresse perdue.[4]

Si la méthode de Wolmar consiste à mettre les anciens amants en présence de
la réalité présente, en les confrontant brusquement à une situation qu'il s'est
arrangé pour reproduire; ce qui nous importe demeure la puissance évocatrice
de l'objet qui se révèle le facteur décisif permettant l'anamnèse.

L'émotion qui s'empare de St-Preux à la redécouverte de la chambre
d'auberge qu'il occupait autrefois s'inscrit dans le même mouvement psychologique et moral. Sa reconnaissance entraîne immédiatement un rajeunissement
affectif, le réveil des anciens sentiments: 'J'en fus si vivement frappé que je crus
redevenir à l'instant tout ce que j'étais alors: Dix années s'effacèrent de ma vie
et tout mes malheurs furent oubliés' (*Nouvelle Héloïse*, V, lettre IX, ii.615). Tout
se passe comme si le paysage qui déclenche un souvenir avait une réalité double,
à la fois psychique et physique. L'objet extérieur est perçu d'abord comme le
reflet symétrique d'un objet identique que les personnages portent au fond
d'eux, et le paysage extérieur n'est un paysage témoin que dans la mesure où
il trouve sa correspondance dans le paysage mental des personnages (*Nouvelle
Héloïse*, VI, lettre VI, ii.667):

Croyez-vous que les monumens à craindre n'existent qu'à Meillerie? Ils existent par tout
où nous sommes; car nous les portons avec nous. Eh! vous savez trop qu'une ame
attendrie intéresse l'univers entier à sa passion, et que même après la guérison, tous les
objets de la nature nous rappellent encore ce qu'on sentit autrefois en les voyant.

Cette association du physique et du psychique comme du temps et de l'espace,
marque chez Rousseau l'enchaînement du passé et du présent, celui de la
sensation autrefois éprouvée et de celle maintenant revécue. Le phénomène se
révèle même involontaire, puisqu'une brève rencontre ou apparition de l'objet
suffit à replonger l'être dans le passé. Et Marcel Raymond à bien noté l'importance de ce qu'il appelle cette 'submersion du présent par la mémoire':

Ainsi s'est forgée, dans la littérature française moderne, de Rousseau à Proust, une
chaîne de grands exemples de réminiscences, ou de révélations, qui portent à croire que

4. Georges Poulet, *Etudes sur le temps humain* (Paris 1950), p.189.

tout l'édifice de notre passé, ou du moins d'un certain pan de notre passé, repose sur l'apparition fugitive d'un objet qui ne s'offre qu'un instant à notre sensibilité. Chez Rousseau, chez Nerval, chez Proust, cette espèce du submersion du présent par la mémoire engendre un sentiment de rajeunissement et de bonheur.[5]

Cette 'apparition fugitive' de l'objet était déjà bien présente dans l'expérience vécue de l'auteur. On pense ici naturellement à l'épisode de la pervenche raconté dans les *Confessions*. En évoquant l'idylle des Charmettes au livre VI, l'auteur précise qu'au cours d'une promenade botanique en 1764 avec un ami, il fut saisi et transporté par la vue fortuite d'une pervenche. Il explique ce transport par une promenade effectuée une trentaine d'années auparavant en compagnie de Mme de Warens: 'en marchant elle vit quelque chose de bleu dans la haye et me dit: voilà de la pervenche encore en fleur'. Et il ajoute: 'Le lecteur peut juger par l'impression d'un si petit objet de celle que m'ont fait tous ceux qui se rapportent à la même époque' (*Confessions*, VI, i.226). Il est clair que par effet de similitude cet objet apparemment banal a produit un choc. En un instant, il a éveillé dans la conscience les moments heureux du passé, fait surgir dans l'âme les impressions éprouvées autrefois. La pervenche est devenue elle aussi un lien unificateur avec le révolu. En tant que signe mémoratif, elle rappelle inévitablement l'expérience vécue, provoquant l'euphorie et la joie de la jeunesse retrouvée. Il y a là aux yeux de Georges Gusdorf une véritable incantation qu'il analyse en ces termes:

La pervenche est un emblème, en même temps qu'un 'signe mémoratif' comme le ranz des vaches, mais cette fois selon l'ordre visuel. L'effet incantatoire est le même; un signe perçu dans le présent bouleverse soudain la perspective temporelle, et fait ressurgir des profondeurs l'intégralité d'une situation passée où l'être personnel a goûté une plénitude depuis longtemps perdue et qui n'a cessé de hanter de nostalgies les horizons d'une existence déchue et désenchantée.[6]

L'objet évocateur peut changer de nature mais produit toujours le même effet. De son herbier Rousseau dans les *Rêveries*, souligne l'action sur son état d'âme. Les plantes conservées lors de ses excursions botaniques dans les monts du Jura pendant son séjour à Môtiers, lui remémorent vers la fin de sa vie les paysages d'autrefois. Il a suffi à l'auteur de les voir pour se sentir immédiatement transporté dans le passé et affirmer avec nostalgie:

Je ne reverrai plus ces beaux paysages, ces forets, ces lacs, ces bosquets, ces rochers, ces montagnes dont l'aspect a toujours touché mon cœur: mais maintenant que je ne peux plus courir ces heureuses contrées je n'ai qu'à ouvrir mon herbier et bientot il m'y transporte.[7]

5. Marcel Raymond, *Romantisme et rêverie* (Paris 1978), p.34.
6. Georges Gusdorf, *Naissance de la conscience romantique au siècle des Lumières* (Paris 1976), p.182.
7. *Les Rêveries*, septième promenade, i.1073.

La réminiscence chaque fois déclenchée par la vue de l'herbier permettra donc à Rousseau de retrouver à volonté les paysages du passé. Il est habité par une volonté de retour au passé dont l'objet constitue l'inducteur, la voie d'accès puisqu'il établit la présence immédiate du souvenir et favorise son émergence dans le présent.

Mais tout comme la pervenche ou l'herbier, le paysage peut lui aussi rappeler les images heureuses de la jeunesse: l'importance du paysage de l'Ermitage tient à sa miraculeuse force évocatrice (*Confessions*, IX, i.426):

J'allai malheureusement me rappeler le diné du Château de Toun [...] dans la même saison et dans des lieux à peu près semblables à ceux où j'étois en ce moment. Ce souvenir, que l'innocence qui s'y joignoit me rendoit plus doux encore, m'en rappella d'autres de la même espèce. Bientôt je vis rassemblés autour de moi tous les objets qui m'avoient donné de l'émotion dans ma jeunesse [...].

L'intérêt de ce passage vient d'une similitude de lieux et de saison qui permet le rappel des 'doux souvenirs'. L'environnement visuel contribue de façon décisive au surgissement dans la mémoire des images du passé et au déclenchement du rêve romanesque. A l'Ermitage, l'aspect rustique du paysage rappelle à Rousseau la campagne savoyarde. Par le biais de ce rappel d'un paysage, les souvenirs du passé modifiés ou transformés par le temps, remontent à la conscience afin d'être assimilés à leur tour aux images créées. L'émotion éprouvée autrefois, au contact des choses, se renouvelle avec intensité.

L'objet évocateur n'a pas seulement pour fonction de projeter le passé dans le présent et d'éveiller les sentiments d'autrefois, il peut encore se comporter comme un miroir reflétant l'image de l'être aimé. Les personnages de *La Nouvelle Héloïse* expriment au moyen des objets qui les entourent cet aspect mémoratif des choses. Pendant l'exil de St-Preux au Valais, les objets qui environnent Julie éveillent en elle son souvenir et rappellent cette présence qui n'est plus. Dans l'attente de son retour, Julie ressent de la séparation une douleur avivée par tous ces inducteurs du souvenir (*Nouvelle Héloïse*, I, lettre XXV, ii.88):

Tous les objets que j'apperçois me portent quelque idée de ta présence pour m'avertir que je t'ai perdu. [...]
Le pis est que tous ces maux aggravent sans cesse mon plus grand mal, et que plus ton souvenir me désole, plus j'aime à me le rappeler.

En rappelant sans cesse l'image du bien-aimé, les objets semblent ici préserver l'amour des dangers de l'oubli. Grâce à un environnement familier, témoin des instants heureux du passé, le souvenir continue à vivre dans la pensée présente. La même idée est confieé par Julie à St-Preux (*Nouvelle Héloïse*, II, lettre XV, ii.236):

161

Si tu goûtes ce plaisir tous les soirs, je le goûte cent fois le jour; je vis plus solitaire; je suis environnée de tes vestiges, et je ne saurois fixer les yeux sur les objets qui m'entourent, sans te voir autour de moi.

On décèle ici une volonté de pérennisation de l'amour au moyen des objets. Leur présence permet de fixer le passé sur lequel se fonde le bonheur des héros du roman. L'éloignement, la séparation, l'absence ou la solitude n'apparaissent plus comme un problème majeur. Car l'environnement ou le paysage qui éveillent ainsi le souvenir de l'absent, finissent par conjurer son absence même en restituant à chaque instant sa présence. Les objets témoins opèrent ainsi un exorcisme qui guérit l'homme de la maladie du temps, de la réalité de la mort ou de la finitude. Certains propos de Claire, après la mort de Julie témoignent d'une conscience rassurée par la force évocatrice du paysage. D'après cette lettre, Julie n'est pas morte, elle n'a pas disparu de l'espace, elle s'est tout simplement incorporée à l'environnement: 'Non elle n'a point quitté ces lieux qu'elle nous rendit si charmans. Ils sont encore tout remplis d'elle' (*Nouvelle Héloïse*, VI, lettre XII, ii.745).

L'objet évocateur du passé peut également apparaître sous forme sonore ou auditive, comme l'atteste la lettre sur les vendanges: ce qui anime les soirées des vendanges à Clarens, ce sont de 'vieilles romances' chantées par les vendangeuses et dont les airs ayant 'je ne sais quoi d'antique' rappellent 'les tems éloignés' (*Nouvelle Héloïse*, V, lettre VII, ii.609).

Au contact du paysage qui la déclenche, l'opération du souvenir dissocie temps et espace, un peu à la manière d'une opération chimique au terme de laquelle deux corps mélangés retrouvent leur individualité: la mémoire de St-Preux sépare le passé des objets témoins qui en ont suscité le souvenir, 'détache' par là le temps de l'espace. Ce que le souvenir met ainsi en évidence, c'est la complémentarité même des éléments qu'il a isolés: celle du temps et de l'espace, du passé et du présent, de l'homme et des choses.

Mais les exemples rencontrés dans le roman tendent à signifier l'immobilité des choses par opposition à la mobilité des êtres, la transparence de l'esprit par opposition à l'opacité de la matière. Le temps s'étant pour ainsi dire dissous dans les objets ou dans l'espace, cette latence le fait apparaître comme la vie sourde la matière, et la matière à son tour apparaît comme le mode d'existence du temps. La dialectique temps-espace, esprit-matière est de la même nature que la dialectique essence-existence. Rousseau l'a très bien pressenti, exactement de la même manière que le fera Proust. Il sait désormais que le temps ne passe pas, qu'il n'est pas passé, que le passé n'est pas véritablement passé, mais qu'il s'est seulement retiré derrière les choses. De là, chaque fois que l'on éprouve le désir de retrouver le 'temps perdu', à aller le chercher dans les choses, il n'y a qu'un pas bien allègrement franchi par les héros du roman.

C'est exactement ce qu'a fait Proust. Quand il a voulu retrouver le 'temps perdu', Proust a cru – et non sans raison – que ce serait possible 'du côté de chez Swann'. De même que le voyage de Gérard de Nerval en Orient exprime une volonté d'initiation aux sources de l'humanité, de même celui de St-Preux témoigne d'une volonté nostalgique de retrouver les temps initiaux au travers des 'lieux signes'.

Il y a dans *La Nouvelle Héloïse* toute une symbolique du paysage, une intention de la matière. Mais il est surtout intéressant de voir comment l'écrivain orchestre les divers éléments du monde matériel de manière à y faire entrer le passé. Autrement dit, si le passé réussit sa pleine intrusion dans le présent, c'est bien parce que l'organisation des objets, leur disposition dans l'espace, leur aspect global comportent un pouvoir de résurrection du passé, en même temps qu'un pouvoir de signification à l'homme de sa présence fugitive au sein du monde matériel. Et la conscience de cette brièveté temporelle, de cette fuite rapide de tous les instants que l'homme voudrait retenir, porte St-Preux à se comporter à l'égard des choses, et surtout à l'égard de certains paysages comme un enfant le ferait à l'égard d'une mère, comme le ferait une créature à l'égard du créateur.

Ce sentiment de la petitesse de l'homme, de la contingence de sa présence au monde, en même temps que de l'immensité et de l'éternité de l'univers a été particulièrement bien exprimé dans l'épisode de la promenade de Rousseau sur le lac de Bienne: 'O nature, ô ma mère, me voilà sous ta seule garde' (*Confessions*, XII, i.644). Ce sentiment de la brièveté de la vie dans un environnement lacustre fera aussi l'objet d'une réflexion chez Lamartine dans son célèbre poème *Le Lac*. Ce sentiment de la brièveté de l'homme constitue aussi le cadre mental de la promenade de Julie et de St-Preux sur le lac de Genève: le monologue intérieur de St-Preux, face à l'immensité du cadre lacustre, représente lui aussi une prise de conscience de la durée (*Nouvelle Héloïse*, IV, lettre XVII, ii.520):

Je commençai par me rappeller une promenade semblable faite autrefois avec elle durant le charme de nos premieres amours. Tous les sentimens délicieux qui remplissoient alors mon ame s'y retracerent pour l'affliger; tous les événemens de notre jeunesse, nos études, nos entretiens, nos lettres, nos rendez-vous, nos plaisirs, [...] ces foules de petits objets qui m'offroient l'image de mon bonheur passé, tout revenoit pour augmenter ma misere présente, prendre place dans mon souvenir. C'en est fait, disois-je en moi-même, ces tems, ces tems heureux ne sont plus; ils ont disparu pour jamais.

Les objets témoins attestent avant tout un temps qui n'est plus, un homme qui n'est plus et qui regarde à distance dans le temps, non sans une douce mélancolie. La rencontre de l'homme avec certains lieux, sa présence dans un certain cadre représentent l'instant psychologique où l'être qu'il est devenu contemple avec émotion l'être qu'il a été, ou plus précisément qu'il croit avoir été, car il y a lieu de douter de la fidélité de la mémoire.[8] Mais ce qui semble importer à Rousseau, c'est beaucoup moins cette fidélité que la vertu de toute contemplation à distance, détachée de l'action. Ainsi la présence des objets témoins compense le vide du temps pendant qu'elle nous fait éprouver la soif d'éternité.

D'ailleurs le style dans lequel est écrit le roman apparaît avant tout comme le style de l'immuable, de la répétition, et surtout du souvenir.

iii. Essai d'introduction à une stylistique du souvenir

Si *La Nouvelle Héloïse* est un roman d'amour, précisons ici qu'il s'agit avant tout d'un amour vécu au passé. L'auteur du roman recourt très bien à certains artifices stylistiques qui traduisent l'obsession d'un passé immuable, en même temps qu'une volonté de le ramener à la conscience du présent.

Sans qu'il soit besoin d'en faire un inventaire systématique, on remarque certains mots, expressions ou adverbes, visant, presque d'une lettre à l'autre, à exprimer avec une certaine amertume le passé. Par exemple le mot 'jadis' est utilisé plusieurs fois dans la lettre XVII de la quatrième partie. Dans le tableau que l'auteur présente des vendanges, les références au passé sont très perceptibles dans des mots et expressions tels que 'autrefois' (*Nouvelle Héloïse*, ii.609, 641, 520, 667, 674), 'une salle à l'antique', 'de vieilles romances' ou bien 'ils [les airs] ont je ne sais quoi d'antique' (ii.609).

Dans d'autres lettres, quand on ne rencontre pas des mots ou expressions comme 'premieres amours' (ii.226, 520), 'tems des patriarches', 'âge d'or' (ii.603), ou 'vestiges' et 'anciens monumens', ce sont des expressions contenant le mot 'passé' qui sont employés: par exemple 'bonheur passé' (ii.230, 521), 'tems passé' (ii.369, 509), 'm'honorer du passé' (ii.741), 'le passé lui donne des forces' (ii.190), 'le passé qui me tourmente' (ii.402). Il s'agit aussi parfois de simples expressions contenant l'idée du passé telles que 'les temps éloignés' qu'on trouve dans la lettre sur les vendanges, ou 'ces momens délicieux' (ii.102) qui se rencontre dans la lettre de Julie à St-Preux, probablement pour ramener à la mémoire de l'être aimé le souvenir d'un bonheur.

L'écrivain ne s'est pas contenté d'une simple évocation stylistique d'un passé 'idyllique'. Certains mots ou expressions ont été recherchés et utilisés pour souligner avec force le caractère définitif du révolu. On le verra par quelques exemples pris çà et là dans l'œuvre. Il s'agit d'abord des expressions ou de groupes de mots employés avec 'ne […] pas' ou 'ne […] point' et 'ne […] plus':

8. Robert Osmont, 'Contribution à l'étude psychologique des *Rêveries*', *Annales de la société J. J. Rousseau* 23 (1934), p.8.

'un bonheur qui n'est plus' (ii.317); le temps de la jeunesse qui 'ne se flétrira point' (ii.675); les amours d'autrefois 'ne reviendront plus' (ii.521). L'emploi de propositions négatives sert parfois à marquer le définitif: 'rien n'est capable de l'y détruire' (ii.230); 'ne s'efface qu'avec peine' (ii.609). L'auteur emploie une négation chaque fois qu'il utilise un verbe qui évoque une idée de rupture ou de destruction.

D'autres expressions ou propositions viennent encore souligner le caractère difficilement oubliable d'un passé donné comme définitif, sorte de cicatrice indélébile: 'la blessure guérit, mais la marque reste' (ii.675). La conjonction de coordination 'mais' introduit ici la modification de l'affirmation qui précède. Rousseau sait aussi donner du relief au définitif par le recours à certains adverbes de temps ayant pour fonction de souligner l'ineffaçable, l'irrémédiable. Ainsi, dès la première lettre du roman, St-Preux utilise à deux reprises le mot 'jamais' à la même page (*Nouvelle Héloïse*, i.31), comme pour signifier à Julie que leur amour est scellé de manière irrévocable. Il fait la même chose dans la sixième lettre de la troisième partie: 'Cesser de m'aimer! ... l'espère-t-elle? .... Jamais, jamais.' Cet adverbe est utilisé quelquefois de manière quasi-obsessionnelle, rares étant les lettres où il n'apparaît pas. Mais d'une manière générale, cette idée d'un passé figé à jamais conduit les personnages à utiliser d'autres mots tels que 'regrets' (ii.190) ou 'regretter' (ii.519) et parfois des interjections comme 'Hélas' (ii.521). Ainsi, la conscience de l'irrémédiable ou de l'irrévocable se traduit sur le plan stylistique par l'emploi des couleurs de la nostalgie.

Certains mots ou expressions ont pour premier intérêt de rappeler des actes ou des émotions déjà éprouvés. On notera ici la fréquence d'emploi presque excessive du nom ou du verbe 'souvenir',[9] accompagnés tantôt d'un adjectif qualificatif exprimant un sentiment heureux (par exemple, 'délicieux', 'chers', 'tendres', 'inoubliables'), tantôt d'un adjectif traduisant un sentiment douloureux et pénible à revivre (comme 'redoutables'), tantôt de ces deux à la fois: par exemple, 'cruels et délicieux souvenirs' (*Nouvelle Héloïse*, ii.422), 'souvenirs amers et délicieux' (ii.317) .... L'anté-position ou la post-position de l'adjectif qualificatif n'est pas ici le fait du hasard ni la marque d'un désinvolture stylistique; il s'agit d'accentuer ou d'affaiblir l'effet des émotions passées, qui ont été ramenées à la mémoire.

Mais il est à remarquer qu'au-delà du simple fait de se souvenir, l'objet du souvenir est exprimé soit de manière implicite, soit de manière explicite. Les idées qui suivent et qui précèdent l'acte de se souvenir ont généralement trait

9. *La Nouvelle Héloïse*, ii.64, 190, 230, 422, 317, 223, 226, 318, 398, 402, 419, 441, 609, 646, 675, 646, 689, 680, 676, 102, 88, 422.

non pas à n'importe quel passé des personnages mais essentiellement à leur passé affectif toujours présenté comme un creuset de bonheur.

C'est pourquoi un autre effet stylistique se dessine à partir de l'utilisation du verbe 'rappeler' ou 'se rappeler' que l'on retrouve dans plusieurs lettres du roman.[10] Il est à remarquer que les divers emplois de ce verbe répondent au désir de montrer soit que ce sont des personnages qui rappellent à leur conscience le passé, soit que le passé parvient à leur conscience indirectement, par la médiation d'un objet ou d'un paysage. Or c'est en général ce dernier cas qui se rencontre le plus souvent. Et pour faire apparaître l'action du passé sur les personnages par le moyen du monde qui les entoure, l'écrivain utilise fréquemment des mots comme 'mémoire' (ii.190, 509, 675, 745), 'images' (ii.412, 519, 521) et 'réminiscence' (ii.402).

Mais cette stylistique du souvenir dont on tente ici l'esquisse s'articule avant tout autour du désir de pérenniser un premier sentiment, une première émotion déjà éprouvée dans le passé. Ce désir se traduit au niveau stylistique par le choix de mots marquant la durée ou l'éternité. Chaque fois qu'il emploie les mots de souvenir, de jouissance, de bonheur, de délices éprouvés autrefois, l'écrivain les fait précéder ou suivre d'adjectifs ou de mots comme: 'immortel', 'éternel', 'éternité', 'mille siecles', 'continuelle'. Voici pour en persuader quelques exemples (*Nouvelle Héloïse*, III, lettre VI, ii.317):

cette longue illusion s'est évanouïe; [...] il ne me reste pour aliment d'une flamme éternelle qu'un souvenir amer et délicieux qui soutient ma vie et nourrit mes tourmens du vain sentiment d'un bonheur qui n'est plus. [...] Une douce extase absorboit toute votre durée, et la rassembloit en un point comme celle de l'éternité. Il n'y avoit pour moi ni passé ni avenir, et je goûtois à la fois les délices de mille siecles. [...] Cette éternité de bonheur ne fut qu'un instant de ma vie.

Le recours obsessionnel aux mots et expressions qui marquent le prolongement ne semble pas satisfaire entièrement à la nécessité de revivre le passé. Aussi l'auteur utilise-t-il quantité de mots et d'expressions suggérant le recommencement et la répétition de situations antérieures.

Quelques exemples significatifs, pris au hasard des lettres, feront apparaître l'intensité obsessionnelle de cette tendance à la répétition des actes posés autrefois. Dès la première lettre, il est remarquable que vienne sous la plume de St-Preux une expression comme 'je vous vois tous les jours' (*Nouvelle Héloïse*, III, lettre VI, ii.317). Dès cette première lettre, il est possible de déceler la présence des situations et des actes exprimant des habitudes qui auront à se maintenir ou à se répéter tout au long du vécu affectif des personnages. Par la suite, des mots ou des expressions manifesteront tout au long des lettres cette

10. *La Nouvelle Héloïse*, ii.280, 352, 88, 436, 441, 667, 521, 609, 603 ...

obsession profonde de l'éternel retour, de la répétition, et de la difficulté d'oublier le premier acte. Ce sera d'abord l'utilisation du préfixe 're' signifiant 'encore' ou 'de nouveau' et marquant le retour, la répétition ou le recommencement. On lit par exemple à la page 92: 'reviendront'; à la page 107: 'reprenons donc cette vie solitaire'; à la page 230: 'rendre'; à la page 336: 'recommençons de vivre pour recommencer de souffrir'. Rares sont les lettres où ne sont pas employés des verbes comme 'revenir', 'recommencer', 'reprendre', 'regretter', 'retracer', 'ranimer', 'réveiller', 'renaître' et même 'rappeler'. A ces verbes marquant la répétition, l'auteur adjoint certains adverbes ou expressions qui expriment une certaine difficulté à oublier tels que 'encore', 'pas assez', 'deux fois la semaine' (ii.745), ou bien 'tous les [...]' suivis d'un substantif marquant le temps, 'assez' précédé d'une négation, 'tour à tour', 'alternativement' (ii.609).

En général, quand un verbe ou une expression ou un mot tend à introduire l'idée de rupture ou d'oubli définitif, l'écrivain recourt à une tournure qui marque la négation. On lit dans la dernière lettre après la mort de Julie: 'Non, elle n'a point quitté ces lieux qu'elle nous rendit si charmans. Ils sont encore tout remplis d'elle' (ii.745). Cette affirmation de Claire d'Orbe apparaît comme le dévoilement de la conception qu'a l'auteur de la temporalité. Rousseau est un homme qui a peur du temps qui passe et qui emporte ses amours, ses rêves et ses certitudes. Il ne l'exprime pas seulement par son choix des mots mais aussi et surtout par l'emploi, dans un même mouvement de pensée, d'expressions antithétiques[11] dont les effets de signification s'équilibrent au niveau de la conscience pour figer le temps.

Mais outre les expressions, les mots et les négations qui marquent chez Rousseau un souci d'immensité temporelle, il faut prendre aussi en compte la longueur de ses phrases. Sans s'astreindre à dresser un inventaire des phrases très longues du roman, on peut remarquer que leur emploi répond au besoin et à la nécessité de ramasser dans un même mouvement de pensée toutes sortes d'idées, de situations, de joies, d'angoisses qui harcèlent la conscience de l'auteur. Tout montre qu'au-delà des détours par les objets-mémoires, l'écrivain rêve du jour où il lui serait possible de suspendre le temps et de se voir lui-même figé dans l'éternité, contemporain des patriarches qui ont vécu à l'âge d'or.

11. Par exemple, l'emploi de 'cruels' et de 'délicieux' pour caractériser le même souvenir a pour effet principal de provoquer le choc de sens pendant que la conscience de l'auteur marque une pose.

Conclusion générale

IL y a dans *La Nouvelle Héloïse* une infiltration de la vie et des expériences de l'auteur. Les lieux et les paysages romanesques entretiennent une réelle complicité avec certains lieux et personnages historiques. Le cadre romanesque global, le lac de Genève et les montagnes hélvétiques qui ont bercé l'enfance et les premiers émois amoureux de St-Preux sont semblables à ceux-là mêmes qui ont 'enchanté' l'enfance de Rousseau. De plus, les multiples déplacements de St-Preux, le soin qu'il met à éviter la ville, son amour pour la nature 'sauvage' ou pour les randonnées pédestres, ses retraites successives à Clarens ou à Meillerie, sa passion amoureuse pour Julie ou son amour profond pour l'Helvétie prennent par endroits des accents dont on sait combien ils ont résonné dans la vie de Rousseau.

Tout montre que *La Nouvelle Héloïse* est une 'invention' qui s'alimente à la source du vécu à la fois géographique, psychologique et surtout affectif [...] C'est sans doute pourquoi J. B. Pontalis affirme:

Nous trouvons en nous-mêmes la preuve de l'importance des lieux pour Rousseau puisque, deux siècles plus tard, nous les percevons à la fois comme lieux réels et fictifs, lieux de littérature et lieux géographiques, lieux de mémoires et lieux de retraite, – les Charmettes, l'Ermitage, l'Ile St-Pierre.[1]

Son passage des paysages vécus aux paysages romanesques, Rousseau semble l'avoir opéré avec le souci d'adapter le monde tel qu'il l'a connu au monde tel qu'il le rêvait. En idéalisant ses expériences vécues, il avait, semble-t-il, le désir d'immortaliser le paysage de son pays natal, sa patrie elle-même et finalement l'Enfance. Il y a chez Rousseau comme une ferme volonté de 'sacralisation' de tout ce qui est 'primitif' dans le sens d'"originel', de 'primordial'. Qu'il s'agisse de son enfance ou de celle de l'espèce humaine tout entière, Rousseau opère une 'fixation', par volonté de ne jamais perdre contact avec cette première séquence historique de l'homme: la 'première expérience'. Une telle aspiration a pour conséquence de déformer les réalités vécues des paysages, de l'enfance, ou des amours révolues.

L'œuvre romanesque conçue à partir d'une telle situation ne saurait en aucun cas constituer une reproduction fidèle des paysages connus. Car cela n'aurait nullement répondu au désir d'idealisation de l'auteur dont on connaît bien quels multiples tourments ont marqué la vie réelle, que ce soit dans ses

1. J. B. Pontalis, *Entre le rêve et la douleur* (Paris 1977), p.150.

relations avec ses amis ou dans les circonstances malheureuses d'une enfance 'abandonnée'.

Dès lors, les paysages romanesques, loin de constituer la négation des paysages réels, devaient plutôt en embellir les contours, pour donner à l'homme l'illusion consolatrice du temps retrouvé. *La Nouvelle Héloïse* cherche à nous faire comprendre combien il serait douloureux à l'homme d'admettre que tout son passé n'a été qu'un 'vide', un 'échec', surtout devant les perspectives sombres d'un avenir incertain et quand, l'âge venant, l'homme se rend de mieux en mieux compte de la brièveté de ses jours, et porte au fond de lui un impérieux besoin d'éternité.

Tout se passe pour Rousseau comme si le 'paradis', c'est à dire le bonheur, ne relevait plus que du domaine du 'révolu', enfoui dans un coin secret du passé. Et il lui suffit, chaque fois qu'il a le cœur rempli de douleur, de retourner dans ce passé en se servant des objets témoins ou des paysages familiers, tout vibrants encore des joies et des amours évanouies. Et l'on peut dès lors affirmer que les paysages connus qui ont quelque lien avec un moment supposé heureux de son passé font presque pour Rousseau l'objet d'un culte. Le retour fréquent vers ces paysages fait partie d'un certain rituel. Le mythe de l'éternel retour produit chez Rousseau une certaine mystique du terroir natal ou du passé de l'humanité et de l'homme. Cette mystique du terroir a pour principal effet de susciter en lui la nostalgie de l'enfance.

Le paysage fait ainsi partie intégrante de l'homme qui passe. Rousseau l'a senti mieux qu'aucun de ses contemporains et c'est ce qui permet de le considérer comme un précurseur du Romantisme. Car les thèmes de la nature, du passé et du souvenir éveillé par des paysages ou des objets familiers seront repris par certains écrivains du dix-neuvième siècle. On songe à Lamartine, à Nerval[2] et, beaucoup plus tard, à Proust. La prédilection de ces écrivains pour la terre où ils sont nés et où ils ont connu, comme enfants, des expériences non renouvelées, semble procéder de l'exemple laissé par l'auteur des *Confessions* et de *La Nouvelle Héloïse*. Tout comme Rousseau rêvant, par St-Preux interposé, de retourner aussi souvent que possible en terre natale, certains écrivains Romantiques décriront souvent à leur tour une pareille trajectoire: par exemple, Lamartine retournant souvent à Milly, sa terre natale, et dont les *Méditations poétiques* se présentent alors comme la conscience douloureuse de la brièveté de sa vie contrastée avec le rajeunissement de la nature.[3] L'homme passe sans retour, mais le paysage demeure. Nerval revive les temps anciens au contact

---

2. Nerval visitera d'ailleurs les lieux et les paysages dépeints dans *La Nouvelle Héloïse* comme pour se ressourcer.
3. Voir son poème *Le Lac*.

des paysages qu'il a connus autrefois, exactement comme St-Preux. *Aurélia*, *Sylvie*, les *Chimères* sont autant d'œuvres qui ont été conçues pour retrouver les joies et les amours de l'enfance, de la primitivité de l'homme. De même, Proust reprend ou croit reprendre possession du temps passé à travers les paysages connus autrefois et retrouvés 'du côté de chez Swann'. Par sa *Nouvelle Héloïse*, Rousseau a donc inauguré un thème littéraire qui allait nourrir l'imagination de plusieurs générations.

L'influence de Rousseau ne se limite pas à la littérature et au Romantisme. Son amour de la nature ou des sites non altérés par l'homme, sa haine des agitations et des brouhahas confus et assourdissants de la grande ville, son amour pour une vie rustique, paisible, sa conception anthropologique de la notion de paysan et de pays, de l'agriculteur et de l'agriculture, sa prédilection pour l'air pur des montagnes qui maintient la santé, semblent avoir influencé certains comportements 'écologiques' actuels et surtout la recherche périodique d'une brève euphorie par les citadins qui, une fois par an, s'échappent de la ville comme d'un enfer pour retrouver une atmosphère plus sereine, plus pure et plus humaine.

Les protestations que Rousseau élevait en son temps contre les méfaits de la ville ne sont pas étrangères aux inquiétudes des hommes d'aujourd'hui. De plus, la société urbaine a engendré un ensemble d'attitudes, de comportements et de mentalités qui éveillent chez beaucoup un regret nostalgique du temps jadis. C'est là ce qui permet d'affirmer que *La Nouvelle Héloïse* est un roman encore actuel, et que Rousseau reste notre contemporain dans la mesure où les problèmes qu'il soulevait en son temps n'ont pas cessé d'être les nôtres.

Bibliographie

Les œuvres de Rousseau

Œuvres complètes, éd. B. Gagnebin et autres, Bibliothèque de la Pléiade, Paris 1959-1969: i. *Confessions*, autres textes autobiographiques (1959); ii. *La Nouvelle Héloïse*, théâtre, poésies, essais littéraires (1961); iii. *Du contrat social*, écrits politiques (1964); iv. *Emile*, éducation, morale, botanique (1969).

Dictionnaire de musique, Paris 1857

Correspondance complète, édition critique, établie et annotée par R. A. Leigh, Genève, Banbury, Oxford (1965-)

Etudes sur Rousseau: l'homme et l'œuvre

Aubert, Fernand, 'J. J. Rousseau et Nyon', *Annales de la société J. J. Rousseau* 27 (1926), p.179-91

Bisson, L. A., 'Rousseau et l'expérience romantique', *Annales de la société J. J. Rousseau* 30 (1943-1945), p.27-45

Bougy, Alfred, *Fragments inédits suivis des résidences de J. J. Rousseau*. Paris 1853

Brédif, L., *Du caractère intellectuel et moral de J. J. Rousseau*. Paris 1906

Buffenoir, Hyppolyte, *Les Charmettes de J. J. Rousseau*. Chambéry 1902

Burgelin, Pierre, *La Philosophie de l'existence de J. J. Rousseau*. Paris 1952

Courtois, Jean-Louis, *Chronologie critique de la vie et des œuvres de J. J. Rousseau*, Annales de la société J. J. Rousseau 15 (1923)

Couvreu, Emile, 'Jean-Jacques Rousseau et Vevey', in *Bibliothèque universelle* 67 (juillet-septembre 1912), p.81-108

Cresson, André, *J. J. Rousseau, sa vie, son œuvre, avec un exposé de sa philosophie*. Paris 1940

Daumas, Georges, 'L'Idylle des Charmettes est-elle un mythe?', *Annales de la société J. J. Rousseau* 34 (1956-58), p.83-105

Dédéyan, Charles, *J. J. Rousseau et la sensibilité littéraire à la fin du dix-huitième siècle*. Paris 1966

Dufour, Théophile, 'Pages inédites de J. J. Rousseau', *Annales de la société J. J. Rousseau* 2 (1906), p.153-270

– 'J. J. Rousseau et Mme de Warens. Note sur leur séjour à Annecy', *Revue savoisienne* 19 (1878), p.65-73

Eigeldinger, Marc, *J. J. Rousseau et la réalité de l'imaginaire*, Neuchâtel 1962

– 'Le paysage suisse vu par Rousseau' dans *Préromantisme en Suisse*. Fribourg 1982

Fabre, Jean, 'Réalité et utopie dans la pensée politique de J. J. Rousseau', *Annales de la société J. J. Rousseau* 35 (1959-1962), p.181-216

Faguet, Emile, *Rousseau artiste*. Paris 1910

Fournet, Charles, 'Lamartine et Rousseau', *Annales de la société J. J. Rousseau* 28 (1939-1940), p.7-17

François, Alexis, 'J. J. Rousseau et la science genevoise au dix-huitième siècle', *Revue d'histoire littéraire de la France* 31 (1924), p.206-24

Fusil, C. A., 'L'idylle des Charmettes', *Le Correspondant* (10 août 1928), p.376-88

Gagnebin, Bernard, 'Rousseau et le Valais', *Vallésia*, Bulletin annuel de la bibliothèque et des archives cantonales du Valais, Sion, 21 (1966), p.169-88

Guéhenno, Jean, *Jean-Jacques, histoire d'une conscience*. Paris 1962

Guillemin Henri, 'Les affaires de l'Ermitage (1756-1757)', *Annales de la société J. J. Rousseau* 29 (1941-1942), p.59-258

Jean, Raymond, 'Rousseau selon Nerval', *Europe* 391-392 (nov-déc. 1961), p.198-205

Jost, François, *J. J. Rousseau suisse*. Fribourg 1961

– *J. J. Rousseau et la Suisse*. Neuchâtel 1962

Kisliuk, Ingrid, 'Le symbolisme du jardin et l'imagination créatrice chez Rousseau, Bernardin de St-Pierre et Chateaubriand', *Studies on Voltaire* 185 (1980), p.297-418

Lathion, Lucien, *J. J. Rousseau et le Valais*. Lausanne 1953

– 'Rousseau à Sion', *Annales valaisannes* 19 (1944), p.249-68

Launay, Michel, *J. J. Rousseau, écrivain politique*. Grenoble 1972

Lecercle, Jean-Louis, *J. J. Rousseau, modernité d'un classique*. Paris 1973

– *Rousseau et l'art du roman*. Paris 1969.

Maritain, Jacques, 'J. J. Rousseau ou le saint de la nature', dans *Trois réformateurs*. Paris 1925

May, Georges, *Rousseau par lui-même*. Paris 1961

Monglond, André, 'Le journal des Charmettes', *Revue des deux mondes* (mars-avril 1933), p.869-926

Mornet, Daniel, *Rousseau, l'homme et l'œuvre*. Paris 1950

– *Le Sentiment de la nature en France de J. J. Rousseau à Bernardin de St-Pierre*. Paris 1907

– 'Influence de Rousseau au dix-huitième siècle', *Annales de la société J. J. Rousseau* 8 (1912), p.33-67

Mugnier, François, *Mme de Warens et J. J. Rousseau: étude historique et critique*. Paris 1891

Munteano, Basil, 'La solitude de Rousseau', *Annales de la société J. J. Rousseau* 31 (1946-1949), p.79-168

Nicolas, Jean, 'Une lettre inédite de Rousseau', *Annales historiques de la Révolution française* 34 (1962), p.385-96

Osmont, Robert, 'Contribution à l'étude psychologique des *Rêveries*', *Annales de la société J. J. Rousseau* 23 (1934), p.7-135

Paraf, Pierre, 'Rousseau romantique', *Europe* 391-392 (nov-déc. 1961), p.77-81

Payot, Roger, *Essence et temporalité chez J. J. Rousseau*. Lille 1973

Raymond, Marcel, *J. J. Rousseau, la quête de soi et la rêverie*. Paris 1962

– *Vérité et poésie*. Neuchâtel 1964

– 'J. J. Rousseau, deux aspects de sa vie intérieure', *Annales de la société J. J. Rousseau* 29 (1941-1942), p.5-57

Rey, Auguste, *J. J. Rousseau dans la vallée de Montmorency*. Paris 1909

Reynold, G., 'J. J. Rousseau et la Suisse', *Annales de la société J. J. Rousseau* 8 (1912), p.161-204

Ricatte, Robert, *Réflexions sur les Rêveries*. Paris 1960

Schinz, Albert, 'L'idylle des Charmettes', *Revue de France* 14 (15 nov. 1934), p.239-62

Serand, Joseph, *L'Habitation de Mme de Warens à Annecy*. Annecy 1900

– *Une épisode de la vie de J. J. Rousseau: l'idylle des cerises*. Chambéry 1928

Spink, J. S., *J. J. Rousseau et Genève*. Paris 1934

Starobinski, Jean, *J. J. Rousseau, la transparence et l'obstacle*. Paris 1971

– 'La nostalgie: théories médicales et expression littéraire', *Studies on Voltaire* 27 (1963), p.1505-18

Terrasse, Jean, *J. J. Rousseau et la quête de l'âge d'or*. Bruxelles 1970

Texte, Joseph, *J. J. Rousseau et les origines du cosmopolitisme littéraire au dix-huitième siècle*. Paris 1895

Tripet, Arnaud, *La Rêverie littéraire: essai sur Rousseau*. Genève 1979

Voisine, Jacques, 'L'influence de J. J. Rousseau sur la sensibilité littéraire au dix-huitième siècle', *l'Information littéraire* 12 (janvier-février 1960), p.38-41

Bibliographie

Etudes sur *La Nouvelle Héloïse*

Bellenot, J. L., 'Les formes de l'amour dans la *Nouvelle Héloïse* et la signification symbolique des personnages de Julie et de St-Preux', *Annales de la société J. J. Rousseau* 33 (1953-1955), p.149-208

Dédéyan, Charles, *La Nouvelle Héloïse*, étude d'ensemble. Paris 1925

Gillouin, René, 'La *Nouvelle Héloïse* ou le paradis retrouvé', *Ecrits de Paris* (septembre 1962), p.98-107

Guyon, Bernard, 'La mémoire et l'oubli dans la *Nouvelle Héloïse*', *Annales de la société J. J. Rousseau* 35 (1959-1962), p.49-71

Mead, William, *J. J. Rousseau ou le romancier enchaîné*. Paris 1966

Mornet, Daniel, *La Nouvelle Héloïse de J. J. Rousseau: étude et analyse*. Paris 1929

Osmont, Robert, 'Remarques sur la genèse et la composition de la *Nouvelle Héloïse*', *Annales de la société J. J. Rousseau* 33 (1953-1955), p.93-148

– 'Expérience vécue et création romanesque: le sentiment de l'éphémère dans la *Nouvelle Héloïse*', *Dix-huitième siècle* 7 (1975), p.225-42

J. S. Spink, 'The social background of St-Preux and d'Etange', *French studies* 30 (1976), p.153-69

Van Laere, F., *Une lecture du temps dans la Nouvelle Héloïse*. Neuchâtel 1968

Van Tieghem, Philippe, *La Nouvelle Héloïse de J. J. Rousseau*. Paris 1929

Willis, Peter, 'Rousseau, Stowe and *le jardin anglais*: spéculations on visual sources for *La Nouvelle Héloïse*', *Studies on Voltaire* 90 (1972), p.1791-98

Autres ouvrages consultés

Bachelard, Gaston, *L'Eau et les rêves*. Paris 1942

Béguin, Albert, *L'Ame romantique et le rêve*. Paris 1963

Cassirer, Ernst, *La Philosophie des Lumières*. Paris 1966

Charlier, Gustave, *Le Sentiment de la nature chez les romantiques français (1762-1830)*. Bruxelles 1912

Chouillet, Jacques, *L'Esthétique des Lumières*. Paris 1974

Dauzat, Albert de, *Le Sentiment de la nature et son expression artistique*. Paris 1914

Deluc, Jean-André, *Lettres physiques et morales sur les montagnes et sur l'histoire de la terre et de l'homme*. La Haye 1778

Dictionnaire historique et biographique de la Suisse. Neuchâtel 1921-1934

Dictionnaire des symboles. Paris 1982

La Grande encyclopédie, éd. M. Berthelot. Paris 1885-1901

Diderot, Denis, *Encyclopédie, ou dictionnaire raisonné des sciences, des arts et des métiers, par une société de gens de lettres*. Paris 1751-1765

– *Œuvres esthétiques*, éd. Paul Vernière. Paris 1959

– *Œuvres romanesques*, éd. Henri Bénac. Paris 1951

Ehrard, Jean, *L'Idée de nature en France dans la première moitié du dix-huitième siècle*. Paris 1963

Engel, Claire-Eliane, *La Littérature alpestre en France et en Angleterre au 18ème et 19ème siècle*. Chambéry 1930

Engel, C. E. et Vallot, C., *Les Ecrivains de la montagne*. Paris 1934

Fabre, Jean, *Lumières et romantisme: énergie et nostalgie*. Paris 1963; 2ème édition 1980

François, Alexis, 'De romantique à Romantisme', in *Bibliothèque universelle*, xci (1918), p.225-33, 365-76

Gessner, Salomon, *Œuvres*. Paris 1826

Guillon, Edouard, et Bcttcx, G., *Le Lémun dans la littérature et dans l'art*. Paris 1912

Gusdorf, Georges, *Naissance de la conscience romantique au siècle des Lumières*. Paris 1976

Haller, Albert de, *Poésies*. Zürich 1752

Jost, François, 'Romantique: la leçon d'un mot' dans *Essai de littérature comparée, ii, Europaeana*. Fribourg 1968

– *La Suisse dans les Lettres françaises au cours des âges*. Fribourg 1956

Lamartine, Alphonse de, *Méditations poétiques*. Paris 1968

Launay, Michel, *Le Siècle des Lumières*. Paris 1968

Morize, André, *L'Apologie du luxe au dix-huitième siècle: le Mondain et ses sources*. Paris 1909

Mauzi, Robert, *L'Idée du bonheur dans la littérature et la pensée française au dix-huitième siècle*. Paris 1960; Genève, Slatkine reprints, 1979

Monglond, André, *Le Préromantisme français*. Grenoble 1930; réed., Corti 1966

Morel, J. M., *Théorie des jardins*, Paris 1776

Mornet, Daniel, *Le Romantisme en France au dix-huitième siècle*. Paris 1912

– *Les Sciences de la nature au dix-huitième siècle*. Paris 1911

Nerval, Gérard de, *Œuvres*. Paris 1966

Nicolas, Jean, *La Savoie au 18ème siècle*. Paris 1978

Paulhan, François, *L'Esthétique du paysage*. Paris 1913

Pérouse, Gabriel, *La Vieille Savoie*. Chambéry 1936

Pontalis, Jean-Bertrand, *Entre le rêve et la douleur*. Paris 1977; 2ème éd. 1983

Poulet, Georges, *Les Métamorphoses du cercle*. Paris 1961

– *Etudes sur le temps humain*. Paris 1950

Proust, Marcel, *Du côté de chez Swann*. Paris 1954

Raymond, Marcel, *Romantisme et rêverie*. Paris 1978

– 'Rêver à la suisse', *Cahiers du sud* 53 (juillet-août 1962), p.358-73

Simches, S. O., *Le Romantisme et le goût esthétique au dix-huitième siècle*. Paris 1964

Trahard, Pierre, *Les Maîtres de la sensibilité française au dix-huitième siècle*. Paris 1933

Vermale, François, *Les Classes rurales en Savoie au dix-huitième siècle*. Paris 1911

Voltaire, *Œuvres complètes*, éd. L. Moland. Paris 1877-1885

Watelet, Claude-Henri, *Essai sur les jardins*. Paris 1774

Weulersse, Georges, *Le Mouvement physiocratique en France (1756-1776)*. Paris 1910

Index